승
자
의
안
목

멈춰야 할 때, 나아가야 할 때, 돌아봐야 할 때

승자의 안목

———————— 김봉국 지음 ————————

시그니처
SIGNATURE

지금은 덕목이 아니라
안목이 필요한 때다

국가적으로 엄청난 일을 겪고 있다. 가 보지 않은 길을 가고 있다. 당연히 두려움과 불안감을 느낄 수밖에 없다.

우리는 리더십 위기를 절실하게 맛보았다. 지도자의 리더십이 얼마나 중요한지 뼈저리게 느꼈다.

우리가 겪고 있는 모든 위기는 결국 리더십의 문제임을 깨닫게 된다. 국가나 기업이나 모두 지도자의 리더십에 따라 상황이 크게 달라진다. 리더십의 상실은 기업이나 국가나 근본적인 위기를 자초한다. 2018년 겨울 현실은 다시 한 번 리더십에 대한 질문을 하게 만든다.

순자는 '임금은 배와 같고 백성은 물과 같다. 물은 배를 뜨게 해주지만 반대로 전복시킬 수도 있다'라고 했다. 물로 보지 말고 두려워해야 한다.

우리는 얼어붙은 대지에 촛불을 밝혔다. 촛불 민심은 대통령 탄핵과 정권 교체를 이끌어 냈다. 물과 같은 백성이 배를 뒤집은 것이다.

버려야 할 것과 지켜야 할 것
리더가 버려야 할 것 중 가장 우선은 뭘까? 오만이다. 오만한 리더는 독선적이고 불통하며 결국 패망한다. 춘추시대 말기 오왕(吳王) 부차(夫差)는 월나라 공략에 성공한 후 자만에 빠졌다. 그는 간신 백비의 중상모략에 빠져 상국(相國) 오자서(伍子胥)를 죽이고 월나라에서 보내온 미인 서시(西施)와 방탕한 생활을 했다. 월의 구천이 와신상담(臥薪嘗膽) 재기를 노린다는 것을 아는 중신들이 간하여도 듣지 않았다.

어느 날 아침 태자 우(友)는 젖은 옷을 입고 활을 든 채 부차를 만났다.

"너는 아침부터 무엇을 그리 허둥대느냐?" 부차가 묻자 우가 이렇게 대답하였다.

"아침에 정원에 갔더니 나뭇가지에 매미가 앉아서 울고 있었습니다. 그 뒤를 보니 사마귀 한 마리가 매미를 잡아먹으려고 노리고 있었습니다. 그때 홀연 참새 한 마리가 날아와서 그 사마귀를 먹으려고 노리는데, 사마귀는 알아채지 못하고 있었습니다. 저는 참새를 향해 활시위를 당겼습니다. 그런데 그만 활 쏘는 데 정신이 팔려 웅덩이 속으로 빠져버렸습니다. 그래서 옷을 이렇게 적신 것입니다. 천하에는 이런 예가 부지기수입니다."

아버지에게 구천이 노려보고 있음을 간언한 것이지만, 부차는 아들 말에 화만 냈다. 부차는 결국 월나라 구천의 침입을 받아 멸망하고, 그 자신은 자결했다. 오만이 패망을 부른 것이다.

리더가 갖추어야 할 가장 중요한 덕목은 신뢰이다. 공자의 제자인 자공이 공자에게 정치가 무엇이냐 물었다. 공자는 '족식(足食), 족병

6

(足兵), 민신지의(民信之矣)'라고 했다. 경제와 안보 문제를 해결하고 신뢰를 얻어야 한다는 얘기다. 자공이 다시 물었다.

"세 가지 중에 어쩔 수 없이 하나를 포기해야 한다면 뭘 먼저 버려야 합니까?"

"병력을 먼저 버려야 한다." 공자의 말이다.

"그다음은 뭘 버려야 합니까?"

이어지는 자공의 물음에 공자는 식량이라고 답하면서 사람은 누구나 죽음을 피할 수 없지만 신뢰를 잃으면 나라를 지탱할 수 없다고 했다. 여기서 믿음이 없으면 설 수 없다는 '무신불립(無信不立)'이라는 말이 유래했다.

자릿값을 하는 리더가 되려면

흔히 국가지도자에 대한 리더십을 논하게 되지만 리더십은 국가지도자에게만 필요한 것이 아니다. 누구나 리더가 될 수 있다. 지금도 누군가를 이끄는 리더임에 틀림없다. 조직에서 선임이거나 팀장일 수도 있고 혹은 임원일 수도 있다. 하다못해 또래집단이나 가정에서라도 리더가 될 수 있다. 누구나 자신의 자리를 차지하고 있는 것이다.

누구든지 자리를 차지하면 그 자리에 걸맞은 자릿값을 해야 한다. 자리가 바뀌면 먼저 습관을 점검해야 한다. 당연히 새로운 자리에 맞게 습관을 바꿔야 한다. 부장으로 승진했는데 여전히 과장이나 차장이 할 일만 하고 있다면 얼마나 답답한 노릇인가. 기업 현장이나 관료사회에서는 실제 그런 사람들이 많다. 오죽하면 '주사 같은 장관', '대리 같은 사장', '계장 같은 행장'이라는 말이 나오겠는가. 사람은 자기 그릇만큼 성장하고 조직은 리더 그릇만큼 성장한다.

누가 진정한 승자일까? 세상에는 세 가지 싸움이 있다고 한다. 인간과 자연의 싸움, 인간과 인간의 싸움, 그리고 자신과의 싸움이 그것이다. 이 중에서 가장 힘든 싸움은 자신과의 싸움이다. 자신과의 싸움에서 이기는 사람이 진정한 승자이고, 자신과의 싸움에서 지는 사람이 패자일 것이다.

누구든지 마음만 먹으면 승자가 될 수 있다. 하지만 자신을 이기는 것은 말처럼 쉽지 않다. 공자는 수신제가(修身齊家) 해야 치국평천하(治國平天下) 한다고 했다. 수신을 게을리한 채 치국을 하자고 나서니 문제가 많은 것이다. 노자는 자승(自勝) 자강(自强)이라 했다. 자기를 이기는 자가 강하다는 것이다. 공자는 극기복례(克己復禮)가 인의 실천이라 했다. 공자나 노자 같은 옛 성현들은 하나같이 자기를 이기는 사람이 진정한 승자가 된다고 봤다.

그래서 안목이 필요하다

어떻게 자신을 이기고 리더십을 갖출 수 있을까? 이 물음에 답을 구하고자 고민한 끝에 탄생한 것이 『승자의 안목』이다. 동서고금을 통해 자신을 이긴 승자들이 갖춘 덕목을 정리해 봤다. 무수히 많은 덕목들이 있겠지만 그것들을 분류해서 다섯 가지 덕목으로 압축했다. 마음을 먹었으면 반드시 실천에 옮기는 '결행', 때를 기다릴 줄 아는 '순리', 사람의 마음을 얻는 '인덕', 위기를 기회로 만드는 '혁신', 비전과 결실을 함께 나누는 '공유'이다.

이러한 덕목은 때에 따라 서로 상충될 수 있다. 결행을 하려다 보니 순리를 저버리는 상황이 도래할 수도 있고, 혁신을 하려다 보니 인덕이 마음에 걸릴 수도 있다. 그래서 어떤 것을 선택해야 더 큰 선을 얻을 수 있는지에 대한 안목이 필요하다. '승자의 덕목'이 아니라 '승자의 안목'을 가져야 하는 이유이기도 하다.

2013년 『승자의 안목』이 출간되자 많은 이들이 공감을 하고 호평을 아끼지 않았다. 많은 독자들께 큰 사랑을 받으며 베스트셀러뿐 아니라 'CEO가 반드시 읽어야 할 책', '진중문고' 등에도 선정되며 스테디셀러로 자리잡았다. 저자로서 강연 요청도 많이 받았다. 베트남 현지법인 CEO의 요청을 받아 호찌민에 출장 강연을 가기도 했다.

그 후 5년이 흘렀다. 여전히 우리는 리더십에 목말라하고 있다. 상황은 더욱 엄중하고 우리는 여전히 제대로 된 리더를 동경하고 있다. 이럴 때 필요한 것은 결국 기본을 바로잡을 수 있는 안목이다.

2019년 새로운 날을 기다리는 지금 다시 『승자의 안목』을 펴낸다.

진정한 리더는 사람의 가치를 아는 사람이다. 예로부터 세상을 발전시키고, 백성을 편안하게 한 위대한 군주들의 공통점은 바로 여기에 있다.

사람의 문제이다. 인본으로 돌아가야 한다. 인재를 어떻게 얻고 어떻게 존중하는가 하는 용인술이 중요하다. 좋은 인재, 사람의 마음을 얻으려면 먼저 포용의 덕목을 갖추어야 한다. 말로만 하는 것이 아니라 행동으로 실천해야 한다.

'정관의 치'로 칭송받고 있는 당 태종은 정적의 편에 서서 자신을 죽이려고 한 위징을 포용하고 발탁했다. 제나라의 환공도 반대편에 섰던 관중을 재상으로 등용하여 제나라를 튼튼한 나라로 만들었다.

승자의 안목은 최고 결정권자들만 갖춰야 할 덕목은 아니다. 작은 리더를 잘해야 큰 리더가 될 수 있다. 팀장을 잘해야 임원이 될 수 있고 임원을 잘해야 사장을 할 수 있다. 사장을 할 사람이 따로 태어나는 것이 아니다. 사람이 자리를 만들고 자리가 사람을 만든다. 원하는 자리를 가려고 하면 그에 걸맞은 능력을 갖춰야 한다. 팀장은 본부장, 본부장은 사장의 역할과 책임을 이해하고 리더십을 키워야 한다. 리더십은 타고난 성격이 아니다. 훈련을 통해 길러지는 것이다. 사회 각계각층이 제대로 된 리더십을 갖출 때 국가 전체적으로도 위대한 리더가 탄생할 수 있는 토양을 마련할 수 있다.

우리 사회의 리더들이 『승자의 안목』을 읽으며 다시 한 번 자신을 되돌아보길 바란다. 또한 리더를 꿈꾸는 사람들이나 자신과의 싸움에서 승리하여 진정한 승자가 되고자 하는 이들 모두에게 보탬이 되길 바라는 마음 간절하다. 아울러 대한민국에 진정한 봄이 찾아오길 바란다.

2019년 봄을 기다리며.

김봉국

승자의 주머니 vs 패자의 주머니

나는 지난 2000년 미디어컨버전스 시대에 걸맞은 리얼타임 뉴스의 필요성을 절감하고 뜻을 같이하던 동료 20여 명과 새로운 언론사 창간을 준비했다. 창간의 첫 단추는 내가 몸담고 있던 매일경제신문사에 사표를 던지는 것이었다. 사업에 대한 확신은 있었지만 안정적인 기자 타이틀을 버리고 신생 언론사를 차린다는 도전에 망설이던 나는 성공한 기업가이자 경영인들의 멘토로 불리던 선배를 찾아가 고민을 털어놓았다.

"선배님, 새로운 사업을 시작하고 싶은데 결정을 못내리겠습니다."
"판단이 옳다고 확신이 든다면 주변 목소리에 흔들리지 말게. 할일은 한다는 마음으로 밀어붙이게. 후회는 나중에 해도 된다네."

선배는 모두를 만족시키는 선택은 없다며 용기를 내라고 격려해주셨다. 결단을 내리지 못하던 나는 선배의 말에 큰 용기를 얻었다.
우리는 생각은 많지만 실제로 실행에 옮기지 못하는 경우를 많이 본다. 사회 초년생일 때는 하고 싶은 일이 있어도 윗사람의 눈치 때문에 생각을 접는다. 어느 정도 자리를 잡고나면 주변의 평판이나 시선을 의식해 반드시 해야 할 일도 그냥 넘어갈 때가 있다. 회사를 그만두고 보란 듯이 창업을 하려고 해도 용기가 나지 않아 망설인다. 힘들게 사장의 자리, 임원의 자리에 오르더라도 내 생각만큼 움직여주는 사람은 없고 내 결정에 반대와 우려의 목소리만 높아 불면의 밤을 지새운다. 어떻게 하면 흔들리지 않고 올곧게 나의 비전을 추진하고 성과를 낼 수 있을까?

당시 선배는 나에게 이런 말을 덧붙였다.

"밀어붙이는 데는 그만한 능력이 있어야 돼. 탁월한 통찰력으로 세상의 흐름을 읽고 기회를 낚아채는 안목(眼目)을 가져야 해. 승자(勝者)의 안목을 길러야 한다네."

한손에는 인문학, 다른 한손에는 현장을 잡다

주변의 우려와 걱정을 뒤로하고 동료들과 이데일리를 창업한지 10여 년. 그동안 고생도 많이 했지만 그보다 더 큰 기쁨과 성취감을 얻었다. 이데일리는 중소 언론사의 불리함을 극복하고 '한국의 블룸버그'라는 격찬을 받았다. 하지만 기쁨만 있었던 것은 아니다. 때론 모든 구성원들의 비난을 견디며 칼을 휘둘러야 했고, 모두를 위한 선택이라고 믿었던 결정이 최악의 결과를 낳기도 했다.

그런 과정을 겪으면서 나는 스스로 부족함을 뼈저리게 느꼈다. 선배가 말했던 승자의 안목을 더 길러야 한다는 결론에 도달했다. 누군가가 미궁을 빠져나오는 데 필요한 실이라도 건네주면 얼마나 좋을까? 목마른 사람이 우물을 파는 법이라고 했던가. 미궁을 빠져나오는 실, 승자의 안목을 갖추기 위해서 내가 선택한 방법은 고전과 비즈니스 현장에서 이긴 '역사의 승자'들을 공부하는 것이었다.

그때부터 틈틈이 경영서적을 탐독했다. 고전과 철학, 역사서 등 인문학을 가까이 했다. 직접 만난 리더들을 통해 그들의 리더십을 본받으려고 애를 썼고 과거와 현재의 탁월한 승자들의 장단점을 찾는 데 많은 시간을 들였다.

공자(孔子)는 스스로를 '나면서부터 아는 자'가 아니라 '옛것을 좋아하여 민첩하게 그것을 구하는 자'라고 했다. 과거는 현재를 얻어 미래를 낳는다. 경험보다 소중한 교훈은 없다. 시인이자 철학자인 조지 산타야나 역시 역사와 고전을 배워야 하는 이유에 대해 "역사의 교훈을 배우지 못하는 사람들은 이를 반복할 운명에 처하게 된다"고 했다.

이끌 것인가, 이끌려 갈 것인가

CEO와 고위 공직자들이 한목소리로 하는 하소연이 있다. 직원들이 전반적으로 악착같은 데가 없다는 것이다. 다들 꿈은 큰데 이를 이루겠다는 의지가 약하다는 지적이다. 대통령이 되려는 사람은 집권의지가 강해야 하고 기업가는 사업의지가 강해야 한다. 직장인이든 공무원이든 승진의지가 있어야 원하는 자리에 오를 수 있다.

과천의 경제부처에 출입할 때의 일이다. 당시 친하게 지내던 경제

부처의 기획관리실장이 있었는데, 승진이 늦었다. 그는 후배기수가 잇달아 그를 추월해서 차관으로 승진하는 바람에 후배를 상관으로 모시는 입장이 되었다. 그 당시 고위공무원들은 후배가 자기보다 먼저 장·차관으로 승진을 하면 옷을 벗는 관례가 있었다.

"일을 아무리 잘하면 뭐해 저렇게 눈치가 없는데."

"자존심도 없나. 후배를 차관님으로 모시는 게 아무렇지도 않나 봐."

그 부처의 공무원들 사이에서는 그에 대한 말이 많았다. 나는 안타까운 생각에 그의 방을 찾아 넌지시 말했다.

"실장님, 후배 공무원들 분위기가 좀 다르지요."

"나도 압니다. 하지만 반드시 추진하고 싶은 일이 아직 많이 남아 있어요. 내가 아니더라도 그 일을 할 사람이 있겠지만 난 꼭 그 정책을 내 손으로 하고 싶습니다. 비록 지금 상황이 여의치 않지만 그 마음은 변함이 없어요."

그는 주변의 시선에 아랑곳하지 않고 묵묵히 자신의 업무에 충실했다. 그후 그는 특유의 실행력과 성실함을 인정받아 장관이 되었고 자신이 반드시 추진하겠다는 과제를 성공리에 실행했다.

나는 언론인이란 직업 덕분에 성공한 사람들을 많이 만났다. 그들의 공통점은 일을 하고자 하는 의지가 굳건하다는 것이다. 능력도 능력이지만 무엇보다도 자리에 대한 욕심이 남달랐다. 남들은 쉽게 이젠 그만둘 때도 되지 않았냐고 말하지만 이들은 자신이 해야 할 일을 챙기고 새로운 자리를 모색한다.

누구나 새로운 일을 도모하여 성공하는 꿈을 꿔보지만 실제로 결행하는 사람이 드문 것은 두려움 때문이다. 새로운 일에는 항상 두려움이 따라온다. 나만 특별히 더 두려움을 느끼는 것은 아니다. 누구나 일을 추진할 때 실패에 대한 걱정이 앞서기 마련이다. 또 일을 하는 과정에서 겪어야 할 고통과 감수해야 할 비난도 겁난다.

사실 현대를 살아가는 우리는 불안과 두려움을 달고 다닌다. 무엇을 하든지 미래에 대한 확신이 서지 않고 어느 자리에 있든지 마음이 무겁기만 하다. 직장을 잡기도 어렵지만 직장생활을 유지하는 것도 만만찮다. 불황이 일상화되면서 상시적인 정리해고의 공포에서 쉽게 벗어나지 못하고 있다. 자르는 위치에 서건 잘리는 위치에 놓이건 두려움과 괴로움을 느낄 수밖에 없다.

이럴 때일수록 자신의 자리에 걸맞는 자릿값을 하도록 노력해야 한다. 자릿값을 제대로 해야만 자리를 지킬 수 있다. 자릿값을 잘 하는 사람은 더 좋은 자리를 차지할 수 있다. 내가 원하는 자리가 무엇인지 다시 생각해봐야 한다. 그리고 원하는 자리를 위해 무엇을 준비해야 하는지 고민해야 한다. 힘들다고 주저앉아 버리면 패배자로 전락하고 만다. 내가 바라는 대로 미래를 창조해나갈 수 있도록 결단을 해야 한다.

기회를 성공으로 바꾸는 승자의 안목

결단한 일에 대해서 후회하지 않으려면 사태를 정확히 파악하는 날카로운 안목이 필요하다. 예나 지금이나 천하를 얻은 사람들은 세상을 읽는 남다른 눈을 가졌다. 인재를 중시하고 용인술이 탁월하다. 그리고 의지를 갖고 자신의 길을 간다. 나설 때라고 판단되면 과감하게 결행하고 자신에게 불리한 경우 미련 없이 물러서는 용단을 보인다.

항우(項羽)를 제압하고 천하통일의 대업을 이룩한 유방(劉邦)도 세가 불리할 때는 줄행랑을 쳤다. 하지만 그는 장량, 소하, 한신 같은 인재를 얻었기에 세상을 얻었다.

승자의 안목은 비단 고전과 역사에서만 찾을 수 있는 건 아니다. 스티브 잡스는 어떤가. 한때 회사에서 쫓겨나는 수모를 겪었지만 결국 아이팟, 아이폰, 아이패드 등 선풍적인 인기상품을 출시하여 쓰러져가던 애플을 다시 일으켜 세웠다. 그 역시 세상의 트렌드를 읽는 안목을 가졌기에 혁신적인 상품을 내놓을 수 있었던 것이다.

리더가 갖춰야 할 5가지 안목

공부와 관찰을 통해 승자의 안목을 5가지 영역으로 정리했다. 결행(決行), 순리(順理), 인덕(仁德), 혁신(革新), 공유(共有)가 그것이다. 이는 스스로 연마하고 발휘해야 할 리더십 덕목이기도 하다.

리더가 갖추어야 할 5가지 안목을 따라가다 보면 어떤 상황과 환경에서도 굴하지 않고 자신의 가치를 지켜나가는 리더로 거듭날 수 있을 것이다. 이끌어가는 삶을 살 지, 아니면 이끌려가는 삶을 살 지는 마음먹기에 달렸다. 지나온 삶을 되돌아보며 더 큰 미래를 준비해야 하는 시점에서 결단의 용기는 반드시 필요하다. 또 하고자 하는 일이나 차지하고 싶은 자리가 있다면 의지를 가지고 추진해야 한다. 승자가 되기 위해서는 시대의 흐름을 읽어내는 눈과 두려움을 극복하고 도전을 즐기려는 가슴과 후회 없는 결단을 이끌어내는 머리와 의지를 갖고 실행에 옮기는 손발이 맞아야 한다.

변화를 위해 알을 깨려는 분들이 승자의 안목을 기르는 데 조금이나마 도움이 되고 싶어 펜을 들게 됐다. 이 책이 자신을 성장시키고 더 좋은 자리를 원하는 모든 이들에게 자신을 되돌아보게 하는 거울이 되기를 기대한다.

아울러 부푼 꿈을 안고 회사에 들어가는 사회초년생들과 한창 업무에 시달리고 있을 직장인들에게 도움을 주어 모두가 행복한 직장생활을 할 수 있었으면 좋겠다. 모두 승자가 되길 바란다.

2013년 3월.

[1강] 결행 決行 비난과 반대에도 할 일은 한다

[2강] 순리 順理 멈춰야 할 때, 나아가야 할 때, 돌아봐야 할 때

[3강] 인덕 仁德 그 사람이 먼저 나를 찾게 하는 승자의 용인술

[4강] **혁신** 革新 흐름을 읽고 판을 주도하다

[5강] 공유 共有 한 사람의 똑똑함보다 열 사람의 어리석음을 조합하라

결행
決行

비난과 반대에도 할 일은 한다

자리가 사람을 만든다

───── 問 ─────
세상에는 이끄는 사람이 있고 이끌려 다니는 사람이 있습니다.
끌려 다니기보다는 이끌고 싶습니다.
───── 答 ─────
'모태리더'는 존재하지 않습니다. 앉은 자리에 따라 운명이 달라집니다.
자리에 걸맞은 결단력을 키워야 합니다.

결단력이 바꾼 운명

중국 한(漢)나라를 세운 유방은 평범한 농가의 아들로 태어났다. 그는 서민 출신이었지만 대범한 성격과 포용력 덕분에 많은 사람들이 따랐다.

유방은 결정적인 순간마다 과감한 결단력을 보여준다. 일례로 고향인 패현에서 하급관리로 일할 때 반란이 일어나자 과감하게 봉기해 반란에 동참했다. 또 라이벌이었던 항우보다 먼저 진(秦)나라 수도 함양을 함락시키지만 항우의 위세에 압도당하자 도망치듯이 물러났다. '2보 전진을 위한 1보 후퇴.' 말로는 쉽지만 행동으로 옮기기는 쉬운 일이 아닌데, 유방은 스스로의 마음을 이길 수 있는 결단력을 갖고 이를 실행했다. 평범하게 태어난 유방이 고향에서 하급관리로 계속 착실하게 근무했거나, 함양에서 자존심을 내세워 항우와 정면 대결을 했다면 천하를 얻을 기회를 갖지 못했을 것이 분명하다.

역사적으로 볼 때 유방처럼 평범한 가정에서 태어났지만 성공적인 리더로 살다간 사람은 수없이 많다. 이들의 공통점은 결단력이 남달랐다는 것이다. 결단력의 차이가 자리를 좌우한다고 해도 과언이 아니다. 리더를 한마디로 정의하면 '저지르는 사람'이라고 할 수 있다. 기회는 일을 저지르는 사람에게 찾아온다. 저지르지 않고 생각만 하는 사람은 리더가 될 수 없다.

사람은 성장하면서 결단력의 차이에 따라 크게 두 가지 유형으로 굳어져간다. 리더형 인간과 참모형 인간이다. 인간형에 따라 찾아가는 자리도 달라진다. 리더형 인간은 미래에 펼쳐질 희망을 보지만 참모형 인간은 미래에 다가올 난관을 걱정하기 때문이다. 물론 모든 사람을 이분법적으로 리더형 인간과 참모형 인간으로 분류할 수는 없다. 하지만 어떤 습관을 가지느냐에 따라 성격이 달라지고 성격은 운명을 좌우하게 된다. 결단력이 강한 사람은 무슨 일을 하든지 리더로 부상할 것이다. 또 생각이 많고 치밀한 사람은 훌륭한 참모가 될 수 있다. 그래서 과감한 리더형 인간과 치밀한 참모형 인간이 손을 잡으면 큰일을 도모할 수 있다.

나는 언론인이란 직업 때문에 장·차관을 포함해 수많은 고위 공무원들을 자주 접했다. 똑같이 행정고시를 보고 공직생활을 하는데, 어떤 분들은 장·차관까지 승진하고 어떤 분들은 그런 기회를 얻지 못하는 이유가 뭘까 궁금했다. 여기에는 여러 가지 변수가 존재하는 것이 분명하다. 이른바 학연, 지연, 관운 등도 절대 무시할 수 없다. 하지만 장·차관을 지낸 분들을 놓고 리더십의 공통점을 찾아보면, 이들은 결단력을 갖춘 리더형 인간이란 점이었다.

이데일리 경영을 맡아서 할 때도 수많은 난관을 극복하는 과정에서 절실히 요구되었던 것이 바로 결단력이었다. 경영은 선택의 연속이다. 고비 고비마다 어떤 선택을 하느냐에 따라 회사의 진로는 천차만별로 달라진다. 탁월한 선택과 잘못된 선택은 사후에 평가를 받게 된다. 하지만 선택을 해야 할 시점에서는 과감한 결단력이 필요하다. 결과에 대한 두려움과 걱정 때문에 선택을 미루거나 포기한다면 리더의 자격마저 포기해야 할지도 모른다.

세상에 태어날 때부터 리더인 사람은 없다. 물론 리더가 되는데 좋은 환경과 나쁜 환경은 엄연히 존재한다. 하지만 환경을 극복하는 것도 결국 자신의 몫이다. 그렇기에 남 탓을 하는 것은 의미가 없다. 리더가 되기 위해서는 사명과 의지를 가져야 한다. 그리고 결단력을 키워야 한다.

우리는 이미 누군가의 리더다

사회생활을 하면 누구든지 이미 무언가의 리더다. 무슨 장(長)을 달고 있다면 당연히 그럴 것이고, 설사 아직 장을 맡지 않고 있어도 일을 할 때는 어떤 식으로든지 리더의 역할을 하게 된다. 어떤 일을 하든, 무슨 업무에 종사하든, 지위고하를 막론하고 리더십을 발휘해야 하기 때문이다.

진정한 리더십은 다른 사람들의 마음을 얻어 상황을 변화시키는 데 영향력을 행사하는 것이다. 진정성과 신뢰를 바탕으로 용기를 낼 때 리더십이 표출된다. 그렇기 때문에 리더십은 단순히 주어지거나 위임받는 것이 아니라 스스로 단련함으로써 획득되는 것이다.

공자는 "군자가 중후하지 않으면 위엄이 없고 배워도 견고하지 못하다. 충과 신을 중시하고 허물이 있으면 즉시 고쳐라"라고 말했다. 항상 신중하면서도 진정성[忠]과 신뢰성[信]을 갖춘다면 남을 끌어들이는 매력을 지닐 수 있다. 때로 실수할지라도 즉시 인정하고 개선하려고 노력한다면 리더십은 더욱 견고해질 것이다. 이런 모습을 보일 때 아랫사람은 그의 말에 경청하고 존중하며 자발적으로 따르게 되어 일이 순조롭게 풀릴 수 있다.

직장생활을 처음 시작한 사람들은 반드시 10년 후, 20년 후의 자신의 모습을 그려보아야 한다. 많은 젊은이들이 직장을 얻는 데만 급급한 나머지 일단 직장을 잡고 나면 자신의 비전을 생각하지 않고 하루하루 시간만 보내곤 한다. 직장생활이 힘들어지거나 무미건조해지면 일에 대한 만족도마저 떨어진다. 자신에 대한 비전이 없으면 일에 대한 의욕이 감퇴되고 성과도 오르지 않는다. 당연히 고과평가가 나빠지고 경쟁대열에서 뒤처지게 된다.

나는 수습기자 또는 신입직원을 면접 볼 때 미래의 자화상을 그려 보도록 요구하곤 했다. 미래 비전을 어떻게 설정하고 있는지는 그 사람을 평가하는 중요한 척도가 되기 때문이다. 스스로 미래의 자기 모습을 그려보면 리더로서의 역할을 자연스럽게 떠올릴 수 있다. 단 기적으로는 사원이면 팀장, 팀장은 부장, 부장은 임원, 임원은 사장 의 역할을 생각해보아야 한다. 장기적으로는 사원이나 팀장도 사장 으로서의 자신의 역할을 상상해보아야 한다.

법정 스님은 『산방한담』에서 원행(顧行)의 중요성을 설파했다.

"원은 삶의 강한 용기인 동시에 새로운 의지입니다. 먼저 어떤 목 적을 이루기 위해 원을 세우고, 다음으로 그것을 실행하는 것이 또 한 정진입니다. 이를 원행이라고 합니다. 원만 있고 행이 없어도 안 되고 행만 있고 원이 없어도 안 됩니다. 원과 행이 일치할 때 두 바 퀴 달린 수레처럼 잘 굴러갈 수 있습니다."

일을 저지르기 위해서는 먼저 자신의 기준을 세워야 한다. 자신의 기준을 정해야 일을 주도적으로 이끌어갈 수 있다. 사실 일을 하면서 자신이 무슨 일을 하는지 모르는 사람이 많다. 그러면 동조자를 얻기 어렵다. 상대방을 설득시키기 전에 자신을 먼저 설득시켜야 한다.

사람이 자리를 만들고 자리가 사람을 만든다. 자리를 지키기 위해 서는 자릿값을 해야 한다. 어떤 자리를 차지하고 있느냐에 따라 책 임감과 역할이 달라진다. 자리에는 마땅히 지켜야 할 직분이 있다. 직분에 충실하다 보면 그 자리에 맞는 틀을 갖게 된다.

구멍가게에도
명분이 필요하다

─── 問 ───

일을 하다보면 왜 이 일을 해야 하는지 명쾌한 답을 내리기 어려울
때가 있습니다. 그러다보니 추진력도 떨어지는 것 같습니다.

─── 答 ───

무슨 일을 하든지 명분이 중요합니다.
구멍가게도 존재가치가 있어야 살아남습니다.
명분을 명확히 세우고 나만의 출사표를 써야 합니다.

모든 일에는 '이유'가 있다

무슨 일을 하든지 명분(名分)이 있어야 한다. 명분은 일을 도모할
때 내세우는 구실이나 이유다. 명분은 원래 각각의 이름이나 신분에
따라 마땅히 지켜야 할 도리를 말한다. 또한 글자 그대로 이름에 따
른 분수이기 때문이다. 군신, 부자, 부부 등 구별된 사이에 서로가 도
덕적으로 지켜야 할 일을 지칭하기도 한다. 임금은 임금답게, 신하는
신하답게, 부모는 부모답게, 자식은 자식답게 하는 것이 명분이다.

명분을 지킨다는 것은 이름에 걸맞게 행동하는 것이다. 직장생활

을 할 때도 사장은 사장답게, 팀장은 팀장답게 일하는 것이 명분을 갖는 것이다. 우리의 선비들은 물질이나 이득보다는 절의나 명분을 중시하였다.

하지만 명분이라는 말도 시대가 혼탁해지면서 그 뜻이 왜곡되고 있다. 명분이라는 말이 마치 핑곗거리처럼 오용되고 있다. 나쁜 일을 도모하는 빌미를 명분으로 둔갑시키는 사례도 있다. 명분이 본래의 명분을 찾아야 할 형편이다. 그럼에도 무슨 일을 하든지 명분은 살아있어야 한다. 명분 없는 싸움은 항상 패하게 마련이다.

회사를 박차고 나가 창업을 해서 오너가 되는 것은 샐러리맨이라면 한번쯤 생각해보는 달콤한 꿈이다. 하지만 이 꿈을 행동으로 옮기기란 쉽지 않다. 직장에서 매달 받는 샐러리는 직장인을 사로잡는 마약과 같아서 쉽게 끊을 수가 없다.

또 새로운 사업을 시작한다는 것은 엄청난 용기와 도전의식이 필요하다. 그래서 누구나 가지는 그 꿈을 제대로 실천하는 경우는 드물고 이를 실천한 사람들은 그만큼 인정을 받게 된다. 그래서 현재를 박차고 새로운 일을 도모하기 위해서는 '내가 왜 이 일을 시작해야 하는지' 명분이 분명해야 한다.

명분을 확실하게 밝히기 위해서는 출사표(出師表)가 유용할 때가 있다. 흔히 알듯이 출사표란 '군대를 일으키며 임금에게 올리는 글'이라는 뜻으로 중국 삼국시대 촉한(蜀漢)의 재상 제갈량(諸葛亮)이 위(魏)나라를 토벌하러 떠날 때 쓴 글이다. 촉한 황제 유비(劉備)는 위나라 땅을 정벌하지 못하고 "반드시 북방을 수복하라"는 유언을 남긴 채 세상을 떠났다. 제갈량은 유비의 유언을 받들어 군사를 끌고 위나라를 토벌하러 나섰다. 출병하는 날 아침 제갈량은 유비의 뒤를 이어 황제가 된 유선(劉禪) 앞에 나아가 출사표를 바쳤다. 출사표에는 국가의 장래를 걱정하고 각 분야의 현명한 신하들을 추천하면서 유선에게 간곡하게 당부하는 내용이 담겨 있다. 출사표는 중국 3대 명문 중 하나로 꼽힌다. 예로부터 출사표를 읽고 눈물을 흘리지 않는 이는 충신이 아니라는 말이 있을 정도다. 그만큼 출사표에는 충성심과 비장함이 어우러진 출병에 대한 명분이 살아있다.

요즘에는 자발적인 퇴직과 창업보다는 등 떠밀려서 어쩔 수 없이 창업을 시도하는 사람들이 많다. 청년창업과 은퇴창업의 많은 경우가 비자발적으로 이루어지고 있는 것이다. 번듯한 직장에서 일하고 싶은데 취업이 안 되거나 그만둘 수밖에 없어서 창업전선에 내몰리는 상황이다. 그러나 창업을 해서 성공하기란 쉽지 않다. 특히 자발적인 상황도 아닌 불가피한 처지에서의 창업은 더욱 험난할 수밖에 없다. 아이템, 돈, 사람, 경험과 노하우 모두 아쉬운 것들이지만 가장 필요한 것은 내가 이 일을 택한 이유, 즉 명분이다.

구멍가게를 차리려고 해도 이유가 필요하다. 그것이 구멍가게의 명분이다. 단순히 돈을 벌기 위해 구멍가게를 차린다는 식은 곤란하다. '어쩔 수 없이 직장을 그만두게 돼 구멍가게를 차리는데 무슨 거창한 명분이 필요한가'라고 반문할 수도 있다. 하지만 왜 그 구멍가게가 그 자리에 존재해야 하는지에 대한 이유를 찾다보면 성공 여부를 어느 정도 가늠해볼 수 있다. 기업에서도 신규 사업을 시작할 때는 먼저 그 사업에 대한 가치를 따져야 한다. 단순히 돈을 좇는 장사가 아니라 사업을 하려면 그에 합당한 명분이 있어야 한다.

당신의 출사표

삶이란 등산이다. 오르막이 있으면 내리막이 있고 숨 가쁨이 있는가 싶으면 어느새 고요함이 찾아온다. 가다가 지치면 쉬어야 하고 쉬다보면 다시 가게 된다. 나지막한 정상이라도 오르면 가슴이 벅차고 내려오려면 왠지 서운하다.

사회생활을 하면서 어떤 위치에 있든지 정상에 오르겠다는 목표를 가져야 한다. 산은 높고 오르기 힘들수록 매력이 있다. 올라가야 할 산을 정했다면 출사표를 써보자.

내가 지난 2000년 〈매일경제신문〉의 촉망받던 기자 자리를 박차고 나올 때의 일이다. 이데일리 창업에 참여하기 위해 사표를 냈을 때 동료 선후배들의 만류가 이만저만이 아니었다. 당시 매일경제신문사는 크게 성장하고 있었고 개인적으로도 기자로서 회사에서 인정받고 있었다. 회사의 선후배들은 이런 상황에서 굳이 회사를 그만두려고 하는 이유를 잘 모르겠다는 반응이었다. 특히 나를 아껴주고 이끌어주며 멘토 역할을 해주던 부장님은 "너는 매일경제신문에서 계속 근무하면 편집국장도 할 수 있을 텐데……" 하면서 아쉬움을 금치 못했다.

회사를 그만둔다는 소문이 퍼지자 선배들이 계속 번갈아가면서

술을 사며 퇴사를 만류하는 설득작업을 펼쳤다. 하지만 그럴수록 새로운 미디어를 창간하고자 하는 나의 의지는 강해질 뿐이었다. 그렇다고 선배들의 애정 어린 만류를 냉정하게 뿌리치기도 쉽지 않아 난처한 입장이었다.

고민 끝에 출사표를 떠올리며 부장에게 '잘나가는 신문사를 떠나면서'라는 장문의 이메일을 썼다. 의도하지 않았지만 이 편지는 회사는 물론 출입처에서도 파장을 불러일으켰다. 내용의 요지는 언론환경의 변화와 시대의 흐름에 따라 새로운 온라인 언론을 창업한다는 것이었다.

인터넷 비즈니스의 발효와 벤처기업의 붐이 어우러져 새로운 가능성을 열어주었다. 변화하는 독자들의 니즈에 따라 실시간 뉴스의 중요성이 부각되었다. 시대가 인터넷 언론을 요구하고 있었다. 세상이 바뀌고 있음을 직감하고 행동으로 옮겨야겠다는 판단을 내렸다. 정보의 비대칭성을 해소할 수 있는 언론을 만들어야 한다는 생각이 들었다. 그것이 주변 사람들의 눈에는 철부지의 돌발행동으로 비쳐진다고 해도 상관없었다. 가치 있는 일이라면 용기를 내어 하는 것이 옳다고 믿었기 때문이다.

A4 용지 두 장을 빼곡히 채운 글이 회사에서 회자되면서 선배들은 "나가서 잘해보라"고 격려하기 시작했다.

만감이 교차하고 아쉬움이 없지는 않았지만 새로운 브랜드의 등산복으로 갈아입었다. 새로운 길을 가는 것은 항상 두렵기도 하지만 책임감을 갖게 한다. 본의 아니게 뒷사람들의 이정표가 될 수 있기

때문이다. 그래서인지 김구 선생님이 좋아하셨다는 서산대사의 시
(詩)가 늘 가슴에 와닿았다.

눈 덮인 들판을 걸어갈 때는(踏雪野中去)
함부로 어지럽게 걷지 마라(不須胡亂行)
오늘 내가 남기는 발자국은(今日我行跡)
뒷사람의 이정표가 되리니(遂作後人程)

땅을 딛고 별을 쏘다

---- 問 ----

이상과 현실이 늘 부딪치곤 합니다. 주변 이야기를 듣다보면
어디에 초점을 맞춰야 할지 판단하기 어려워질 때가 많습니다.

---- 答 ----

별만 쳐다보다가 발을 헛디딜 수 있습니다.
땅만 내려다보면 꿈을 펼칠 수가 없습니다.
내 몸에 맞는 현실적인 비전을 설정해야 합니다.

달콤한 말은 판단을 흐리게 만든다

무슨 일을 하든지 자신에 대한 냉철한 평가가 먼저 이뤄져야 한다. 그렇지 않으면 돈키호테처럼 환상과 현실을 착각하여 뒤죽박죽이 될 수도 있다. 사람은 누구든지 자기애를 갖고 있다. 자신감을 갖고 싶어 한다. 다른 사람들로부터 존중받기를 원한다. 진실이 아니라 하더라도 달콤한 말이면 믿고 싶어 한다. 그래서 판단이 흐려지고 다른 사람의 말에 쉽게 흔들리기도 한다.

제(齊)나라에 추기(鄒忌)라는 신하가 있었다. 키는 8척이 넘었고

건장한 체격에 용모가 준수했다. 당시 제나라에는 서공(徐公)이라는 소문난 꽃미남이 살았다. 추기는 어느 날 관복과 의관을 차려 입고는 거울을 보며 아내에게 물었다. "나와 서공 중 누가 더 잘생겼소?" 그러자 아내가 대답했다. "당신이 최고죠." 추기는 믿기지 않아 다시 첩에게 물었다. 첩은 "서공은 당신에게 비교도 안 되죠"라고 대답했다. 때마침 손님이 찾아와서 대화를 나누다가 추기가 손님에게 물었다. "나와 서공을 비교할 때 누가 더 잘생겼소?" 손님은 "서공이 대감에게는 못 미칩니다"라고 대답했다.

다음날 서공이 우연히 추기의 집을 방문했다. 추기는 서공을 자세히 보고는 자신이 서공보다 못하다는 생각이 들었다. 거울을 다시 봐도 역시 서공이 한 수 위였다. 밤에 잠자리에 누워서 생각했다. 아내는 사랑하기 때문에, 첩은 두려워하기 때문에 자신을 보고 잘생겼다고 했을 것이다. 그리고 손님은 자신에게 바라는 것이 있었기 때문에 그렇게 말했을 것이다.

추기는 깨달은 바가 있어 위왕(威王)을 찾아갔다. 그러고는 자신의 외모가 서공보다 못하지만 다들 낫다고 말한 사연을 이야기했다. 마찬가지로 궁에 있는 비빈과 측근들은 왕을 사랑하고 조정 신하들은 왕을 두려워하며 사방 천지에 왕에게 바라는 사람들뿐이라고 말했다. 그러면서 이런 관점에서 보면 많은 진실이 왜곡될 수밖에 없다고 아뢰었다.

이 말을 들은 위왕은 "옳다"며 명령을 내렸다. "과인의 면전에서 허물을 지적하면 '상등' 상을 내리고 글로 상소를 하면 '중등' 상을, 궁중이나 시장에서 과인을 비방하여 그 말을 과인이 듣게 되면 '하등' 상을 내리겠다." 어명이 떨어지자 초기에는 간언을 하려는 군신들로 궁중이 문전성시를 이루었다. 몇 개월이 지나자 뜸해지더니 일 년이 지난 후에는 사람들이 간언거리를 찾지 못했다. 연나라, 조나라, 한나라, 위나라가 이 소식을 듣고 제나라를 떠받들게 됐다.

이를 소위 조정(朝廷)의 전승(戰勝)이라 이른다. 싸우지 않고 조정에 앉아서 승리를 취했다는 뜻이다. 『전국책(戰國策)』에 나오는 이야기다. 여기서 추기규경(鄒忌窺鏡)이라는 말이 유래했다. 추기가 거울을 들여다보며 자신의 실상을 알게 되고 타인의 속마음을 깨닫게 됐다는 것이다.

리더에겐 진실을 볼 수 있는 거울이 필요하다. 군주에겐 백성의 속마음이, 경영자에겐 직원의 속마음이 거울이다. 리더는 거울을 잘 들여다보아야 한다. 사업을 성공적으로 이끌려면 상황을 객관적으로 판단할 수 있어야 한다. 항상 자신의 능력과 실상을 파악하는 데 게을리하지 말아야 한다.

추기규경을 통해 자신의 모습을 제대로 파악하고 구성원들의 입장을 살필 수 있다면 일단 성공의 길로 한 발 내딛은 셈이다. 주제파악을 한 다음에 모험에 나서는 것이 좋다.

자본주의를 입고 인본주의로 무장하라

땅을 딛고 별을 바라보아야 한다. 땅만 내려다보면 발전이 없다.

또 별만 쫓으면 현실의 벽에 부딪혀 꿈을 실현하기 어렵다. 목표지 향점을 높게 설정하되 현실에서 하나하나 착실히 이뤄내도록 해야 한다. 목표에 도달하는 과정을 생략하고 단숨에 점프를 해서 성취하 겠다는 생각은 버리는 것이 좋다.

무모한 도전은 실패할 확률이 높을 뿐만 아니라 실패했을 때 재기 하기도 더 어렵다. 새로운 사업을 시작하려면 철저한 사전준비가 필 요하다. 경험하지 않은 분야에 대해 남의 말만 듣고 뛰어들었다가는 성공보다 실패할 확률이 높다. 당장 수입이 정상적으로 들어오지 않 고 할 일이 막막하다고 조급해 하면 안 된다. 조급증 때문에 충분한 준비 없이 일을 시작하는 것은 섶을 지고 불에 뛰어드는 것과 다를 바가 없다. 특히 빚을 내서 사업을 하는 것은 매우 위험하다. 스타트 업 기업으로 시작해 당장 수익이 나는 경우는 흔치 않다. 계획처럼 수익이 발생하지 않을 때 버틸 수 있는 힘이 없다면 어떻게 되겠는 가. 설 땅이 없으면 별도 바라볼 수 없다.

사업을 하려면 사람과 돈이 필요하다. 돈이 있어도 사람이 없으면 사업을 할 수 없다. 돈을 그저 금융회사에 맡겨둘 수밖에 없는 것이 다. 반대로 돈이 없으면 사람을 모을 수가 없다. 그래서 돈과 사람을 잘 모아야 사업을 할 수 있는 것이다. 기업을 지속적으로 발전시킬 수 있는 원동력은 결국 사람과 돈이다.

사람과 돈에 대한 개념은 제대로 갖고 있어야 한다. 돈이 사람보 다 더 중요하다고 보는 것이 일반적인 자본주의 논리다. 사실 우리 는 현재 자본주의 사회에서 살고 있기 때문에 자본의 중요성을 저

버릴 수가 없다. 스스로 기업을 일으켜 새로운 사업을 하려면 자본의 구성을 가장 먼저 신경 써야 한다. 투자를 받거나 동업을 하는 상황이라면 가급적 자본금 과반수 이상의 지분을 확보하고 시작하는 것이 좋다. 사업 초기에는 동업하는 사람 사이에 신의가 돈독하기 때문에 지분구성에 대해 그다지 신경 쓰지 않지만 사업을 하다보면 지분문제로 갈등을 빚는 경우가 비일비재하다.

기업의 경우 돈보다 더 중요한 것이 사람이지만 주식회사인 이상 아직까지 자본에 의해 모든 것이 판가름 난다. 회사가 아무리 좋은 가치를 지녔다 할지라도 새로운 자본주가 나타나 그 가치를 인정하지 않는다면 소용이 없다. 결국 기업에 종사하는 사람들은 '절이 싫으면 중이 떠난다'는 말처럼 회사를 그만둘 수밖에 없다.

돈이 근본인 사회가 자본주의 사회라면 사람이 근본인 사회는 인본주의 사회라 할 수 있다. 자본주의에 대한 부작용으로 기업들이 임직원에 대해 새로운 가치를 찾고 있다. 임직원이 잘되어야 기업이 지속적으로 성장할 수 있다는 경영철학이 점차 확산되고 있는 것이다. 성과에 대한 배분에 있어서도 주주 중심에서 임직원과 고객을 배려하는 형태로 바뀌어가고 있다. 이는 우리가 창조경제시대로 나아가고 있기 때문에 자연스러운 현상이라고 할 수 있다. 창조경제시대는 개인의 지적 능력과 창의력이 새로운 부가가치를 창출하는 중요한 자산이 된다. 그래서 20세기를 자본주의의 시대라고 한다면 21세기는 인본주의의 시대라고 할 수 있다. 물론 인본주의가 꽃을 피우려면 시간이 더 필요한 것은 사실이다.

구글이나 아마존 같이 새로운 글로벌 강자로 부상한 기업들은 전통적인 대기업들과 여러 면에서 차별화를 시도하고 있다. 이들 기업은 임직원의 행복을 우선 과제로 삼고 있다. 임직원이 행복해야 고객을 행복하게 만들 수 있고 고객이 행복해야 기업이 성장한다는 인식을 갖고 있다. 생산성을 높이려는 관점에서 임직원을 철저하게 관리하던 과거의 방식과 달리 임직원들에게 근무시간을 자율적으로 사용하도록 허용하고 명상 등 정신건강 관리에도 신경을 쓰고 있다.

우리나라도 일부 벤처기업을 중심으로 임직원들이 행복하게 일할 수 있도록 획기적인 경영기법을 도입하는 사례가 늘어나고 있다. 대기업들도 임직원들의 창의력과 열정을 이끌어내기 위한 혁신을 도모하고 있다. 이제는 자본주의라는 옷을 입고 인본주의라는 무기를 갖춰야 할 때다.

악으로 선을 지키다

—— 問 ——
때로는 모두가 반대해도 추진해야 할 일이 있습니다.
이럴 때 쏟아지는 비난을 받게 될 게 두렵습니다.

—— 答 ——
모두를 만족시킬 해결책은 없습니다.
올바른 판단이라 확신한다면 비난을 두려워해서는 안 됩니다.
때로 선을 지키기 위해서는 악이 약이 될 때도 있습니다.

선한 의지가 부른 의외의 결과

세상에 대홍수가 났다. 모든 동물들이 노아의 방주로 몰려갔다. 선(善)은 자신도 살기 위해 헐레벌떡 달려갔다. 배를 타려고 하는데 노아가 가로막았다.

"이 배는 짝이 있어야 탈 수 있습니다."

선은 할 수 없이 악(惡)을 짝으로 택해 방주에 올라탔다. 그 이후로 선과 악은 항상 동행하는 짝이 되었다. 『탈무드』에 나오는 이야기다.

선이 악을 잉태하고 그 선에서 태어난 악이 자라서 선을 해칠 수도 있다.

이데일리는 2000년에 각 언론사에 근무하던 경제기자들이 주축이 되어 만든 회사다. 기자와 일반직원을 합쳐 20여 명이 십시일반으로 출자를 해서 사원주주회사로 출발했다. 창간 초기에는 모두 다 주인의식을 갖고 일했다. 중요한 의사결정은 주주인 임직원들이 모두 모여 토론하고 결정했다. 한밤중에도 누가 시킨 것도 아닌데 자발적으로 기사를 써서 올릴 정도로 모두들 직급이나 직위에 크게 신경을 쓰지 않고 열심히 일했다.

그런데 창간한 지 4년이 지나자 지분 문제가 심각하게 불거졌다. 사원지주회사의 장점이 정착되어가는 과정에서 회사의 근간을 와해시킬 수 있는 조짐이 나타났다. 창간 초기에 출자를 했던 기자와 직원들이 자신이 보유하고 있던 지분을 슬그머니 외부에 파는 사례가 늘어난 것이다.

일부 직원들이 지분을 매각하자 회사는 크게 술렁거렸다. 우선 직원들의 지분 연합으로 지배구조를 형성한 형태가 큰 차질을 빚을 위험에 처했다.

외부에서 직원들의 지분을 매집하는 세력도 있었다. 이데일리의 주식을 싸게 매입해서 대주주 지분을 확보하면 경영권을 헐값에 넘겨받을 수 있는 상황이 된 것이다. 이데일리 주식을 매집한 측은 직접 경영을 하든지 아니면 경영권 프리미엄을 얹어 큰 차익을 내고 제3자에게 지분을 넘길 수도 있다.

임직원들의 입장에서는 갑자기 경영권을 잃게 되는 것은 물론 지분마저 헐값으로 처분하게 됨으로써 재산상의 손실까지 떠안게 될 수 있는 상황이었다.

임직원들은 지분을 모아 제3의 대주주를 만들자는 데 의견을 모았다. 그 당시 사장이었던 나의 가장 큰 과제는 대주주를 영입하는 것이었다. 직원들이 원하는 대주주를 찾아 그들이 보유하고 있는 지분을 최대한 좋은 조건으로 팔아야 했다.

직원들의 반대에도 불구하고 사원지주회사를 유지하는 방안을 찾아 강력하게 밀어붙일까 하는 고민도 했다. 하지만 사원지주회사라는 본래의 취지를 살리기 위해서 이런 생각을 접었다. 사장은 사원 주주들의 의견을 존중하고 따라야 한다는 선한 의지가 있었기 때문이다. 직원들 또한 내가 보유한 지분도 모두 내놓는 방식을 원했다. 결국 똑같은 조건으로 지분을 모으고 모두 함께 모은 지분을 제3자에게 넘기는 것으로 결론을 냈다.

대주주 영입과정에서 몇몇 건설사가 적극성을 보였다. 그러자 일부 주주들이 빨리 주식을 넘기자고 주장했다. 하지만 이들 건설사가 이데일리를 자사의 방패막이로 인수하려는 의도가 엿보여 거부했다. 고민 끝에 창업투자회사(창투사)를 대주주로 끌어들였다. 우선 창투사를 대주주로 만든 다음 나중에 기업공개를 할 때 창투사는 투자자금을 회수하도록 하고 우리사주조합을 다시 설립하는 여지를 남겨두기 위해서였다. 직원들은 창투사를 대주주로 영입하는 데 찬성했다. 하지만 그 일이 있고 난 5년 후 창투사는 지분을 또다시 제3

자에게 매각해버렸다. 이로써 다시 사원지주회사로 돌아갈 여지가 완전히 없어졌다.

이데일리는 임직원들의 노력 덕분에 크게 성장한 회사다. 창간 이후 첫 2년을 제외하고는 한 번도 적자를 내지 않고 흑자행진을 지속했다. 매출액도 중견언론사 수준으로 신장됐다. 회사가 크게 성장하면서도 항상 정도언론을 실천하려고 노력한 결과, 독자들은 물론 금융 및 산업계의 사랑을 받았다.

하지만 새로 대주주가 들어오면서 이데일리를 함께 설립했던 동료들은 뿔뿔이 흩어지고 말았다. 회사의 대표로서 나는 직원들이 원하는 대로 선의를 가지고 대주주를 영입했고 당시 직원들은 모두 만족했는데, 그 이후 의외의 결과를 초래한 것이다.

다시 그 시절로 돌아간다면 어떻게 하는 게 바람직할 것인가. 직원들의 반대를 무릅쓰고 지배구조를 탄탄히 하는 작업을 하는 것이 더 낫지 않았을까. 그때 그랬더라면 창립 당시 가졌던 사명도 지켜나갈 수 있었을 것이다.

이 일을 통해서 나는 다시 한 번 절대적인 선과 악은 존재하지 않는다는 사실을 깨닫게 되었다. 선과 악은 시대와 시간의 흐름에 따라 달라질 수 있다. 때로 선한 의지로 실행한 것이 결과적으로 악을 부를 수도 있는 것이다. 따라서 당장 악이라고 생각되더라도 미래의 선을 위해서라면 결단을 해야 한다. 적어도 리더라면 작은 선을 지키려다 큰 악을 부르는 것보다 큰 선을 위해서 작은 악을 저지르는 것이 더 낫다.

노아의 방주에 탑승하기 위해 선과 악이 파트너가 된 이상 서로를 잘 분별하는 지혜가 필요하다. 항상 "선량한 의도로 착수한 일이 사악한 결과를 빚기도 한다"는 경제학자 하이에크의 말을 명심할 필요가 있다.

욕먹는 것을 두려워 말자

리더는 그를 따르는 사람들에게 욕을 먹지는 않을까 하고 항상 두려워한다. 한 나라를 책임지고 있는 대통령은 물론 작은 팀을 이끌고 있는 팀장이나 리더라면 누구나 칭찬을 받고 싶어 한다. 칭찬받는 리더가 되기 위해 발버둥 치다가 비난하는 말을 듣게 되면 참담할 정도로 의기소침해지는 게 대부분 사람들의 행태다. 겉으로는 대범한 척하지만 욕을 먹고도 태연한 사람은 많지 않다. 하지만 욕먹는 것을 두려워하여 큰일을 그르칠 수는 없지 않은가.

춘추시대 말기 월(越)나라의 왕 구천(勾踐)은 오(吳)나라 왕 합려(闔閭)와 싸워 그를 죽였다. 합려의 아들 부차(夫差)는 아버지의 원수를 갚기 위해 가시나무를 깔아놓고 그 위에서 잠을 자며 복수의 칼을 갈았다. 구천은 부차를 얕보다가 회계산(會稽山)전투에서 부차의 군사들에게 포위당한다. 구천은 땅을 치며 자신의 경솔함을 후회했다. 이제는 사지에 뛰어들어 장렬하게 전사하든가 스스로 목숨을 끊는 것밖에는 선택의 여지가 없었다. 이때 군사 범려(范蠡)가 나서 항복을 하고 후일을 도모하자고 제안했다.

"아직 희망을 버릴 때가 아닙니다. 오왕 부차에게 항복하고 앞으로 신하로서 그를 섬기겠다고 약속하십시오. 그런 다음에 훗날을 도모해도 늦지 않을 것입니다."

"내가 합려의 자식 놈에게 항복하면 세상 사람들이 나를 보고 뭐라고 하겠소?"

구천은 세상 사람들로부터 욕을 먹고 비웃음을 살까봐 걱정했다. 이에 범려는 다시 간곡하게 그를 설득했다.

"공론이란 한때의 바람과 같은 것입니다. 큰일을 도모하는 데 남의 뒷소리가 무슨 상관입니까?"

구천은 범려의 간언을 받아들여 부차에게 항복한 후 구차할 만큼 어렵게 목숨을 건졌다. 이후 구천은 짐승의 쓸개를 핥으며 다시 복수의 칼을 갈아 결국 부차를 꺾어 자살하게 하고 서주(徐州)에서 제후와 회맹하여 역사의 승자가 되었다. 와신상담(臥薪嘗膽)이라는 말은 여기서 유래했다. 구천이 회계산에서 사람들의 뒷소리를 두려워하여 그 자리에서 자살했더라면 훗날 승자로 등극할 수 없었을 것이다.

애플 신화를 창조한 스티브 잡스도 직원들에게는 악명이 높았다. 잡스는 상품의 혁신을 위해 수많은 퇴짜를 놓았다. 그렇게 퇴짜만 놓으니 어떤 직원이 그에게 호감을 가졌겠는가? 퇴짜를 맞은 직원들의 심정은 가히 헤아릴 만하다. 그러나 잡스는 퇴짜에 대해 이렇게 말했다.

"사람들은 집중이란 집중할 것에 예스(Yes)라고 말하는 것이라고 생각한다. 하지만 집중은 전혀 그런 게 아니다. 다른 좋은 아이디어

수백 개에 노(No)라고 말하는 것이다. 실제로 내가 이룬 것만큼이나 하지 않은 것도 자랑스럽다. 혁신이란 1천 가지를 퇴짜 놓는 것이다."

잡스는 유능한 만큼 직원들을 괴롭혔다. 그는 생전에 욕을 먹기도 했지만 인류에게 멋진 제품을 선사했다. 또 경영인으로서 자신의 직원들에게 번영을 남겼다. 역사적으로 유능한 인물로 존경받는 사람들 중에는 살아생전 비난에 시달렸던 경우도 많다. 미국의 루스벨트나 링컨도 대통령 재임시에는 비난을 감수해야만 했다. 그들이 기득권층의 이익을 대변하지 않고 국가와 인류의 더 큰 이익을 위해 결단을 내렸기 때문이다. 당장 욕을 먹지 않기 위해 일을 제대로 안 하다간 결국 두고두고 욕을 먹을 수도 있다.

리더는 옳은 일을 하기 위해서 욕먹을 각오를 해야 한다. 욕먹는 것이 두려워 일을 하지 않는 것은 무책임한 처사다. 하지만 사욕을 채우기 위해 욕먹는 일은 결코 해서는 안 된다. 미래의 큰일을 위해 일시적인 비난을 무릅쓰고라도 일을 하라는 것이지 증오의 대상이 되라는 얘기는 결코 아니다.

껍질을 깨야 날 수 있다

───問───
결단의 순간, 올바른 선택을 했는지 두렵습니다.

───答───
나비가 되려면 고치를 뚫고 나오는 고통을 참아야 합니다.
의지가 있어야 결단을 할 수 있습니다.
운명을 바꾸려는 강한 의지가 필요합니다.

권력의지가 있는가?

무슨 일을 하든지 의지가 있어야 한다. 의지가 있어야 결단을 내릴 수 있다. 결단을 해야 변화를 이끌어낼 수 있다. 그리고 변화를 시도해야 운명을 바꿀 수 있는 것이다. 의지는 단순히 자연적 요구에 입각한 자발적 행동이 아니다. 어떠한 목적을 실현하기 위하여 의식적으로 행동하게 하는 내적 욕구다.

따라서 의지는 외부에서 주입한다고 바로 생성되는 것이 아니다. 의지는 스스로 신념을 가질 때 나타난다. 의지가 강하게 농축되면 결단할 수 있게 된다. 운명을 바꿀 만한 의지를 가져야 마음먹은 일을 해낼 수 있다.

실화를 바탕으로 한 영화 〈127시간〉에서 주인공 애런 랠스턴은 협곡을 탐험하다 사고를 당한다. 두 절벽 사이에 매달린 바위를 밟다가 그만 바위와 함께 굴러 떨어진다. 눈 깜짝할 사이에 애런의 오른쪽 팔이 바위와 절벽 사이에 끼어버린다. 오도 가도 못하는 상황에서 애런은 닷새를 버틴다. 갖고 온 물도 다 마시고 구조의 손길도 요원한 처지가 됐다. 자신의 오른팔을 살리려면 목숨을 잃을 수도 있었다. 그 순간 그는 마침내 주머니칼로 자신의 팔을 잘라내기로 결단을 내린다. 살기 위한 의지가 팔을 자르는 결단을 이끌어낸 것이다.

조선을 개국한 태조 이성계는 최영 장군의 명령을 받아 명(明)나라 토벌에 나섰다. 당시 원(元)나라는 지는 달과 같았고 명나라는 뜨는 해와 같았다. 이성계는 원나라를 돕기 위해 명나라를 치는 일은 무모하다고 판단했다. 어쩔 수 없이 출병을 했지만 내키지 않아 중국 땅으로 진격하는 변경지역인 위화도에 진을 쳤다.

이성계는 최영의 재촉을 뿌리치고 오히려 위화도에서 회군하여 조선 개국의 기초를 다졌다. 만약 이성계의 권력의지가 약해 최영의 말을 듣고 명나라 토벌에 나섰다가 장렬하게 전사했다면 역사는 어떻게 되었을까? 아무튼 이성계가 회군을 선택한 데는 강한 집권의지가 있었기 때문이다.

이성계는 젊은 무장(武將) 시절부터 큰 야망을 품고 있었다. 그리고 백성과 장병들의 민심을 얻는 데 진력하였다. 그의 야망은 꿈으로부터 나왔다. 어느 날 밤 그는 기이한 꿈을 꾸었다. 오래된 큰 기와집에 들어갔는데 갑자기 기와집이 무너져내리는 바람에 급히 빠져나와야 했다. 그는 그 와중에 서까래 셋을 챙겨 가로로 짊어지고 나왔다.

꿈에서 깬 이성계는 흉조인지, 길조인지 알 수가 없어 애를 태우다가 무학대사를 만나 해몽을 듣게 됐다. 낡아 붕괴되는 큰 기와집은 망해가는 고려(高麗)를 의미하고 그 집에서 나오면서 등에 서까래 셋을 짊어지고 나왔다는 것은 왕(王)을 상징하는 것이라고 했다. 무학대사는 입조심을 당부하면서 민심을 얻는 데 노력을 기울이라고 주문했다.

무학대사의 해몽은 이성계로 하여금 대업의 의지를 다지게 했다. 대업의 의지는 이성계를 민심을 얻는 방향으로 행동하도록 이끌었다. 반역에 해당되는 위화도 회군에 장병들이 순순히 따라나섰던 것은 이성계가 이미 그들의 마음을 얻고 있었기 때문이었다. 최영이 자신들을 사지로 내몰고 있다는 이성계의 말에 고려군의 민심은 최영을 타도하기 위한 성난 군심(軍心)으로 돌변했던 것이다.

애런이나 이성계가 결단을 내리지 않았다면 목숨을 잃거나 나라를 얻지 못했을 것이다. 의지가 운명을 좌우한다. 리더가 되기 위한 자격에서 가장 중요한 것은 리더가 되고자 하는 의지일 것이다. 대통령이 되기 위한 자격 중에서 가장 중요한 것은 집권의지다. 기업가가 되기 위해 가장 중요한 것은 사업의지다. 의지가 약하면 좌고

우면(左顧右眄)하면서 우유부단해진다. 주변사람을 답답하게 만든다. 기대했던 사람들에게 실망을 안겨준다. 때를 놓치고 만다. 직장에서도 의지가 약하면 승진에서 뒤처지기 십상이다.

애벌레가 나비가 되듯

누에는 나비목에 속하는 곤충이다. 알에서 깨어난 누에가 자라 번데기가 될 때 제 몸을 보호하기 위하여 실을 토해 제 몸 바깥을 둘러싸는 고치를 짓는다. 누에는 번데기가 나방으로 변할 때 고치를 뚫고 밖으로 나온다.

사람도 누에처럼 각자 고치와 같은 보호막인 껍질을 만든다. 이 껍질은 기득권일 수도 있고 가치관일 수도 있다. 일생을 통해 단단한 껍질을 한 번 만들어 그 속에서 내내 살아가는 사람이 있는가 하면, 껍질을 만들었다가 깨고 새로운 껍질을 만드는 과정을 여러 차례 반복하는 사람도 있다. 껍질 속에서 번데기처럼 살려면 모를까 껍질을 깨고 나와야 나방처럼 날개를 달고 날 수 있다.

껍질 중에서 가장 깨기 어려운 것이 '한계'라는 정신적 고정관념이다. 이 한계라는 껍질이 사람들의 용기를 삼켜버리고 대신 두려움과 나약함을 안겨준다. 스스로 만든 고치에 갇혀 날지 못하고 번데기로 살아가게 붙잡는 것이다.

65세에 사회보장기금 105달러로 튀김 닭을 만들어 레스토랑을 돌면서 납품을 하려던 사람이 있었다. 안타깝게도 튀김 닭의 맛은 좋으나 65세 노인과 거래를 하려는 사람은 없었다. 3년 넘게 전국을 돌아다니며 무려 1,009곳에서 거절을 당하다 마침내 1,010번째에 계약을 성사시켰다. KFC 왕국을 건설한 커넬 샌더스의 이야기다. 그는 무수한 거절의 말을 들으면서도 결코 "내 요리는 형편없어. 나는 아마 실패할 거야"라고 말하지 않았다. 언제나 "내 요리는 완벽해. 나는 성공할 거야"라고 말했다.

훌륭한 생각과 멋진 아이디어를 가진 사람은 무수히 많지만 이를 구현하는 사람은 드물다. 스스로 만든 한계라는 굴레를 벗어나지 못하기 때문이다. 커넬 샌더스는 실패와 좌절의 경험도 인생을 살아가면서 겪는 공부라고 생각했다. 현실의 슬픈 그림을 보지 않고 멋진 미래를 꿈꾸었다. 그 꿈이 이루어질 때까지 포기하지 않고 앞만 보고 달려갔다. 그는 그가 생각한 대로 인생 최대의 난관 뒤에는 인생 최대의 성공이 숨어 있다는 사실을 증명해 보였다.

무언가 새롭게 시작하려는 사람이면 누구나 멋지게 성공하는 꿈을 꾼다. 하지만 실제로 무언가를 결행하기란 쉬운 일이 아니다. 도전하려면 용기가 필요하다. 창업을 예로 들 때 "충분한 자금이 모이면 창업을 하겠다" "같이 동업할 파트너가 나타나면 시작하겠다"고 하지만 결국 차일피일 미루고 만다. 이러한 마음으로는 평생 창업을 시작하지 못할 공산이 크다. 모든 조건이 갖춰진 상태에서 창업을 시작한다는 것은 거의 불가능하기 때문이다.

기득권을 포기하고 불확실한 미래에 자신을 던지는 일은 결코 쉽지 않다. 어떤 위치에 있든지 간에 그 자리가 제공하는 기득권이란 달콤한 것이다. 기득권을 포기했을 때 겪을 사회적 소외감과 불편함뿐만 아니라 수입의 안정성에 대한 불안감이 항상 발목을 붙잡는다. 직장인들은 그래서 옮겨갈 자리를 미리 확보하지 못하면 괴로움을 참아가며 기존 자리에 연연하게 되는 것이다.

껍질을 깨야 날 수 있다. 껍질을 보호막으로 삼아 안주하면 절대로 날개를 달 수 없다. 껍질 속에 갇혀 서서히 죽어가는 애벌레의 신세를 면하기 위해서는 설령 껍질을 깨고 나가 잘못되는 한이 있더라도 시도를 해야 한다.

껍질을 보호막 삼아 달콤함에 젖어 있으면 날 수 있는 기회마저 얻지 못하고 말 것이다. 날개를 달아야 할 시점이라고 판단되면 과감하게 껍질을 깨려고 노력해야 한다. 리스크를 감수하지 않고 열매만을 따보겠다는 생각으로는 불가능하다. 한계라는 껍질을 깨는 용기를 가진 사람이 성공한다.

결단력은 통찰을 먹고 큰다

결정을 내릴 때 조금이라도 실수를 줄이는 방법을 알고 싶습니다.

운외창천. 구름 밖의 푸른 하늘을 볼 수 있는 통찰력이 필요합니다.
통찰력이 있어야 판단의 실수를 줄일 수 있습니다.
통찰력은 훈련을 통해 향상시킬 수 있습니다.

겉을 보지 말고 속을 보자

어두운 구름 밖으로 나오면 맑고 푸른 하늘이 드러난다. 운외창천(雲外蒼天)이다. 구름 밑에서 하늘을 쳐다보면 먹구름만 보인다. 맑고 푸른 하늘이 언제 나타날지 알 수 없다. 비행기를 타고 구름 위로 올라가야 볼 수 있는 것이 창공이다.

리더는 최종적으로 선택을 해야 하는 고독한 존재다. 그가 어떤 선택을 하느냐에 따라 모든 것이 달라진다. 그의 결정에 따라 어쩔 수 없이 적과 동지를 낳게 된다. 양쪽을 만족시킬 수 있는 애매모호한 입장을 취할 수는 없다. 따라서 고독한 결정은 항상 현명한 판단을 요구한다. 어떤 자리건 결정을 하는 사람의 책임은 막중하다. 리더는 구름을 보면서 구름 위의 하늘을 내다보는 지혜를 가져야 한다. 예리한 관찰력으로 사물을 꿰뚫어보는 능력인 통찰력을 갖추어야 한다.

춘추시대 초(楚)나라 장왕(莊王) 때의 일이다. 장왕은 진(陳)나라를 정벌할 생각을 품고 사람을 보내 상황을 정탐하도록 했다. 정탐꾼이 돌아와 "진나라는 정벌하기 어려울 것 같습니다"라고 보고하였다. 장왕이 그 까닭을 묻자, 그는 "진나라는 성곽을 높이 쌓고 구덩이를 깊이 파서 방어 태세를 잘 갖추고 있습니다. 군량미도 충분히 축적해놓은 상태입니다"라고 대답했다.

그러자 장왕은 회심의 미소를 지으며 말했다. "진나라를 정벌할 수 있는 좋은 기회다. 진나라는 작은 나라인데 식량을 많이 쌓아 놓았다고 하니 이는 백성들로부터 거두어들인 세금이 많다는 뜻이고, 세금을 많이 거두어들였다면 백성들이 그 임금을 원망하는 마음이 있을 것이다. 성곽을 높이 쌓고 구덩이를 깊이 팠다면 백성들은 거기에 부역으로 동원되어 탈진한 상태일 것이다." 그러고는 군대를 이끌고 공격하여 진나라를 쉽게 손에 넣었다.

여기서 '초나라는 진나라를 정벌할 수 있다'는 뜻을 지닌 초가벌진(楚可伐陳)이라는 고사성어가 유래했다. 초가벌진은 백성을 지나치게 혹사하여 국력을 약화시키는 어리석음을 비유하기도 하지만 상대의 속사정을 살펴 단점을 예리하게 찾아내는 안목을 뜻하기도

1강 | 결행(決行)

한다.

사물을 볼 때 겉으로 드러난 것만 보면 안 된다. 사물을 관찰하면서 그 속을 들여다볼 줄도 알아야 한다. 당장 일을 처리하는 데 필요한 분별력은 물론 시대의 흐름에 대한 거시적인 안목도 갖추어야 한다.

기업의 글로벌 경쟁은 과연 전쟁이 아닐 수 없다. 잘나가던 초일류 기업들이 순간의 판단 착오로 쇠락하는 경우가 허다하다. 죽느냐, 사느냐 하는 전쟁에서는 겉으로 보이는 장점 속에 숨겨져 있는 단점을 찾아내어 공략하는 초가벌진의 지혜가 필요하다.

겉으로 보기에는 부드럽지만 일을 추진할 때는 결단력이 강하다는 평가를 받고 있는 어느 리더에게 추진력과 위기관리 능력을 어떻게 기를 수 있는지 물어본 적이 있다.

"앞으로 일어날 변수에 대해 하나하나 짚어가다보면 통찰력이 생깁니다. 통찰력이 생기면 결정을 쉽게 할 수 있고 일을 추진할 때도 자신감을 갖게 됩니다". 그의 말처럼 바쁠수록 오히려 생각을 많이 해야 한다. 곰곰이 생각하다보면 해결책을 찾을 수 있다.

통찰력을 키우는 5가지 훈련

통찰력을 키우기 위해서는 지속적인 훈련을 해야 한다. 통찰력은 창의적인 상상력과 치밀한 관찰력, 예리한 분석력을 토대로 향상시킬 수 있다. 경영 대가들의 도움을 받아 비즈니스 통찰력을 키우기 위한 훈련방법을 만들어보았다.

첫째, 오감을 깨우는 작업을 해야 한다. 통찰력을 키우려면 우선 관찰력이 뛰어나야 한다. 사소한 것도 놓치지 않는 주의력을 가져야 한다. 관찰력은 이성보다 감성이 발달할 때 더 정교해진다. 감성적으로 관찰력을 키우기 위해서는 보고 듣고 맛보고 냄새 맡고 만져보는 오감을 발달시켜야 한다. 우리 주변에서 일어나는 것들을 대충 건성으로 보고 듣고 마는 습관을 지니면 세심한 관찰력을 갖기 어렵다. 감각으로 인지한 대상에 대한 철저한 분석과 까다로운 수용을 습관화해야 한다.

둘째, 불편함에 민감해야 한다. 무던한 사람이 좋기는 하다. 뭔가 불편해도 잘 참는 사람은 누구든지 대하기 편할 것이다. 하지만 경쟁력 있는 비즈니스와 상품이 이런 사람들에 의해 창조되지는 않는다. 인류 문명의 역사는 불편함을 해소해가는 과정이라고 해도 과언이 아니다. 편하지 않으면 거부하는 습관을 가져야 한다. 하지만 단순히 거부만 해서는 곤란하다. 대안을 생각하면서 어떻게 실행할지를 고민해야 한다. 그리고 왜 지금까지 이런 대안이 없었을까, 대안을 실행하는 데 어떤 장애물이 있을까를 생각해보아야 한다.

셋째, 검색보다는 사색을 즐겨야 한다. 디지털 세상은 우리에게 많은 편익을 제공하지만 우리의 생각을 빼앗아 가기도 한다. 우리는 사색보다는 검색을 하는 시대에 살고 있다. 검색을 통해 많은 정보와 지식을 얻을 수 있어 좋기는 하지만 창의력과 통찰력은 단순히 정보가 입력된다고 나오는 것이 아니다. 입력된 정보를 가지고 가공하는 과정이 필요하다. 사색이 바로 그 과정이다. 디지털 기기를 내려놓고 사색을 즐기는 시간을 가져야 한다.

넷째, 인문학과 친구가 되어야 한다. 『논어』에는 '온고이지신 가이위사의(子曰 溫故而知新 可以爲師矣)'라는 말이 있다. 공자는 "옛것을 활성화시켜 새것을 안다면 스승이 될 자격이 있다"고 말했다. 과거를 통해 미래를 알 수 있다면 남을 가르칠 수 있다는 얘기다. 온고지신을 하려면 역사, 철학, 문학 등 인문학을 공부해야 한다. 과거를 화석으로 두지 않고 온기를 불어넣어 미래를 예측하는 지도로 활용하려면 인문학과 친구 맺기를 하는 게 좋다. 과거는 현재를 얻어 미래를 낳는다는 것을 명심할 필요가 있다.

마지막으로 미래보고서를 읽어야 한다. 인류는 엉뚱한 상상력을 현실화시켜왔다. 우리가 누리고 있는 문명의 이기들은 처음에는 공상에 불과한 것들이었다. 요즘에는 다양한 미래보고서가 쏟아져 나오고 있다. 설마 하는 공상 같은 이야기도 많다. 하지만 이들 미래보고서를 그냥 흘려버리지 말아야 한다. 공상은 창의력과 통찰력을 주는 단초가 된다.

습관과 사고를 지배하는 법

問

자리가 바뀌면 역할도 달라지는데 어떻게 준비해야 할까요?

答

자리에 걸맞게 습관을 바꿔야 합니다.
장점을 살리고 단점을 보완하는 리모델링이 필요합니다.
탈각(脫殼)을 위해서는 생각의 고체화를 경계해야 합니다.

자리가 바뀌면 습관부터 점검하라

나는 기자 출신 CEO로서 경영을 하는 데 남들과 다른 장점을 가지고 있다. 풍부한 네트워크와 다양한 취재 경험은 경영에 도움이 된다. 또 꾸물거리지 않는 적극성과 시한을 정해두고 일을 제때 마무리하는 습관도 장점이다. 일을 처리하는 데 이상보다는 현실을 중시하는 것도 나름 장점이 될 수 있다. 반면 기자생활을 하면서 직업적으로 몸에 밴 것 중에는 버려야 할 습관도 있다. 사물을 보는 관점이나 시각이 문제가 될 때가 있다. 또 다른 사람을 대하는 태도나 혼자서 일을 처리하려는 습관도 단점이 될 수 있다.

기자는 부정적, 비판적, 비관적, 회의적인 시각을 갖기 쉽다. 정부에서 새로운 정책을 담은 보도자료를 배포하면 기자는 우선 그 정책에 무슨 허점(loophole)이 있는지부터 따진다. 긍정적인 효과보다는 부작용을 염두에 두고 내용을 살핀다. 그러다 보니 기자의 얼굴은 밝은 인상보다 어두운 인상을 풍기는 경우가 더 많다. 사물을 대하는 자세가 습관으로 형성돼 인상으로 굳어진 것이다.

대학의 같은 과 동창 중에는 광고 대행사로 진출한 친구도 많다. 그들과 어울리면서 그들의 직업이 부럽다는 얘기를 하곤 했다. 그 친구들은 제품의 좋은 점을 일반소비자에게 어필하는 작업을 한다. 그래서 그들은 무슨 물건이든지 좋은 면을 보고 산다. 그래서 그런지 언제나 밝아 보이고 생각도 대체적으로 긍정적이다.

기자는 일의 성격상 갑의 위치에 서는 경우가 많다. 물론 시대가 변화하고 있어 요즘에는 많이 달라지고 있기는 하다. 그래도 출입처에 나가면 기자는 그 출입처의 기관장이건 실무자이건 간에 부담 없이 만나 취재를 한다. 그러다 보면 스스로 갑의 위치에서 행세하려는 측면이 있다. 접대를 하기보다는 접대를 받는 데 익숙하다.

기자는 또 특정한 영역을 설정해서 일한다. 자기영역에 대해서는 자부심을 갖고 있는 동시에 배타성도 심하다. 자기중심적인 엘리트 의식도 갖고 있다. 자기가 알고 있는 분야에 대해서는 자기주장이 강한 편이다. 일을 다른 사람과 같이 하기보다는 혼자서 처리하는 데 더 익숙하다. 정보를 얻어 특종을 하려는 의식이 이 같은 행동양식을 만들어냈는지도 모른다.

이처럼 기자로 성장하면서 몸에 배인 습관이 과연 CEO를 하는 데 얼마나 도움이 될까? 결론은 바뀌어야 한다는 것이었다. 이데일리 경영을 맡으면서 마음에 두어야 할 생각을 정리했다. 그리고 이를 사무실 메모판에 써두고 항상 생각하면서 실천하기로 마음먹었다.

첫째, 웃으면 복이 온다는 미소경영. 기자 시절 몸에 밴 부정적, 회의적 시각을 걷어내고 긍정적, 낙관적, 희망적인 사고를 위해 자주 웃는 자세를 갖기로 했다. 무뚝뚝한 사람이 갑자기 웃기란 여간 힘든 일이 아니다. 매일 아침 거울을 보면서 미소 짓는 연습을 했다.

둘째, 굽히면 돋보인다는 겸손경영. 갑의 위치에서 을의 위치로 변신하겠다는 것이다. 이를 실천하기 위해 상대방의 구두 앞창 보기 운동을 하기로 했다. 그것을 실천하면 자연스럽게 뻣뻣하던 허리가 풀리고 고개를 숙이게 된다.

셋째, 비우면 채워진다는 나눔경영. 회사 내부적으로는 CEO에게 주어진 책임과 권한을 과감히 하부로 이양해 '룸(room)'을 만들겠다는 것이다. 또 외부적으로는 서로 나누어 잘되게 하는 상생의 경영을 표방하고자 했다. 이데일리는 나눔경영의 일환으로 사랑나누기 공연캠페인을 벌였다. 미소, 겸손, 나눔에 대한 실천은 경영은 물론 삶에 대한 철학으로까지 승화되었다.

자리가 바뀌면 번데기에서 나비가 되듯이 탈각(脫殼)을 해야 한다. 허물을 벗어야 제대로 구실을 할 수 있다. 본분을 수행하기 위한 변신은 아리스토텔레스가 말한 덕을 실천하기 위한 과정이다. 하지만 항상 말처럼 쉬운 것은 아니다. 생각을 행동으로 옮기기 위해서는 부단한 노력이 필요하다.

사고의 고체화가 문제다

사람은 대체로 나이를 먹을수록 사고가 경직되어간다. 살아가면서 사고의 가지치기를 한다. 사고의 큰 줄기를 만들어 옆으로 삐져나가는 잔 생각은 하나씩 쳐낸다. 경험을 통해 불필요한 생각은 아예 사전에 차단해버리곤 한다. 이는 가급적 편안함을 쫓으려는 사람의 본성 때문이기도 하다. 그러다보면 고정된 관념이 생긴다. 좋게 말하면 가치관을 확립한 것이다. 일가견을 이룬 것이다. 하지만 나쁘게 말하면 편견을 갖게 된 것이다. 아집이 생긴 것이다.

생각은 유년시절 기체처럼 날아다니다가 청년 시절엔 액체처럼 말랑말랑해진다. 중장년을 거쳐 노년이 되면 고체처럼 딱딱해진다. 이것이 사고의 고체화 현상이다. 나이가 들수록 보수성이 강해지는 것도 이 같은 사고의 고체화, 즉 사고의 경직화 때문이다.

리더는 고집불통이 되어서는 곤란하며 판단이 빠르고 재치가 있어야 한다. 상황 변화에 따라 적절하게 대응하는 임기응변에 능통해야 한다. 사고가 경직되면 임기응변을 할 수가 없다. 사고가 굳지 않고 유연성을 유지하도록 노력해야 한다.

임기응변 하면 중국 전국시대 제(齊)나라의 재상 안영(晏嬰)의 일화가 떠오른다. 안영이 초(楚)나라에 사신으로 갔을 때의 일이다. 초나라 왕은 왜소한 안영을 골탕 먹일 심산으로 대문을 닫고 작은 쪽문으로 들어오게 했다. 그러자 안영은 개의 나라에 들어갈 때나 개구멍으로 들어가는 것이라며 초나라 왕의 행동을 은근히 비난했다. 이에 초나라 왕은 대문을 열고 안영을 맞이했다.

한방 먹은 초나라 왕은 제나라에는 왜소한 사람을 사신으로 보낼 만큼 인물이 없느냐고 비꼬았다. 그러자 안영은 초나라에 사신으로 오게 된 배경을 이렇게 말했다.

"제나라는 어진 왕에게는 어진 사람, 어질지 못한 왕에게는 어질지 못한 사람을 사신으로 보냅니다. 제나라 사람 중에서 제가 가장 어질지 못해 초나라에 사신으로 오게 되었습니다."

춘추시대 초나라의 장왕은 집권 초기 개혁에 반발하는 세력의 거센 저항 때문에 어려움을 겪었다. 특히 재상 벼슬까지 지낸 권신 두월초(斗越椒)는 무력으로 저항했다. 장왕은 직접 군대를 이끌고 나가 북채를 잡고 북을 두드리며 군사들을 격려했다. 이를 본 두월초가 활을 쏘았다. 화살은 장왕이 타고 있는 전차를 향해 날아들어 북을 뚫었다. 장왕이 화살을 피하기가 무섭게 두월초의 두 번째 화살이 날아들어 이번에는 전차의 지붕을 뚫었다. 병사들은 너무 놀란 나머지 허둥지둥 퇴각했다.

퇴각한 초나라 군사들은 두월초가 쏜 두 발의 화살을 뽑아 서로 돌려가며 구경했다. 화살은 별스럽게 크고 날카롭기 짝이 없었다. 모두들 이 화살이야말로 신전(神箭)이라며 잔뜩 겁을 먹었다. 이를 본 장왕은 야간에 군영을 순시하는 책임자를 불러 병사들에게 이렇게 말하도록 했다. "우리 선군이신 문왕께서 세 발의 '신전'을 얻었는데 두월초가 그 중 두 발을 훔쳐갔다. 그리고 그는 오늘 그 두 발을 다 써버렸다." 병사들의 분위기는 금세 바뀌었다.

누구나 위기를 겪는다. 이때 주변의 불안감을 없앨 수 있는 것이 리더십이다. 작은 일에 호들갑을 떨거나 상황을 과장하면 불안감은 더 증폭된다. 위기를 반전시키는 임기응변도 결행의 능력이다.

물 들어올 때 배 띄워라

머뭇거리다가 실기(失機)하는 경우가 많습니다.
준비가 되지 않았을 때 기회가 찾아온다면 잡아야 할까요,
다음을 기다려야 할까요?

빠른 것이 느린 것을 잡아먹는 세상입니다.
행동하는 것이 완벽을 추구하는 것보다 낫습니다.
준비만 하지 말고 졸속이라도 실행해야 할 때가 있습니다.

알기는 쉬워도 행하기는 어렵다

당나라의 유명한 시인이자 정치가인 백거이(白居易)는 자가 낙천(樂天)이며 호는 취음선생(醉吟先生) 또는 향산거사(香山居士)라고 했다. 그는 본래 학식과 총명이 뛰어난 인물이다. 그가 항주(杭州) 자사로 부임했을 때 남긴 일화는 그의 시 못지않게 유명하다.

어느 날 그는 그리 멀지 않은 사찰에 도림선사(道林禪師)라고 하는 이름난 고승을 찾았다. 백낙천은 마음속으로 고승을 한번 시험해보리라 작정했다. 백낙천이 절에 도착하자 도림선사는 경내에 있는

오래된 소나무 위에 올라가 좌선을 하고 있었다. 백낙천은 나무 아래 서서 좌선하는 스님의 모습을 올려다보니 아슬아슬한 생각이 들었다.

"선사님 모습이 너무 위태로워 보입니다."

그렇게 소리치니 선사가 아래를 내려다보며 말했다.

"그쪽이 더 위험한 것 같소."

백낙천이 어이없어 하면서 대꾸했다.

"나는 벼슬이 자사에 올라 강산을 다스리고 또 이렇게 안전한 땅을 밟고 있는데 도대체 무엇이 위험하단 말입니까?"

선사는 그가 학문과 벼슬에 자만이 대단하다는 것을 알고 이 기회에 교만한 마음을 깨우쳐주기 위하여 곧바로 일갈했다.

"티끌 같은 세상 지식으로 교만한 마음만 늘어 번뇌가 끝이 없고 탐욕의 불길이 쉬지 않으니 어찌 위험하지 않겠는가?"

백낙천은 자기의 마음을 훤하게 꿰뚫어보는 듯한 눈매와 기개에 움찔했다. 그러나 자기가 높은 벼슬에 있음을 알면서도 당당하게 할 말을 다하는 선사의 모습에 약간 비위가 거슬렸다. 백낙천은 선사에게 '돌직구'를 날리는 심산으로 물었다.

"불교란 무엇입니까?"

"나쁜 짓을 하지 말고(諸惡莫作) 착한 일을 받들어 행하면(衆善奉行) 그것이 불교요(是諸佛教)."

선사의 대답에 백낙천은 신통치 않다는 듯이 웃으면서 말했다.

"그것은 삼척동자도 다 아는 것 아닙니까?"

도림선사는 침착한 어조로 다시 말했다.

"세 살 먹은 아이도 알고 있으나, 여든 먹은 노인도 행하기 어려운 것이오."

로마시대의 철학자 세네카는 "어려우니까 감히 손을 못 대는 것이 아니라 과감하게 손을 못 대니까 어려워지는 것"이라고 했다. 그는 원하는 것을 과감히 시도하지 않거나 목표에 도달하지 못한 채 막연한 희망에 매달리고 머뭇거리면 욕심은 채워지지 않으며 조바심만 내게 된다고 했다. 일을 하면서 흔히 거창한 아이디어를 찾기 위해 고민한다. 하지만 세상을 깜짝 놀라게 할 신통한 아이디어를 찾기란 쉽지 않다. 성공한 사람들 중에는 누구나 쉽게 생각할 수 있는 평범한 아이디어를 가지고 실행에 옮겨 멋진 결과를 선보이는 경우가 많다.

유튜브 창업자 스티브 첸이 인터뷰에서 한 말이 인상적이다.

"위험하다고 해서 기다리기만 한다면 아무것도 해낼 수 없습니다. 6개월, 1년을 더 기다린다고 현재 자신이 갖고 있는 지식과 정보가 늘어날 것 같습니까? 천만에요!"

'행동하는 것이 완벽을 추구하는 것보다 낫다(Done is better than perfect)'는 말이다.

빠른 것이 느린 것을 먹는 세상

큰 것이 작은 것을 먹는 것이 아니라 빠른 것이 느린 것을 먹는다.

우리는 속도경영의 시대에 살고 있다. 변화의 속도가 우리 생각보다 훨씬 빠르다. 경기의 변동도 과거에는 수년에 걸쳐 나타나던 것이 요즘은 눈치 챌 수 없을 만큼 빨리 바뀐다. 제품의 평균수명도 갈수록 줄어들고 있다. 멈칫거리다가는 기회를 잃고 마는 세상이다.

기회를 잃지 않기 위해서는 머뭇거리는 대신 행동해야 한다. 물론 아는 것도 쉬운 일은 아니지만 아는 것을 실천하는 것은 더 어려운 일이다. 하지만 실행이 없으면 얻을 것이 없다. 실패가 두려워 주저하기보다는 실행을 해보고 철회하는 것이 더 낫다.

기업의 경영자들이 혁신과 실행을 강조하는 것은 그만큼 절실하기 때문이다. LG그룹의 선대 회장인 구본무 회장은 기회가 있을 때마다 실행을 강조해왔다. 그는 임원세미나 등을 통해 구체적인 방안과 실천을 주문한 것으로 유명하다.

"선언적 구호에 불과한 목표나 전략만으로는 부족하다. 시장 선도 기업이 되기 위한 구체적이고 실질적 방안을 만들어 강력히 실행하자."(2012년 7월 3일 여의도 LG트윈타워에서 열린 임원세미나)

"올해가 두 달 남짓 남은 현시점에서 시장선도 기업 만들기에 대해 한 번 더 강조하고자 한다. 임원들이 차별화된 고객가치로 시장선도 상품을 만드는 것을 책임지고 추진해야 한다. 철저한 실행이 뒷받침되지 않는다면 우리의 각오는 단지 구호에 지나지 않는다. 업적보고회에서도 시장선도의 지향점과 구체적인 실행 방안에 대한 실질적인 논의가 이뤄지도록 준비해야 한다. 내년도 사업계획에 시장선도의 지향점과 구체적 실행방안을 담아라."(2012년 10월23일 LG

일을 준비 없이 추진할 수는 없다. 최대한 치밀하게 준비해서 실패의 확률을 줄여나가는 것이 맞다. 하지만 준비만 하다 실행하지 않는다면 소용이 없다. 세상사에 완벽이란 존재하기 어렵다. 사업은 확률의 게임이라고 봐야 한다. 성공의 확률을 높이기 위해서는 준비를 하다 실기하는 것보다 졸속이라도 실행에 옮겨 부족한 부분을 채우는 것이 낫다.

길을 만들고자 할 때 누구나 고속도로를 건설할 수는 없다. 신작로를 만들 수도 있고 오솔길을 낼 수도 있다. 오솔길을 만들어놓고 사람들이 그 길을 다니지 않으면 그 길은 금방 없어지고 만다. 처음부터 무리하게 고속도로를 만들려고 생각하다 결국 아무것도 만들지 못하는 것보다는 오솔길이라도 만들어 사람들이 다니게 해야 한다. 오솔길을 넓혀 신작로를 만들고 신작로를 연결해서 고속도로를 만들어가면 된다.

평범한 사업 아이템이라 할지라도 나만의 차별성을 어떻게 실행할 수 있을지에 초점을 모아야 한다. 알고 있는 것만으로는 아무 쓸모가 없다. 실행을 통해 가치를 모으고 고객을 끌어들여야 더 큰 가치를 창출할 수 있다.

중국 명(明)나라의 유학자 왕양명(王陽明)은 알고도 행하지 않는 것은 아직 진정으로 안다고 할 수 없다며 지행합일(知行合一)을 주장했다.

또한 손자(孫子)는 속전속결을 강조했다. "전쟁을 해서 이길지라도 시간을 오래 끌면 병기가 무디어지고 병사들의 사기가 떨어진다. 그리하여 군대가 성을 공격하면 곧 힘이 쇠진되고 전투가 길어지면 나라의 재정이 바닥나게 된다. 전쟁은 졸속이라는 말을 듣더라도 빨리 끝내는 것이 좋다."

[2강]

순리

順理

멈춰야 할 때, 나아가야 할 때, 돌아봐야 할 때

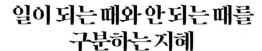

일이 되는 때와 안 되는 때를
구분하는 지혜

──問──
나아갈 때, 멈춰야 할 때, 물러나야 할 때가 다를 텐데요.
타이밍을 잡는 법이 궁금합니다.

홈런은 힘보다 타이밍이 결정한다고 합니다.
대박도 아이템보다 타이밍입니다.
대세를 읽고 순리를 따라야 무리가 없습니다.

손자가 말하는 천운의 타이밍

손무(孫武)는 그의 저서인 『손자병법(孫子兵法)』에서 전쟁에서 이기기 위한 다섯 가지 전략을 제시했다. 그가 제시한 전략은 오늘날 기업경영의 성공전략으로도 널리 활용되고 있다. 손무가 제시한 것은 '도(道)', '천(天)', '지(地)', '장(將)', '법(法)'이다. 이 전략은 현대사회에서도 정치를 하든 사업을 하든 간에 반드시 염두에 두어야 할 요소들이다.

'도'는 장수와 병사의 일치된 의지를 말한다. 도는 비전이자 영혼이자 명분이다. '천'은 유리한 하늘의 시기, 즉 대세를 의미한다. '지'는 지리적 여건, 시장상황, 환경이다. '장'은 좋은 리더, 장수이고 '법'은 좋은 기율, 조직 시스템을 가리킨다.

기업으로 말하면 공유된 비전을 갖고 트렌드에 따라 시장에 적합한 아이템을 선정해서 품격 있는 경영자가 조직을 잘 이끌어가면 성공한다는 이야기다. 정치라면 시대성신을 갖고 대세에 따라 민심을 살펴 도덕성을 갖춘 지도자를 중심으로 조직력을 갖추면 뜻을 이룰 수 있을 것이다.

여기서는 도·천·지(道天地)에 대해 묶어서 생각해볼 필요가 있다. 도천지는 대세를 결정짓는 요소이기 때문이다. 도는 일을 하는 명분이며 가치다. 도가 없다는 것은 명분이 없다는 것이다. 도가 없는 정치나 사업은 자신의 이로움만 탐하는 행위다. 도를 저버리면 어떤 수단을 쓰더라도 잇속을 채우면 된다는 행태를 보이게 된다. 꼼수를 서슴지 않고 부리게 된다. 천은 시간적 개념이며, 지는 공간적 개념이다. 천은 계절의 변화, 시대의 흐름을 말하며, 지는 시장의 변화, 고객의 니즈를 의미한다. 결국 천과 지는 일을 할 수 있는 환경의 변화를 지칭하는 것이다.

일을 하면서 올바른 타이밍을 찾으려면 그 일에 대한 가치를 먼저 평가하고 그 일을 할 만한 환경인지를 따져야 한다. 도 천 지가 모두 유리하다고 판단될 경우 그것은 대세일 가능성이 높다. 대세를 읽게 되면 때를 알 수 있게 되는 것이다. 대세에 부합되는 일은 즉시 시행에 들어가야 한다. 머뭇거릴 필요가 없다.

사업은 때가 있고 타이밍이 중요하다는 것은 대세를 파악해서 일을 추진하라는 것과 같은 말이다. 이데일리가 성공할 수 있었던 것은 대세에 부합했기 때문이라고 생각한다. 도 천 지가 맞았다는 얘기다. 리얼타임 뉴스가 절실히 요구되는 시점에서 이데일리는 리얼타임 경제뉴스로 정보의 비대칭성을 해소하는 데 앞장서겠다는 사명을 가졌다. 또 그 당시에는 인터넷과 벤처기업의 활성화로 창업을 하기에 좋은 여건이 형성되어 있었다. 특히 시장은 새로운 인터넷 언론을 필요로 하고 있었다.

대세를 파악할 때 경계해야 하는 것은 자신이 유리하다는 어설픈 낙관이다. 상황을 정확하게 파악하지 않고 아전인수(我田引水) 식으로 받아들여서는 곤란하다. 또 눈앞의 작은 승리를 위해 더 큰 승리를 놓치는 우를 범하는 것도 경계해야 한다. 작은 이익을 위한 꼼수를 버리고 명분을 가질 때 대세의 흐름을 탈 수 있다. 사업은 천운이 있어야 한다고 이야기한다. 타이밍을 잘 맞출 때 천운이 찾아오는 것인지도 모른다.

순리를 따라야 무리가 없다

맹자(孟子)는 '순천자존(順天者存) 역천자망(逆天者亡)' 이라고 가르쳤다. '천리에 순종하는 자는 번영과 생존을 누리고 천리를 거스르는 자는 망한다' 는 뜻이다. 무슨 일을 하든지 대세를 잘 파악해서 순리에 맞게 처리해야 한다는 이야기일 것이다.

우리가 살아가면서 나아가야 할 때, 멈춰야 할 때, 돌아봐야 할 때를 잘 안다면 얼마나 좋겠는가. 때를 알기 위한 왕도를 찾기란 쉽지 않을 것이다. 하지만 분명한 것은 욕심이 지나치면 때를 놓치기 쉽다는 것이다. 일을 하고자 하는 의지는 있어야 하지만 억지로 하려는 것은 욕심이고 욕심은 때를 파악하는 눈을 흐리게 한다. 항상 순리를 따르고자 하는 생각을 가지면 최소한 무리수는 방지할 수 있을 것이다.

야구 경기를 보고 있으면 우리의 인생과 닮은 게 참 많다는 생각을 하게 된다. 그래서 많은 사람들이 야구 경기에 열광하는지도 모르겠다. 회를 거듭할수록 승부가 엎치락뒤치락 하기 때문에 긴장의 끈을 놓을 수가 없다. 설사 점수 차이가 좀 크게 나고 있어도, 9회 말에 투아웃이 되었어도 한방을 기다리게 만든다. 그리고 대역전 드라마를 꿈꾸게 한다.

타석에 들어선 타자도 루에 나가 있는 주자도 타이밍의 싸움을 펼친다. 투수는 타자의 타이밍을 뺏기 위해 던지고 포수는 주자의 도루를 막기 위해 안간힘을 쓴다. 눈 깜짝할 사이에 타구의 운명이 결정되고 간발의 차이로 생사가 판가름 난다. 강한 집중력이 요구되는 인내와 끈기의 싸움이기도 하다.

인생도 성패를 떠나서 집중력과 인내력을 요구한다. 당장 눈앞의 일을 놓고 보면 100미터 달리기를 하는 것처럼 숨차지만 길게 보면 마라톤 경기다. 타이밍을 찾는 것은 순리를 찾는 것이다. 타자가 타석에서 큰 욕심을 내면 어깨에 힘이 잔뜩 들어가 빈타를 치고 만다.

2강 | 순리(順理)

직장에서도 크게 다를 바가 없다. 욕심을 내면 순리를 따르기가 어렵다.

내가 이데일리를 성장시키고 나서 사장직을 그만둔 것은 순리를 따르기 위한 것이었다. 자리에 연연하다보면 더 큰 것을 잃을 수 있다는 판단이 섰기 때문이다. 기득권을 향유하고 사회적 체면을 유지하기 위해서는 타이틀을 쉽게 내려놓기 어려울 수도 있지만 상황을 냉정한 눈으로 보면 떠나야 할 타이밍이 보인다.

만약 그때 자리를 내려놓지 않았다면 크게 세 가지를 잃을 수도 있었다. 첫째는 신뢰의 상실이다. 이데일리는 창간 때부터 지켜오던 정도언론의 정신과 사명이 있었다. 하지만 소유구조가 바뀌면서 많은 것이 달라졌다. 기존의 정신과 사명을 제대로 지키기가 어려워졌다. 그 일을 계속하면 안정적인 월급과 자리가 주는 기득권의 대가로 그동안 쌓아온 신뢰를 잃었을 것이다.

둘째는 건강의 상실이다. 억지 춘향은 스트레스를 증폭시키고 건강을 해친다. 생각과 다른 일을 하면 마음이 상하고 마음이 상하면 몸도 상하게 된다. 몸과 마음을 상하게 하면 모든 것을 잃게 된다. 건강은 무엇과도 바꿀 수 없는 것이다. 건강의 소중함을 깨닫는 것이야말로 순리를 따르는 데 기본이다.

셋째는 기회의 상실이다. 신뢰와 건강을 잃으면 새로운 기회마저 잃게 된다. 욕심을 버리고 순리를 따르면 그 순간은 고통스럽지만 지나고 보면 후회가 없다.

기다리는 것도 실력이다

問

열심히 했는데도 성과가 나지 않아 초조합니다.

答

밥도 뜸 들이는 시간이 필요합니다.
인내의 쓴맛을 보아야 결실의 단맛을 볼 수 있습니다.
덕을 쌓으며 기다리는 법을 배워야 합니다.

꿈을 버리면 기회마저 빗겨간다

태풍이 지나간 가을 하늘은 맑고 바람은 선선하다. 시가 절로 나오는 계절 가을은 흔히 천고마비(天高馬肥)의 계절이라고 한다. 하늘이 높고 말이 살찌는 호시절이라는 것이다. 이 말은 당나라 시성(詩聖)인 두보(杜甫)의 친할아버지 두심언(杜審言)이 가을을 노래한 시에서 유래했다.

구름이 맑아지니 요사스런 별이 떨어지고(雲淨妖星落)

가을 하늘이 높고 변방의 말이 살찌는구나(秋高塞馬肥)

말안장에 의지하여 영웅의 칼을 움직이고(馬鞍雄劍動)

붓을 휘두르니 깃달린 승전보가 날아든다(搖筆羽書飛)

이 시는 변방의 정경과 당나라 군대의 빛나는 승전보를 전하는 내용이다. 여기서 추고새마비(秋高塞馬肥)는 추고마비로 쓰이다가 오늘날은 천고마비로 바뀌어 쓰이고 있다.

결실의 계절인 가을에 살이 찌는 것이 어디 말뿐이겠는가. 뜻을 품고 있어도 펼 기회를 찾지 못해 빈둥거리는 사람도 살찌기는 마찬가지일 것이다. 호시절에 살만 찌우고 있는 사람들은 답답하겠지만 그래도 뜻을 간직하는 것이 무엇보다도 중요하다. 기회를 기다리는 법을 배워야 한다. 일찍이 중국 삼국시대 유비도 비육지탄(髀肉之嘆)으로 자신의 처지를 한탄한 적이 있다. 비육지탄은 원래 할 일이 없어 가만히 놀고먹기 때문에 넓적다리에 살만 찌는 처지를 한탄한다는 뜻이다. 사나이로 태어나 뜻을 펴지도 못하고 허송세월만 하니 눈물이 나는 것도 당연하다.

유비는 좀처럼 운이 풀리지 않았다. 큰 뜻을 품고 군사를 일으킨 지 20여 년 지났지만 뜻을 펼치지 못하고 있었다. 유비와 조조(曹操)가 허창에 함께 있을 때만 해도 둘의 명성이 그다지 차이 나는 형세는 아니었다. 그러나 조조와 틀어져 떠돌이 생활을 하면서 처량한 신세로 전락했다. 조조에게 기주, 여남 등지로 쫓기다가 결국 형주에 있는 유표(劉表)에게 의지하게 되었다. 유표는 유비에게 신야(新

野)라는 작은 성을 맡겼다. 유표의 식객 노릇을 하게 된 것이다. 반면 조조는 하북을 평정하며 승승장구 하고 있었다.

어느 날 유비는 유표의 초대를 받아 연회에 참석했다. 술을 마시던 유비는 잠시 화장실에 갔다가 자기 넓적다리에 유난히 살이 오른 것을 보게 되었다. 순간 그는 슬픔에 겨워 눈물을 주르륵 흘렸다. 그 눈물 자국을 본 유표가 연유를 캐묻자 유비는 이렇게 대답하였다. "저는 언제나 몸이 말안장을 떠나지 않아 넓적다리에 살이 붙을 겨를이 없었는데 요즈음은 말을 타는 일이 없어 넓적다리에 다시 살이 붙었습니다. 세월은 사정없이 달려서 머지않아 늙음이 닥쳐올 텐데 아무런 공업(功業)도 이룬 것이 없어 그것을 슬퍼하였던 것입니다. 비육지탄입니다."

유비는 왕실의 혈통인데도 젊은 시절에는 돗자리와 짚신을 만들어 팔면서 생계를 유지해야 했다. 동지들을 모아 군사를 일으켰지만 실패를 거듭했다. 맨주먹으로 출발했기 때문이었다. 권모술수도 몰랐다. 병법을 모르는 사람이라는 조소를 받기도 했다. 우여곡절 끝에 제갈량을 만나고 나서야 뜻을 본격적으로 펼칠 수 있게 되었다. 제갈량을 만난 것은 그의 나이 47세가 된 뒤였다.

기회를 빨리 잡지 못한다고 해서 안달할 필요는 없다. 기회가 오지 않는다고 꿈마저 포기해서는 곤란하다. 비육지탄을 하던 유비에게도 적벽에서 조조를 이길 기회가 찾아왔다. 누구에게나 기회는 세 번 온다고 한다. 아직 오지 않았으면 기다리면 된다. 자신을 다스릴 줄 아는 사람에게는 기회가 반드시 찾아온다. 꿈을 버린 사람에게는 기회마저도 빗겨간다.

송양지인과 교병필패

골프를 치면서 우스갯소리로 '거만'과 '방만'을 이야기한다. 골프는 방향과 거리가 맞아야 한다. 거리만 맞고 방향이 엉뚱할 때 '거만'하게 쳤다고 한다. 또 방향은 맞았는데 거리가 차이가 날 때 '방만'하게 쳤다고 농담을 한다. 명분이 방향이라면 거리는 실리와도 같다. 서로 잘 맞아야 좋은 성과를 거둘 수 있는 것이다. 방만하거나 거만해서는 안 된다는 뜻이다.

경영을 하다보면 전장의 장수처럼 비장한 승부수를 둬야 할 때가 많이 생긴다. 큰일을 앞두고는 송양지인(宋襄之仁)과 교병필패(驕兵必敗)를 되새겨볼 필요가 있다. 어리석은 명분이나 쓸데없는 동정심에 사로잡혀 스스로를 망쳐서는 안 된다. 불필요한 동정심이나 우유부단한 판단은 대세를 그르치게 된다. 또한 지나친 자신감은 교만을 불러일으킨다. 리더의 교만은 구성원 전체의 교만을 야기시켜 결국 승부를 어렵게 만든다.

송양지인은 『십팔사략(十八史略)』에 나오는 이야기다. 중국 춘추시대 송(宋)나라의 양공(襄公)은 초(楚)나라와 홍수(泓水)를 사이에 두고 전투를 벌이게 됐다. 송나라는 먼저 강변에 진을 치고 있었다. 초나라 군사는 송을 공격하려고 강을 건너는 중이었다. 이때 이복형인 재상 목이(目夷)가 양공에게 말했다. "적이 강을 반쯤 건너왔을 때 공격하면 이길 수 있습니다." 그러나 양공은 "그건 정정당당한 싸움이 아닙니다. 정정당당하게 싸워야 참다운 승자가 될 수 있습니다" 하면서 초나라 군사가 강을 다 건너올 때까지 기다렸다.

군사가 강을 건너오자 목이는 또다시 "적이 미처 진용을 가다듬기 전에 공격을 해야 적을 지리멸렬(支離滅裂)시킬 수 있습니다" 하고 건의했다. 양공은 "군자는 남이 어려운 처지에 있을 때 괴롭히지 않는 법입니다"라며 그의 말을 듣지 않았다. 결국 송나라 군대는 재기불능의 참패를 맛보았다. 양공 자신도 그 싸움에서 다리에 큰 상처를 입었다. 그것이 낫지 않고 크게 도지는 바람에 이듬해 죽고 말았다. 세상 사람들은 그의 죽음을 애석하게 생각하기보다 그의 어리석음을 비웃었다.

교병필패는 교만한 군대는 반드시 패한다는 뜻이다. 『한서』의 「위상전(魏相傳)」에서 유래했다. 한(漢)나라와 흉노족 사이에 차사국(車師國)이라는 작지만 전략적으로 중요한 나라가 있었다. 흉노를 돕던 차사국은 한나라 선제(宣帝) 때 한나라에 항복했다. 이에 흉노족이 차사국을 다시 침공했다. 선제가 출병하여 흉노족과 전면전을 벌이려고 하자 재상 위상(魏相)이 상소를 올려 전쟁을 멈추게 했다.

위상의 상소 내용은 이러했다. "백성을 구하기 위한 의병(義兵)은 무적이고 적의 공격에 반격하는 응병(應兵)은 승리합니다. 하지만 사소한 원한에 분노한 분병(忿兵)과 다른 사람의 토지와 재화를 탐하는 탐병(貪兵)은 격파당합니다. 적에게 위세를 뽐내며 과시하는 교만한 군대인 교병(驕兵)은 필패합니다. 지금 한나라의 출병은 교병이므로 중단해야 합니다."

승부의 세계는 냉정하다. 상황이 좀 유리하다고 교만해서는 안 된다. 또 상대방에게 불필요한 동정을 베풀어서도 안 된다. 리더는 현실감각과 균형감각을 갖추어야 한다. 명분이 분명해야 한다. 또한 명분은 실질이 뒷받침되어야 한다. 리더라면 송양지인과 교병필패를 명심하면서 승부사의 기질을 가져야 한다.

호랑이 등에서 살아남는 법

—— 問 ——

일이 잘 안 풀려서 포기하고 싶은 마음이 간절합니다.

—— 答 ——

달리는 호랑이 등에서 대책 없이 내리면 잡혀먹게 됩니다.
실패는 노하우를 남기지만 포기는 후회만 남깁니다.
성공에 대한 자기 최면을 걸어야 합니다.

포기는 성공의 1보 직전에 온다

일을 하다 조금 힘들다고 중도에 포기하는 것을 무엇보다 경계해야 한다. 중도에 포기하면 그동안의 노력이 물거품이 될 뿐 아니라 성공의 기회마저 잃고 만다. 물론 도저히 안 되는 일을 붙잡고 있을 필요는 없다. 그래서 일은 시작도 중요하지만 마무리가 더 중요하다.

어렵고 힘들 때면 기호지세(騎虎之勢)를 다시 생각해볼 필요가 있다. 기호지세는 『수서(隋書)』에 나오는 말이다. 호랑이를 타고 달리는 기세를 일컫는다. 중국 남북조시대에 북조의 마지막 왕국인 북주

(北周)의 선제(宣帝)가 죽자, 양견(楊堅)이 뒷수습을 하려고 왕궁으로 들어갔다. 그는 왕의 유능한 외척이었으나 본디 한족으로 그 전부터 한족의 천하를 회복하겠다는 대망을 품고 있었다. 양견은 국사를 총괄하는 재상으로서 선제가 죽은 틈을 타 궁중에서 일을 꾸미려고 기회를 엿보고 있었다. 남편의 의중을 익히 알고 있던 그의 아내 독고(獨孤)는 남편에게 편지를 보냈다.

"대사가 이미 벌어졌습니다. 이는 마치 날랜 범에 올라탄 형세와 같습니다. 중간에서 내릴 수 없는 일입니다. 만일 중도에서 내린다면 잡아먹히고 말 것입니다. 그러니 부디 목적을 달성하세요."

아내의 말에 용기를 얻은 양견은 선제의 아들인 정제를 폐위하고 황제에 올랐다. 그가 수(隋)나라를 세운 문제(文帝)다. 그는 그로부터 8년 후 남조(南朝)인 진(陳)나라를 쳐서 천하를 통일하게 되었다.

일단 일을 하기로 마음을 먹었으면 결행을 해서 끝까지 밀고 나가야 한다. 그것이 순리다. 호랑이를 타고 달리다가 중간에 내리려고 하면 호랑이에게 붙잡혀 먹히기 때문에 호랑이가 지쳐서 멈출 때까지는 계속 달려야만 한다. 중도에서 그만둘 수 없는 상황을 비유하는 것이다. 좌고우면하다가는 기회를 놓칠 수 있다. 양견처럼 뜻을 펼쳐 천하를 얻어야 한다.

사업을 할 때는 항상 두 가지를 명심해야 한다.

첫째는 미래에 대한 두려움을 극복하는 것이다. 어떤 사업이든 초기에는 어려움이 이만저만이 아니다. 손익분기점(BEP)을 넘기기까지의 고통은 이루 말할 수 없다. 뜬눈으로 밤을 새며 고민해야 한다.

그런 두려움과 고통은 추진력을 약화시킨다. 두려움을 극복하는 가장 좋은 방법은 최악의 상황을 설정하여 그래도 지금의 형편이 낫다는 생각을 갖는 것이다. 성공에 대한 자기 최면을 거는 것도 필요하다. 반드시 성공할 것이라는 신념과 확신이 두려움을 극복하는 진정제가 될 것이다.

둘째는 중도에 포기하지 않는 것이다. 포기는 항상 성공의 1보 직전에 찾아온다. 100미터 아래에 엄청난 대박 금맥이 있는데 우리 대부분의 사람들은 99미터까지 열심히 파고 내려가다 중단하고 만다. 더 이상 못하겠다고 포기했던 나머지 1미터 때문에 우리네 운명이 뒤바뀌는 상황이 너무도 많다.

TV 인기 프로그램 〈개그콘서트〉의 '용감한 녀석'들이 부른 노랫말처럼 "포기 대신 죽기 살기로" 해야 한다. 일을 벌여놓고 마무리를 못하면 '쪽박' 찰 수밖에 없다.

MAD + E = MADE

'미치지 않으면 미치지 못한다'는 불광불급(不狂不及)이라는 말이 있다. 어떤 일을 할 때 미치광이처럼 그 일에 미쳐야 목표에 도달할 수 있다는 뜻이다. 무슨 일이든 저절로 이뤄지는 것은 없다. 또한 이 정도면 되겠지 하는 적당주의로 성공할 수도 없다. 자신을 던지지 않고는 안 된다.

우리는 지금 힘든 시기에 살고 있다. 그냥 주저앉아버리면 패배자로 전락하고 말 수도 있다. 지금 닥친 현실에 대해 불평하거나 회피한다고 문제가 해결되지는 않는다. 부딪쳐 도전해야 한다. 모든 힘을 쏟아부어야 한다. 혼자 하는 일이든 여럿이 같이 하는 일이든 위기를 기회로 바꾸는 것은 열정과 몰입이다. 불확실성에 대한 두려움과 실패에 대한 공포감을 없애려면 미쳐야 한다. 미치면 길이 보인다.

사업을 할 때 미쳐야 성공한다는 뜻에서 'MAD'를 생각해보았다. 우선 시장(Market)을 잘 파악하여 사업성이 있는지를 살펴야 한다. 시장 규모가 얼마나 되는지 아는 것은 신규 사업을 검토할 때 기본이다. 시장 규모가 적당하다고 판단되면 그 시장에 내가 뛰어들어서 사업을 할 수 있는 능력(Ability)이 있는지 따져보아야 한다. 아무리 시장이 크고 탐나더라도 내 능력이 없으면 포기해야 한다.

잘나가던 웅진그룹이 어려움을 겪게 된 것은 능력에 대한 과신 때문이 아니었을까 생각한다. 웅진그룹이 극동건설 인수와 태양광 사업에 선불리 진출하지 않았더라면 착실하게 더 성장했으리라는 분석이 많다. 웅진신화를 창조한 윤석금 회장이 무리한 사업 확장으로 위기를 자초한 것은 안타까운 일이다. 그래도 2018년 현재 본인의 실수를 인정하고 사재를 쏟아부어 회사를 회생시킨 그의 뚝심과 열정은 귀감을 받을 만하다.

그 다음 새로운 시장의 규모가 알맞고 내가 충분히 할 수 있는 능력을 갖췄다면 남들과 다르게 할 수 있는 차별성(Difference)을 찾아야 한다. 경쟁력의 요체는 차별성이다. 아무리 레드오션이라고 하더라도 차별성을 만들어낼 수 있으면 뛰어들 수 있다. 시장(M), 능력

(A), 차별성(D)을 모두 만족시킬 수 있다면 여기에 힘(Energy)을 쏟아야 성공(MADE)이 된다.

일에서 성과를 내려면 스스로 미쳐야 한다. 그리고 구성원들도 일에 미칠 수 있도록 분위기를 만들어야 한다. 일을 힘들게 하는 것은 일 자체가 아니다. 일을 같이 하는 동료 간의 인간관계가 문제될 때가 많다. 분위기를 해치는 사람에게 무조건 관용을 베풀 수는 없다. 분위기를 망치는 직원을 용서하고 방치한 경우 그 직원 때문에 다른 직원들이 회사를 그만두게 된다. 유능한 직원이 인간관계 때문에 회사를 떠나는 사태는 막아야 한다. 경영을 하면서 실제로 이런 일이 일어나는 것을 종종 목격하게 되었다.

어려운 문제이긴 하지만 선택의 순간, 무엇이 선이고 무엇이 악인지 구별해서 실행에 옮겨야 한다. 개인적으로 보면 동정이 가지만 조직을 위해 불가피한 경우 악역을 맡아 실천할 수 있어야 한다. 어쩔 수 없이 칼을 뽑아야 한다는 얘기다.

기업에서의 리더는 전쟁터에서의 장수와 다를 바가 없다. 싸움꾼이 되어야 한다는 뜻이다. 조직을 지키기 위해 싸움을 해야 한다. 경쟁사와 싸워야 하고 고객과 싸워야 하고 정부와 싸워야 하고 상사와 싸워야 하고 부하와 싸워야 한다. 또 자신과도 싸워야 한다.

리더가 어떻게 하느냐에 따라 조직의 운명이 달라진다. 나무가 곧게 자라도록 잔가지를 쳐주는 것처럼 조직이 제대로 성장하기 위해 불가피하게 가지치기를 해야 할 때는 주저하지 말아야 한다. 그래야만 조직에 활력이 살아나고 갈등이 줄어들게 된다.

2강 | 순리(順理)

저절로 찾아오는 복은 없다

—— 問 ——

일이 잘 풀리지 않으면 걱정부터 앞섭니다.
큰일을 성사시키려면 마음을 잘 다스려야 할 것 같습니다.

—— 答 ——

건강한 육체에 건강한 정신이 깃듭니다.
마음만 먹으면 가짜 약으로도 병을 고칠 수 있습니다.
일에 집중하려면 호연지기를 길러야 합니다.

호연지기, 마음의 건강을 지키다

일을 하려고 하면 담대한 기상이 있어야 한다. 신념으로 꽉 찬 기운이 있어야 한다. 사리에 맞는 생각과 성공할 수 있다는 확신이 있어야 한다. 담대함은 스포츠 선수에게만 요구되는 것이 아니다. 담대함은 기업을 경영하는 사람이나 새로운 일을 도모하는 직장인 모두에게 필요한 것이다.

마지막 한 발로 금메달을 딸 수도 있고 놓칠 수도 있는 상황에서 평상심을 잃지 않는 궁사의 힘은 어디서 나올까? 평상시에 흘린 땀

에서 나온다. 우리를 매료시키는 선수들의 모습에는 그들의 연습량
이 배어있어 더 아름다운 것이다.

이처럼 크고 넓게 뻗친 강한 기운을 호연지기(浩然之氣)라고 한다.
호연(浩然)은 넓고 큰 모습을 형용하는 의태어다. 『맹자』의 「공손추
편(公孫丑篇)」에는 호연지기에 대한 이야기가 나온다. 호연지기는
맹자의 가르침인 인격의 이상적 기상(氣像)이다. 맹자는 대인배의
모습을 호연지기로 그리고 있다.

공손추가 물었다. "호연지기란 무엇입니까?" 맹자가 대답했다.
"한마디로 말하기 어렵다. 그 기는 지대지강(至大至剛)하다. 바르게
길러 손상됨이 없으면 그 기운이 하늘과 땅 사이에 충만하게 된다.
그 기는 의(義)와 도(道)에 합치되는 것으로 만약 그렇지 않으면 위
축되고 만다. 이는 의가 쌓여 생겨나는 것이지 의가 어쩌다 달라붙
어 생기는 것이 아니다. 행동하면서 마음에 흡족하지 않은 점이 있
다면 이 기운은 위축된다."

호연지기는 떳떳함에서 오는 용기다. 떳떳함은 마음이 속삭이는
올바른 의(義)에 귀를 기울임으로써 얻을 수 있다. 올바름에 대한 믿
음이 강해지면 자연스럽게 행동을 유발한다. 올바름을 실천한 경험
은 올바름에 대한 믿음을 더욱 단단하게 만든다. 이렇게 해서 더 크
고 단단해진 마음은 더욱 분명한 실천을 동반하게 된다. 그것을 실
행으로 옮기는 육체적 힘 또한 점점 강해진다. 이런 과정이 쌓이다
보면 정신적 의지와 육체적 힘이 하나로 합쳐지는 경지에 이르게
된다. 바로 맹자가 말하는 호연지기를 얻는 것이다.

호연지기를 기르려면 몸과 마음이 강건해야 한다. 내면의 소리를 외면하지 않고 적극적으로 들으려 하고, 그 소리를 들었을 때 어떤 장애에도 불구하고 믿음을 실천하려는 의지가 있어야 한다. 억지로 노력한다고 되는 일이 아니다. 마음이 있더라도 몸은 따라주지 못하기 때문이다. 몸과 마음이 스스로 하나가 되는 지점에 이르도록 부단히 노력해야 한다. 마음의 올바름에 비추어 옳지 않은 일이라면 어떤 위험을 감수하더라도 흔들림 없이 물리칠 수 있어야 한다. 허약한 체질에는 호연지기가 깃들지 못한다. 건강한 육체와 건강한 정신을 유지해야 한다. 호연지기를 위해 육체를 단련시켜야 하는 이유는 여기에 있다.

마음속에 올바름을 채우고 올바름이 행동으로 표출되게 해야 한다. 올바른 행동이 올바른 마음을 강화시키는 선순환을 이루게 해야 한다. 마음과 행동이 합치되면 정신과 육체가 강건하고 담대해진다. 일이 잘될 수밖에 없다.

플라시보 효과를 노려보자

일을 하다가 뜻대로 안 된다고 너무 애를 태울 필요는 없다. 세상 만사가 다 마음먹기에 달려 있다. 일이 꼬일수록 초연해야 한다. 마음을 다잡아 해결책을 찾으면 된다.

『화엄경(華嚴經)』에는 '일체유심조(一切唯心造)'라는 말이 있다. 모든 것은 오로지 마음이 지어내는 것이라는 뜻이다. 일체유심조와 관련해 자주 인용되는 신라의 고승 원효대사의 일화는 너무도 유명하다. 원효대사는 661년 의상대사와 함께 당나라 유학길에 올랐다. 당항성(唐項城)에 이르러 어느 무덤 앞에서 잠을 잤다. 잠결에 목이 말라 샘물을 찾아 마셨다. 물맛이 꿀맛이었다. 다음날 아침 깨어보니 잠결에 마신 물이 해골에 괸 물이었다. 그 사실에 갑자기 토할 것 같았다. 사물 자체에는 정(淨)도 부정(不淨)도 없다. 모든 것은 오로지 마음에 달렸다. 원효대사는 이 같은 큰 깨달음을 얻고 그 길로 유학을 포기하고 돌아왔다.

나쁜 일이 변해 좋은 일이 되고, 좋은 일이 나쁜 일을 불러오는 것이 세상의 이치이기도 하다. 도저히 감당 못할 불운도 없고 영원히 지속될 것 같은 행복도 거품처럼 사라지는 게 삶이다.

『회남자(淮南子)』의 「인간훈(人間訓)」에 나오는 새옹지마(塞翁之馬)가 주는 교훈도 같은 맥락이다. 옛날 중국 북쪽 변방의 요새에 한 노인이 살았다. 어느 날 노인이 기르고 있는 수말이 국경 너머 오랑캐 땅으로 달아나고 말았다. 마을 사람들이 위로하고 동정하자 노인은 그것이 또 무슨 복이 될지 누가 알겠냐며 조금도 낙심하지 않았다.

몇 달 후 뜻밖에도 도망갔던 말이 오랑캐의 좋은 암말을 한 필 끌고 돌아왔다. 마을 사람들이 이것을 축하하였다. 그러자 노인은 또 무슨 화가 될지 모른다며 조금도 기뻐하지 않았다. 집에 좋은 말이 생기자 전부터 말타기를 좋아하던 노인의 아들이 그 말을 타고 달리다가 떨어져 다리가 부러졌다. 마을 사람들이 아들이 절름발이가 된 것을 보고 위로했지만 노인은 여전히 태연한 표정이었다. 그로부터 1년이 지난 후 오랑캐가 쳐들어왔다. 장정들이 활을 들고 싸움터에 나가 모두 전사하였는데 노인의 아들만은 절름발이어서 징집에서 면제되었다. 노인 부자는 모두 무사할 수 있었다.

환자의 심리 상태에 따라 완치 여부가 결정된다는 노시보 효과(nocebo effect)와 플라시보 효과(placebo effect)라는 의학용어가 있다. 노시보 효과는 아무리 좋은 약을 먹더라도 환자가 그 효과를 의심한다면 치료되지 않는 것을 말한다. 반면 플라시보 효과는 위약 효과라고도 하는데, 가짜 약을 주더라도 환자가 낫겠다는 의지만 있다면 완치될 수 있다는 뜻이다.

플라시보란 말은 '마음에 들도록 한다'는 뜻의 라틴어로 가짜 약을 의미한다. 만성질환이나 심리상태에 영향을 받기 쉬운 질환에서는 이 플라시보를 투여해도 효과를 보는 경우가 있다. 병이 나을 것이라는 긍정적 믿음이 병을 낫게 한다. 반대로 어떤 것이 해롭다는 암시나 믿음이 약의 효과를 떨어뜨린다.

마음으로 믿지 않으면 좋은 일은 결코 일어나지 않는다. 어차피 세상사가 새옹지마라면 스스로 플라시보를 투입해 효과를 기대하는 것이 좋다.

성공은 웃는 얼굴을 좋아한다

問

해보지 않은 일을 시작하려니 불안감을 떨칠 수가 없습니다.
쉽게 용기가 나지 않습니다.

答

성공은 자신만만하게 웃는 얼굴을 좋아합니다.
자신감이 일을 해결할 수 있는 용기를 불러오기 때문입니다.
성공해야 웃을 수 있는 게 아니라 웃어야 성공합니다.

생각이 결과를 낳는다

일이 잘 안 되면 불안해서 자꾸 안 좋은 생각을 하게 된다. 그러면
일이 더 꼬이게 된다. 아침에 눈을 뜨자마자 "왜 일이 이 모양이지"
"어떡하지" 하면서 고민으로 출발하면 하루 종일 인상을 펼 수 없
을 것이다. 가끔 괜찮은 소식을 접해도 마음껏 웃지도 못할 것이다.
밤에 잠자리에 들면서도 불안감을 떨쳐버리지 못해 잠도 제대로 못
자게 된다. 불안은 이렇게 잘 떨어지지 않는 껌처럼 반복해서 괴롭
힌다.

일이 잘 안 풀릴수록 긍정적인 생각을 가져야 한다. 세상일은 내가 마음먹기에 달려 있다. 아침에 일어나 억지로라도 웃어야 한다. 그리고 오늘은 일이 잘 풀릴 것이라는 생각을 떠올려야 한다.

아침에 일어나 거울을 보며 미소를 지어보자. 그리고 "나는 할 수 있다. 나는 복이 많다"라고 외쳐라. 샤워를 하는 동안 계속 반복해서 되뇌어보자. 마음을 괴롭히는 불안이 떨어져나갈 것이다.

출근한 뒤 부담스러운 일이 생겨도 '나는 할 수 있다'를 반복해서 속으로 외쳐보자. 마음이 한결 가벼워질 것이다. 스스로를 믿는 자신감이 생길 것이다. 자신감이 일을 해결할 수 있는 용기를 불러온다.

이데일리를 경영할 때 직원들이 일을 하면서 머뭇거리며 주저하는 것을 보았다. 자신감의 부족이 일에 대한 열정마저 떨어뜨리고 있었다. 특히 사장이 주재하는 간부회의에서조차 간부들의 열정 부족이 드러나곤 했다.

스스로 자신감을 갖지 못하기 때문에 사장을 비롯한 임원진에게 자신의 생각을 제대로 설명하지 못하는 것이다. 사내에서 임원진마저 설득시키지 못하면서 어떻게 고객들을 설득시킬 것인가.

간부들에게 용기를 심어줄 필요가 있었다. 회의를 시작하기 전에 한 사람씩 지명하여 선창토록 하고 나머지 회의 참석자들이 다 같이 따라 외치도록 했다.

"나는 할 수 있다." "나는 복이 많다." "즐겁게 일하자." "파이팅."

처음에는 쑥스러운 분위기였지만 회의를 할 때마다 이렇게 외치자 어느새 스스로에게 자신감을 심어주는 주문으로 정착되어갔다.

일이 잘못될까 두려워 일을 시작하지 않으면 어떡할 것인가. 도전의식이 없다면 아무것도 이룰 수 없다.

시작이 없으면 결코 성공도 없는 법이다. 일이 어떻게 진행될지 모른다고 시작마저 포기할 수는 없다.

일은 어떻게든 시작해야 한다. 설령 그 일이 성공하지 못한다 할지라도 도전을 해야 한다.

그래서 '시작이 반'이라는 말이 있는지도 모른다. 좋은 생각이 좋은 효과를 가져온다. '해야 한다'는 사명을 가지고, '하면 된다' '할 수 있다'는 긍정적인 정신과 자신감을 가질 때 성공의 길로 나아갈 수 있다.

억지로라도 웃자

흔히 웃을 일이 많아서 웃는다고 생각할 것이다. 하지만 웃다 보니 저절로 웃을 일이 많이 생겨 복을 키울 수 있는 것이다.

1950년대 미국의 사회 심리학자 다커 캘프너는 나이 20세 정도 여학생들의 학급사진을 분석했다. 여학생 141명을 대상으로 이들의 얼굴 표정과 이후 운명 사이의 관계를 알아보기 위해서다. 그리고 이들이 졸업한 이후 30년간의 삶을 추적 조사했다. 이들 여학생이 27세, 43세, 52세가 될 때 자녀, 재산, 질병 유무 등을 관찰한 것이다.

그 결과 놀랍게도 처음에 사진을 찍을 당시 가장 많이 웃은 학생들이 졸업 이후에도 상대적으로 행복한 결혼생활을 하고 있었다. 사진 속에서 웃는 학생들은 사진촬영 당시 한 설문조사에서도 부정적인 감정지수가 낮게 나왔었다.

결국 사진 속에서 보인 미소는 이후 삶에서 나타날 행복을 미리 보여주고 있다고 연구원들은 결론 내렸다. 물론 간혹 무뚝뚝한 표정의 학생들이 행복하게 사는 경우도 있었다. 또 웃고 있었지만 불행한 사람도 있었다. 하지만 평균적으로 볼 때 학창시절에 환하게 웃으며 사진을 찍은 여학생들이 졸업 이후에도 행복하게 잘 살고 있다는 것을 증명해 보였다.

'웃는 낯에 침 못 뱉는다'라는 속담이 있듯이 웃음은 인간관계를 호전시킨다. 상황에 따라 웃는 모습이 끼치는 영향은 지대하다. 같은 실수를 저질러도 웃는 사람과 그렇지 못한 사람은 다른 결과를 낳는다.

직장생활을 하다보면 사소한 실수를 자주 하고도 상사나 동료로부터 귀여움을 받는 사람이 있다. 반면 자기 일을 성실하게 하고도 어쩌다 실수를 하면 상사로부터 심한 질책을 받는 사람도 있다. 주변을 둘러보면 웃음이 변수일 때가 많다.

웃음은 상대방에게 호감을 준다. 웃음이 상대방으로 하여금 마음의 문을 열게 해준다.

마음에서 우러나오는 자연스러운 맑은 미소와 사랑이 가득 담긴 따뜻하고 정다운 웃음, 기쁨에 넘쳐 기운차게 터지는 호탕한 웃음이 복을 가져다준다. 아리스토텔레스는 "동물 중에서 웃는 것은 인간

뿐이다"라고 말했다.

웃음에는 연습이 필요하다. 웃는 연습을 습관화해서 언제 어디서
든지 잘 웃어보자. 아리스토텔레스가 말했듯이 삶의 목적이 행복이
라면 웃음은 행복의 문을 여는 열쇠다.

덕을 쌓으면 복이 찾아온다

━━問━━

나보다 앞서가는 경쟁자를 보면 마음이 급합니다.
마음을 다스리고 싶은데 뜻대로 되지 않습니다.

━━答━━

눈앞의 현실에 너무 목매지 마십시오.
내일을 걱정하기보다 현재를 행복하게 살아야 합니다.
그런 마음가짐으로 덕을 쌓을 때 복이 찾아옵니다.

성공을 위한 적금, 덕

존경하는 선배의 이야기다. 그 이야기를 들으면 덕을 쌓으면 복이 찾아온다는 말을 떠올리게 한다. 그는 몇 년 전에 아파트를 사려고 했다. 그동안 어렵게 모은 돈에다 대출을 받아 보태면 강남에 아파트를 장만할 수 있었다. 그런데 그 무렵 지방에 사시는 부모님이 이사하기를 원하셨다. 부모님이 오래된 단독주택에 사시는데 이제는 그 집이 너무 낡아 무척 불편해 하셨다. 그래서 아파트를 원하셨던 것이다. 하지만 작은 주택을 팔아 아파트를 사기에는 역부족이었다.

선배는 아내에게 부모님께 먼저 아파트를 사드리는 게 어떠냐고 어렵게 말을 꺼냈다. 아내는 주저 없이 그러자고 했다. 그 선배의 집안은 고부 사이가 무척 좋았다. 선배의 어머니께서는 며느리가 출산했을 때 지극 정성으로 몸조리를 도와주셨을 정도다. 선배의 아내는 연로하신 시부모님이 허름한 단독주택에서 고생하시는 것을 안타까워하던 터라 흔쾌히 동의를 했던 것이다.

그 후 서울에서 사려고 했던 아파트 값은 조금 오르다가 다시 떨어져 그 당시 수준 밑으로 내려앉았다. 반면 부모님이 산 지방의 아파트는 산 가격보다 40퍼센트 정도 올랐다.

만약 빚을 내서 서울에 아파트를 사고 지방에 계신 부모님은 단독주택에서 그대로 사시게 했다면 어떻게 되었을까? 부모님은 단독주택에서 계속 고생을 하고 자식인 선배는 은행 대출을 갚느라 생고생을 하고 있었을 것이다.

돈을 벌려고 '돈돈' 하면서 쫓아다닌다고 반드시 돈이 벌리지는 않는다. 덕을 쌓아야 한다. 덕이란 가치 있는 일을 해야 한다는 뜻이다. 기업도 마찬가지다. 기업은 임직원을 행복하게 하고 임직원이 고객을 행복하게 하고 지역사회를 행복하게 하고 나라를 행복하게 하고 인류를 행복하게 해야 한다. 이것이 일의 본래 목적이 되어야 한다. 돈은 그 대가로 들어오는 것이다.

하지만 모든 사람이 다 현명하게 처신하는 것은 아니다. 사람이 하는 일에는 불합리한 것들도 많다. 사물을 크게 보지 못하고 눈앞에 보이는 것에 매달리고 있다. 눈앞의 작은 이익 때문에 미래의 큰

2강 | 순리(順理)

이익을 놓치는 경우가 많다. 소탐대실(小貪大失)이다.

『회남자』의 「설림훈(說林訓)」에 이런 인간의 어리석음을 경계하는 내용이 있다. '발을 깎아 신발에 맞춘다'는 삭족적리(削足適履)가 그것이다. 사람이 용 부리기를 배우려 아니하고, 모두 말 부리기를 배우려 한다. 귀신 다스리기를 배우려 아니하고 모두 사람 다스리기를 배우려 한다. 이는 우선 소용되는 것을 급한 일로 삼기 때문이다. 문을 부수어 땔나무를 만들고 우물을 막아 절구를 만든다. 사람이 일을 할 때도 이와 비슷한 어리석은 짓을 할 때가 있다.

물과 불은 서로 싫어하나 솥이 그 사이에 있으면 오미(五味)를 조화시킬 수 있다. 골육은 서로 사랑하지만 간사한 도적이 이들을 이간질하면 부자(父子)도 서로 위험하다.

성공을 해야 행복한가. 돈을 많이 벌어야 행복한가. 흔히 "인내는 쓰지만 열매는 달다"라고 말한다. 나중의 행복을 위해 고통을 참아야 한다는 뜻이다. 이는 다시 생각해봐야 한다. 기업이 돈을 벌기 위해서는 직원들을 혹사시킬 수밖에 없다고 한다. 그리고 급여도 가급적 적게 줄 수밖에 없다는 것이다. 기업이 나중에 잘되면 보상하리라는 생각이다. 하지만 기업은 지속 성장해야 하는데 잘된 상태는 언제란 말인가.

행복해야만 성공한다. 지금 행복한 사람이 나중에도 행복하다. 지금 행복하지 않은 사람은 나중에도 행복하지 않다. 성공해서 나중에 행복해지는 것이 아니다. 지금 베풀어야 나중에도 베풀 수 있다. 먼저 베풀어야 나중에 성공한다.

기대가 기적을 낳는다

긍정의 힘으로 간절히 소망하면 기적을 이룰 수 있다. 스스로에 대한 긍정은 물론이고 다른 사람에 대한 긍정도 놀라운 힘을 가지고 있다. 상대를 바보라고 생각하고 그에게 본인이 바보라는 생각을 계속 주입하면 그는 진짜 바보가 된다. 반대로 상대를 똑똑하다고 생각하면서 그에게 이를 주입하면 진짜로 똑똑해진다. 긍정적으로 기대하면 상대방은 기대에 부응하는 행동을 하면서 기대에 충족되는 결과를 낳는다는 것이다.

그리스신화에는 조각 솜씨가 뛰어난 키프로스의 왕 피그말리온에 대한 이야기가 있다. 당시 키프로스 여인들은 나그네를 박대하였다가 미의 여신 아프로디테의 저주를 받아 나그네에게 몸을 파는 운명에 처했다. 피그말리온은 이 때문에 키프로스의 여성들을 혐오했다. 그는 결혼하지 않고 평생 독신으로 살기로 결심한다. 하지만 외로움과 이성에 대한 그리움은 그를 항상 괴롭혔다. 이에 그는 아무런 결점이 없는 완벽하고 아름다운 여인을 조각하여 함께 지내기로 한다.

피그말리온은 상아로 실물 크기의 여인상을 조각했다. 그는 이 조각상에게 옷을 입히고 목걸이를 걸어주며 어루만지고 보듬으면서 사랑했다. 나아가 갈라테이아라는 이름을 붙이고 아내로 삼기를 간절히 소원했다.

어느 날 아프로디테 제전에서 일을 마친 피그말리온은 신들에게 자신의 소원을 들어달라고 기도했다. 그의 마음을 헤아린 아프로디테는 조각상에 생명을 불어넣어주었다. 피그말리온은 인간이 된 갈라테이아와 결혼했다. 이들의 결혼식에는 아프로디테도 참석했다.

이 신화는 두 가지의 상징을 보여주고 있다. 첫째는 피그말리온처럼 '무언가를 간절히 바라면 결국 그 소망이 이루어진다'는 것이다. 둘째는 누군가에 대한 믿음이나 기대가 강할 경우 그 대상이 갈라테이아처럼 기대를 실현한다는 사실이다.

여기서 피그말리온 효과가 유래했다. 피그말리온 효과는 타인의 기대나 관심으로 인해 능률이 오르거나 결과가 좋아지는 현상을 말한다.

피그말리온 효과에 대한 연구는 심리학과 교육학에서 먼저 시작되었다. 선생님으로부터 학습 능력이 낮다고 인정받은 집단과 학습 능력이 뛰어나다고 인정받은 집단 간의 비교에서 학습 능력이 뛰어나다고 인정받은 집단의 학습 성과가 실제로 훨씬 크다는 사실이 밝혀졌다.

이러한 결과는 기업의 팀 리더와 팀원 간의 관계에서도 똑같이 적용될 수 있다. 팀원에 대한 팀 리더의 긍정적인 기대가 팀원의 능력 발휘에 영향을 미치고 결국 성과를 높이는 결과를 만드는 것이다. 리더는 통상적으로 구성원들의 우수성에 대한 신뢰가 약하다. 너무나 익숙한 관계여서 구성원의 약점을 속속들이 알기 때문일 수도 있다. 리더는 또한 구성원에 대한 기대치가 높아서 쉽게 만족하지 못하는 측면도 있다. 지나친 욕심 때문에 남의 떡이 커 보이는 심리도 작용할 수 있다.

사람은 누구나 저마다의 잠재능력을 가지고 있다. 이를 이끌어내는 것은 리더의 몫이다. 좋은 성과를 내기 위해서는 자신이 이끌고 있는 구성원에 대해 긍정적인 기대를 갖는 것이 무엇보다도 중요하다. 구성원의 능력을 인정하고 그들을 강하게 신뢰하고 있다는 신호를 잘 보내야 한다. 기대가 기적을 낳는다.

마당의 개가 사나운가?

───問───

경쟁자들에 비해 뛰어난 장점이 있음에도
오히려 경쟁에서 밀리고 있습니다. 이유를 모르겠습니다.

───答───

일이 안 되는 데에는 그만한 이유가 있습니다.
작은 것부터 되돌아볼 필요가 있습니다.
혹시 마당에서 짖는 사나운 개가 있는지 살펴봐야 합니다.

꼬리가 몸통을 흔든다

『한비자(韓非子)』의 「외저설우(外儲說右)」에는 구맹주산(狗猛酒酸)
이라는 말이 있다. 개가 사나우면 술이 쉬어빠진다는 뜻이다. 중국
춘추전국시대 송(宋)나라에 술 빚는 솜씨가 좋은 장씨(莊氏)라는 사
람이 살았다. 그는 주막을 차려 직접 술을 팔았다. 손님들에게 늘 친
절했고 양심적이었다. 인심도 넉넉했다. 그런데도 다른 집보다 장사
는 잘되지 않았다.

장씨는 그 영문을 전혀 알 수 없어 답답했다. 아무리 생각해도 장

사가 안 될 이유가 없었기 때문이다. 그는 할 수 없이 그 마을의 현자인 양천에게 가서 자초지종을 이야기하고 그 이유를 물어보았다. 양천은 장씨의 말을 듣고 난 다음 난데없이 마당의 개가 사납냐고 물었다. 술장사와 사나운 개가 무슨 상관이냐고 되묻자 양천은 장씨에게 그 이유를 차근차근 설명해주었다.

"사람들이 사나운 개를 무서워하니 그것이 문제일세. 요즘은 어른들이 애들 손에 호리병 쥐어주고 술을 받아오게 하지 않나. 그런데 개가 사나우면 애들이 당연히 딴 집으로 가지. 암만 술맛이 좋으면 뭐하나, 애들이 그걸 마시나? 그리고 술이 제때 팔리지 않으니 술맛이 점점 시큼해져 좋은 맛을 잃어버리는 것이지."

한비자는 나라를 위해 어진 신하가 기용되지 못함을 구맹주산에 비유하여 설명했다. 군주가 아무리 훌륭한 신하를 중용하려고 해도 조정 안에서 설치는 사나운 간신배들이 이를 차단하면 어쩔 수 없다는 것이다. 이렇게 되면 군주가 선정을 베풀려고 해도 결과적으로 어려워진다는 말이다. 올바른 정책은 부패하여 악취를 풍기게 되는 것이다. 예나 지금이나 권력의 주변에는 인의 장막을 치고 있는 사나운 주구(走狗)들이 있기 마련이다. 이들 때문에 소통이 여의치 않게 된다.

경영은 또 어떤가. 우리 회사 물건이 왜 이렇게 안 팔리는지 이유를 찾기 어려울 때가 많다. 아주 가까이에서 놓치고 있는 것이 있을 것이다. 혹시라도 훈련받지 않은 직원을 고객의 최접점에 배치하지는 않았는가? 이는 매우 위험한 일이다. 그 직원은 고객들에게 장씨

주막을 지키는 사나운 개처럼 비쳐지고 있을지도 모른다.

개인으로 볼 때 사나운 개는 자신의 장점을 가로막는 모난 성격일 수도 있다. 비록 전문성과 실력을 갖추고 있어도 성미가 사나우면 제대로 펼칠 수가 없다. 사나움이 다른 사람들에게 다가가는 것을 방해할 것이다. 자신의 능력을 시큼해져버린 술처럼 만들고 싶지 않다면 사나운 개를 다스리는 지혜를 가져야 한다.

일이 잘되지 않는 데는 그만한 이유가 있다. 그 이유를 정확하게 찾지 않고 엉뚱한 데서 해결하려고 하는 경우가 많다. 일이 막히면 작은 것부터 되돌아보아야 한다. 고객이 이유도 없이 줄어들면 '사나운 개'가 무엇인지를 살펴보아야 한다. 사나운 개는 서빙을 하는 직원일 수도 있고 매장의 청결 상태일 수도 있고 상품의 포장일 수도 있다. 고객을 불편하거나 불쾌하게 만들고 있는 사나운 개를 찾아야 한다.

실패를 바라지 않는다면 문간의 사나운 개를 먼저 관리해야 한다. 사나운 개 때문에 조직이 무너질 수 있다. 꼬리가 몸통을 흔들게 방치할 수는 없지 않은가. 리더가 제아무리 잘하려고 해도 참모들이 받쳐주지 못하면 뜻을 이룰 수가 없다. 내용이 중요하지만 전달하는 방식도 간과하면 안 된다. 본체도 중요하지만 그 주변을 살피지 않으면 안 된다.

인덕
仁德

그 사람이 먼저 나를 찾게 하는 승자의 용인술

인재를 읽는 승자의 안목

막상 일할 사람을 찾으려면 사람이 보이지 않습니다.
적합한 인재를 얻으려면 어떻게 해야 할까요?

인재가 없는 것이 아니라 내 안목이 없는 것입니다.
낭중지추를 발굴하는 안목을 키워야 합니다.
인재가 뛰놀 일판을 벌여야 합니다.

송곳을 담을 주머니

『귀곡자(鬼谷子)』에는 함께 일할 사람을 찾는 방법을 이렇게 소개하고 있다. 사람을 볼 때는 실력이 있는지 없는지를 깊이 살핀다. 상대가 좋아하는 것과 얻고자 하는 것을 파악한다. 말을 자세히 듣고 나서 꼼꼼히 되물어 본심이 무엇인지 알아낸다. 이렇게 상대가 지닌 지략을 탐구하고 나와 같은 점과 다른 점을 비교한다. 그런 다음에 일을 함께할지 여부를 결정한다. 자신과 함께 일을 도모하고자 하는 사람을 잘 파악해야 한다는 얘기다.

모든 일은 사람이 하는 것이다. 물론 대단한 인재만 필요한 것이 아니다. 의기투합을 할 수 있으면 받아들여야 한다. 상대의 실력과 의지를 파악할 수 있다면 그 사람의 재능을 살려 일을 같이 할 수 있다. 능력보다 의지가 중요하다. 바람이 불고 파도가 쳐도 함께하겠다는 사람이면 된다.

낭중지추(囊中之錐)라는 고사성어를 생각해보자. 낭중지추는 뛰어난 인물은 어디에 있건 그 존재가 확연히 드러난다는 뜻이다. 하지만 아무리 낭중지추라 하더라도 인재를 알아보는 눈이 없으면 그를 기용할 수가 없다.

사마천(司馬遷)의 『사기(史記)』를 보면 이런 내용이 나온다. 전국시대 말엽 조(趙)나라 혜문왕(惠文王)은 강대국이었던 진(秦)나라의 공격을 받아 수도 한단이 포위당하는 등 곤경에 빠진다. 군사력이 상대적으로 약한 조나라는 초나라에 구원군을 요청하여 위기를 극복한다는 방침을 세우고 외교 사절을 급파하기로 했다.

혜문왕은 막중한 대임을 수행하는 데 누가 적임자인지 신하들에게 물었다. 이구동성으로 왕의 아우이며 재상인 평원군(平原君) 조승(趙勝)이 최적임자라고 아뢰었다. 그리하여 평원군은 국가 운명을 건 외교사절의 임무를 띠고 초나라로 떠나게 되었다. 이때 함께 갈 수행원 20명이 필요했다. 그가 데리고 있던 식객 3,000여 명 중에 19명은 쉽게 뽑았지만 나머지 한 사람을 뽑지 못해 고심하고 있었다. 재능 있고 말재간이 탁월하며 반짝이는 재치를 갖춘 인물이어야 하는데, 그런 인물이 얼른 눈에 띄지 않았다.

이때 모수(毛遂)라는 식객이 자신을 데려가 달라고 자천(自薦)하고 나섰다. 평원군이 가만히 보니 기억에도 없는 얼굴이었다. 평원군은 그에게 이름과 식객이 된 지 얼마나 되었는지 물었다. 모수는 자신의 이름을 밝히고 식객이 된 지 3년째라고 했다. 그 대답을 들은 평원군은 어이없다는 표정으로 모수에게 물었다.

"재능이 뛰어난 사람은 숨어 있어도 마치 주머니 속의 송곳(囊中之錐) 끝이 밖으로 나오듯이 남의 눈에 드러나는 법이다. 그런데 그대는 내 집에 온 지 3년이나 되었는데도 이름이 드러난 적이 없는데 그 이유가 무엇인가?"

모수는 전혀 위축되지 않고 당당한 어조로 대답했다.

"나리께서 지금까지 단 한 번도 소인을 주머니 속에 넣어주시지 않았기 때문입니다."

모수는 이어 이번에 주머니 속에 넣어주기만 한다면 송곳의 끝 뿐 아니라 자루[柄]까지 드러내 보이겠다고 덧붙였다. 모수의 재치 있고 당당한 대답에 평원군의 표정이 금세 밝아졌다. 평원군은 흔쾌히 모수를 수행원으로 선발하여 함께 출발했다. 이윽고 초나라에 도착한 평원군은 왕에게 선물을 진상하고 동맹 체결의 중요성을 입술이 닳도록 역설했다. 그러나 초나라 왕은 고개를 끄덕이기만 할 뿐 확실한 대답을 하지 않았다. 이에 모수는 평원군을 도와 유창한 언변으로 동맹을 역설해 초나라 왕을 설복시켰다.

평원군은 모수 덕분에 목적을 이룰 수 있었고, 국빈 대접을 받은 다음 기쁜 마음으로 귀국길에 올랐다. 평원군은 집에 돌아와 모수를 상객으로 승진시켜 존대했다. 모수가 스스로를 천거한 데서 모수자천(毛遂自薦)이라는 고사성어가 유래했다. 모수자천은 자신의 능력을 믿고 어떠한 일에 스스로 나서는 일을 뜻하게 되었다. 한편 평원군의 말에서 낭중지추(囊中之錐)라는 말이 유래하게 되었다. 아무리 낭중지추라 하더라도 모수자천이 없으면 빛을 발할 수 없다. 또 모수자천을 하더라도 평원군처럼 낭중지추를 알아보는 안목이 없다면 성과를 이룰 수 없다. 훌륭한 CEO가 훌륭한 인재를 만들고 훌륭한 인재가 훌륭한 CEO를 만든다.

CEO는 항상 외부든 내부든 인재를 찾는 데 고심할 수밖에 없다. 능력과 재주가 뛰어난 사람은 스스로 두각을 나타내게 된다. 주머니 속의 송곳처럼 두드러지는 낭중지추가 있기 마련이다. 그런데 내가 송곳을 담을 주머니를 갖고 있지 못하면 어찌할 것인가. 인재를 알아보는 눈을 키워야 한다.

누구나 자신을 알아주는 리더를 원한다

『사기』에는 중국 춘추전국시대 진(晉)나라 예양(豫讓)이라는 사람에 대한 이야기가 나온다. 그는 처음에 진나라의 경(卿)이었던 범(范)씨와 중행(中行)씨를 섬겼으나 말단에서만 맴돌았다. 그러다 지백(智伯)이라는 중신을 만나 높은 자리에 중용되었다. 지백은 치열한 권력다툼에 밀려 조양자(趙襄子)에게 죽임을 당하고 말았다. 주인을 잃은 예양은 "선비는 자기를 알아주는 사람을 위해 목숨을 바치고 여자는 자기를 사랑해주는 사람을 위해 화장을 고친다"라며 복수를 다짐했다.

예양은 이름을 바꾸고 화장실 인부로 변장하여 조양자 집에 숨어들었다. 화장실을 가려던 조양자가 가슴이 서늘하여 일하던 인부를 잡아서 문초해보니 칼을 품은 예양이었다. 조양자의 가신들이 예양의 목을 치려고 하자 조양자는 "이 사람은 의리가 있는 사람이다"라며 살려 보냈다.

풀려난 예양은 이번에는 몸에 옻칠을 하고 수염과 눈썹을 밀어버리고 숯을 먹어 목소리도 쉬게 한 다음 문둥병자로 변장을 했다. 그는 다리 밑에 숨어서 조양자가 외출할 때를 기다렸다. 하루는 조양자가 외출을 하는데 다리 위에서 말이 놀라 껑충 뛰었다. 예양의 살기 때문이라고 짐작한 조양자가 부하들을 풀어 주변을 수색해보니과연 예양이 숨어 있었다. 조양자는 이번에는 화가 나서 예양을 꾸짖었다.

"너는 옛날에 다른 중신들을 섬기지 않았느냐? 그들을 죽인 것은 지백이었다. 그런데 너는 그들의 원수를 갚기는커녕 그 원수의 신하가 되어 나를 노리니 어불성설이 아닌가?" 그러자 예양은 "내가 범씨와 중행씨를 섬기기는 했지만 그들은 나를 하찮게 대했다. 그러나 지백은 나를 선비로서 중히 대접해주었다. 나는 그 은혜에 보답하려는 것이다"라고 말했다.

이에 조양자는 "그대 뜻은 가상하나 나도 더 이상은 어쩔 수가 없구나"라며 목숨을 내어놓으라고 했다. 이에 예양은 마지막으로 조양자에게 간청했다. "당신은 나를 한번 용서해줌으로써 천하의 인심을 얻었다. 이제 내가 죽을 때다. 하지만 은혜를 아는 선비로서 당신의 옷이라도 베고 죽고 싶다. 들어주겠는가?" 그 의기에 감동한 조양자는 입고 있던 전포를 벗어주었다. 예양은 칼을 뽑아 그 옷을 세 번 벤 다음 "이것으로 지백의 은혜에 보답했다" 하고 그 자리에서 자결했다.

지백처럼 인재를 잘 발탁하여 용인하는 안목을 키워야 한다. 사람을 얻는 것이 말처럼 쉬운 일은 분명 아니다. 그러나 인재는 자신을 알아주는 사람을 찾는다는 사실을 명심해야 한다.

믿지 못하면 쓰지 말고
맡겼으면 믿어라

問

인사가 만사라는 말이 있습니다.
인사를 하는 데 명심해야 할 것이 무엇일까요?

答

믿을 만한 인재를 찾아서 적재적소에 배치해야 합니다.
존중을 해야 충성을 이끌어낼 수 있습니다.
일을 맡겼으면 의심하지 말아야 합니다.

일단 기용하면 의심하지 마라

리더의 자질은 인사권을 어떻게 행사하느냐에 달렸다고 해도 과언이 아니다. 인재를 찾아서 적재적소에 배치하고 그들이 책임감을 갖고 일하도록 해야 한다. 이는 말로는 쉽지만 실천하기란 어려운 문제다. 역대 대통령을 보면 인사권 행사를 제대로 못해 낭패를 당한 경우가 많다. 또 기업을 경영하는 사람들도 인사를 잘못해서 위기를 자초하기도 한다.

인사권 행사를 권력과 힘의 상징물로만 인식하면 곤란하다. 편견과 아집을 가진 리더는 널리 인재를 포용하지 않는다. 주변의 인물이나 친인척, 학연, 지연 등 인재의 자질과 관계없는 요소에 얽매인다. 또 인재를 불러 모아 놓고도 스스로 일할 수 있는 여건을 만들어주지 않는다. 리더의 독단적 판단을 수행하는 집행관으로만 쓰려고 한다. 이처럼 사람을 제대로 파악하지 못하고 인재를 제대로 쓰지 못하는 리더는 실패할 가능성이 높다.

중국 고서 『안자춘추(晏子春秋)』에는 나라에 상서롭지 못한 세 가지에 대한 이야기가 있다. 『안자춘추』는 춘추시대 제나라 때 명재상이었던 안영의 언행을 기록한 책이다. 제나라 군주인 경공(景公)은 이복형인 장공(莊公)이 중신 최저(崔杼)에게 시해당한 뒤, 최저에 의해 옹립되었다. 그는 최저가 죽자 안영을 재상으로 삼았다. 경공은 사치를 즐기고 노는 것을 좋아하는 암군(暗君)이었다. 하지만 재상 안영의 간언에 귀를 기울이고 그의 의견을 잘 받아들였다. 명재상 안영의 수완에 힘입어 경공 치세의 제나라는 춘추오패의 첫 패자 환공(桓公) 시대 다음가는 번영을 누렸다.

경공이 어느 날 사냥을 나갔다가 산에서는 호랑이를 보고 골짜기에서는 구렁이를 보았다. 경공은 안영에게 이 얘기를 하고는 불길하다며 걱정했다. 제나라에서는 호랑이와 구렁이를 불길한 흉수로 여겼기 때문이었다. 안영이 경공에게 타이르듯이 말했다.

"나라에 상서롭지 못한 징조는 세 가지가 있습니다. 첫째는 뛰어난 인재가 있어도 있는 줄 알지 못하는 것입니다. 둘째는 인재가 있는 줄 알아도 등용하지 않는 것이고 셋째는 등용을 해놓고 일을 믿고 맡기지 않는 것입니다. 호랑이가 산에 사니 산에서 호랑이를 보게 되고 뱀이 주로 골짜기에 사니 골짜기에서 뱀을 본 것을 어찌 불길한 징조라 이를 것입니까?"

『송사(宋史)』에는 '의인불용 용인불의(疑人不用 用人不疑)'라는 말이 있다. 사람을 믿지 못하면 쓰지 않고 일단 쓰면 의심하지 말라는 뜻이다. 우리나라에서도 성공한 기업의 창업주들은 이 말을 즐겨 쓴 것으로 전해진다. 인재제일의 경영철학을 가진 삼성의 창업주 이병철 회장이나 SK그룹의 선대 회장인 최종현 회장이 실천했던 덕목이다. 이 회장은 전문 경영인에게 경영업무를 과감히 위임했다. 창업 오너로서는 실행하기 쉽지 않은 일이다. 또 최 회장도 믿지 못할 사장이나 임원이라면 처음부터 기용하지 않고 기용한 사장이나 임원에 대해서는 믿고 지원해야 한다는 원칙을 강조했다. 최 회장은 이를 위해 사장을 포함해 계열사 임원에 대한 그룹 차원의 감사 활동도 아예 없앴다.

중소기업을 경영하는 사람들을 보면 직원을 잘 믿지 않는 경우가 흔하다. 그들의 열정과 능력으로 자수성가를 이룬 만큼 그들의 탁월함을 누가 감히 부정하겠는가. 문제는 그들이 자신의 직원들을 못미더워하는 것이다. 그래서 사사건건 간섭하거나 조금만 일에 차질을 빚어도 만회할 시간을 주지 않고 내친다. 결국 사람은 자주 바뀌는데 인재는 머물지 않는다.

성공 스토리만으로는 직원들의 마음을 사로잡을 수 없다. 직원들로부터의 존경은 신뢰의 리더십에서 비롯된다. 직원들을 믿고 맡길 때 신뢰가 생긴다. 믿지 않는 사람으로부터 믿음을 얻기는 어렵다.

존중하면 존경받는다

누구든지 부하나 후배로부터 존경받기를 원한다. 그러나 존경받고자 하면 먼저 그를 존중해야 한다. 그를 배려하고 그에게 감동을 줘야 한다. 특히 부하나 후배가 어려운 일에 처했을 때 마음을 담아 위로하고 격려하는 자세가 필요하다.

출산 휴가로 그렇지 않아도 눈치가 보이는 L대리에게 "이렇게 바쁜데 휴가다 뭐다 하면 회사는 어떻게 되겠어? 우리 회사는 여직원 비율이 너무 많아서 문제야"라고 투덜거린다. 거래처와의 프레젠테이션이 있는 날 독감이 걸린 P과장에게 "아니 자네, 이렇게 중요한 날 독감에 걸리면 어떡해. 프로는 몸 관리를 잘해야지, 원"하며 짜증을 낸다.

주변에 이런 상사가 있으면 일할 맛이 떨어진다. 성과에 급급한 상사는 대체로 배려심이 약하다. 그들은 앞만 보고 달린다. 주변을 돌아보지 않는다. 사소한 실수에도 화를 버럭 낸다. 애초부터 부하의 애로사항은 신경쓸 생각이 없다. 어떡하면 윗사람에게 성과를 보고할까 하고 보고 거리를 찾는 데 매달린다.

회사는 좋은데 상사가 싫어서 직장을 그만두려는 사람이 의외로 많다. '나는 회사를 위해 최선을 다하고 있는데 다들 왜 나를 이해하지 못할까?'라고 생각하는 간부도 있다. 일을 위해 사람을 함부로 대하기 때문에 문제가 생긴다. 일보다 사람이 먼저여야 한다. 그래야 일도 잘할 수 있다.

존경은 존중으로부터 나온다. 존중하는 마음이 있어야 배려하게 된다. 배려하는 마음이 있어야 공감적 경청을 할 수 있다. 공감적 경청을 잘해야 마음의 문을 열 수 있다. 마음의 문이 열려야 깊은 소통을 하게 되고 존경심을 갖게 된다. 따라서 리더가 존경을 받기 위해서는 마음의 문을 열기 위한 공감적 경청을 하도록 노력해야 한다.

공감적 경청을 잘하기로 이름난 인물로 오프라 윈프리를 꼽는다. 방송계에 갓 입문해 리포터로 활동하던 윈프리가 어느 날 화재사건에 취재를 나가게 되었다. 현장에 도착해보니 건물은 모두 불타버렸다. 자식을 잃은 부모가 슬픔에 잠긴 채 눈물을 흘리고 있었다. 윈프리는 마이크를 들이대고 화재 경위나 현재의 심정을 묻지 않았다. 그들을 가슴에 끌어안은 채 이렇게 위로의 말을 건넸다. "지금 당신들의 심정이 어떤지 이해합니다. 아무 말 안 해도 됩니다."

그녀가 진행한 '오프라 윈프리 쇼'에서 그녀는 말을 거의 하지 않는다. 출연한 게스트가 편안하게 이야기할 수 있도록 온몸으로 그의 말을 경청한다. 눈을 맞추고 고개를 끄떡이고 함께 눈물을 흘리면서 공감한다. 윈프리의 이러한 모습에 출연자들은 마음을 열고 자신들의 이야기를 진솔하게 꺼낸다. 이처럼 상대방의 마음을 얻으려면 귀가 아닌 마음으로 들을 수 있어야 한다.

사람은 자신의 마음을 이해해줄 것 같은 사람에게는 마음을 열게된다. 하지만 공감하지 못할 것 같은 사람에게는 마음의 문을 닫아

버린다. 공감적 경청은 상대방에게 집중해서 경청함으로써 상대방의 생각과 감정을 깊이 공감하는 것이다. 공감적 경청을 하게 되면 상대방은 자신이 이해받고 있다는 느낌을 갖게 돼 마음을 열게 된다. 그리고 점점 더 깊은 신뢰를 하게 되고 존경심이 생기게 된다.

　직장인이 행복하려면 리더의 역할이 중요하다. 리더가 직원들의 마음을 헤아려줘야 한다. 리더가 직원들이 즐겁고 행복하게 일하도록 분위기를 만드는 데 앞장서야 한다. 또한 직원들이 서로 신뢰하고 의지하면서 한 방향으로 나아가도록 하는 책임도 리더에게 있다.

권위는 어디에서 나오는가?

—問—

리더의 권위는 어디서 나오는 것일까요?

—答—

권위는 솔선수범에서 나옵니다.
부하를 키워주는 멀티플라이어형 리더가 되어야 합니다.
잠재능력을 일깨워주는 코칭을 해야 합니다.

장왕삼보의 본보기

리더는 스스로 엄격한 도덕적 가치를 지니고 있어야 한다. 행동거지도 타의 모범이 되도록 해야 한다. 나는 '바담풍' 해도 너는 '바람풍' 해라 한다면 제대로 따를 수 없다. 내가 하면 '로맨스', 네가 하면 '스캔들'이라고 하면 누가 신뢰하겠는가.

춘추시대의 춘추오패로 꼽히는 초나라 장왕의 리더십을 다시 한 번 되새겨볼 때다. 장왕은 국가를 유지하는 법령, 그 법령을 엄격하게 집행하는 충신, 충신을 보호하고 중용하는 정책을 진정한 보물로 여겼다.

이 세 가지를 '장왕(莊王)의 삼보(三寶)'라 부른다. 그의 탁월한 리더십은 삼보에서 나왔다. 장왕은 법령을 지키고 인재를 중시하는 데 있어 어떤 차별이나 예외를 두지 않았다.

어느 날 장왕이 급한 일로 태자를 궁으로 불러들였다. 추적추적 내리는 빗속에서 태자는 급한 김에 궁문에서 마차를 멈추지 않고 그냥 궁 안으로 들이쳤다. 그런데 형법을 관장하는 관리가 태자의 마차를 가로막고 나섰다. 마차를 타고 들어서면 안 되는 문으로 태자의 마차가 무단으로 들어왔던 것이다.

태자는 부왕께서 급하게 찾으시기에 할 수 없이 마차를 몰고 궁문으로 들어왔다고 강변했다.

하지만 담당관은 눈썹 하나 까딱 않고 태자의 마부를 끌어내어 목을 베었다. 마차의 끌채도 잘라버렸다.

궁으로 들어와 장왕을 만난 태자는 울면서 그 담당관을 처벌해달라고 애원했다. 이에 장왕은 태자에게 차근차근 설명했다.

"법령은 종묘사직을 경건하게 지키고 국가의 정권을 존엄하게 만드는 도구다. 법제를 지켜서 국가의 정권과 조상의 강산을 보호하는 사람은 나라의 충신이다. 법령을 무시하고 개인의 이익을 국가의 이익 위에 놓는 사람은 반역자와 같다. 국가의 가장 큰 적이자 군주의 지위를 위태롭게 하는 근심거리다. 법제가 흔들리면 정권도 흔들린다. 법제가 보장받지 못하면 정권도 보장받을 수 없다. 그 담당관은 설사 왕이 그렇게 했더라도 똑같이 처신했을 것이다. 장차 왕위를 이을 태자에게 잘 보이려고 하지도 않고 법제를 지키는 사람이야말로 정말 덕과 능력을 갖춘 충신이다. 이런 신하가 있다는 것은 초나라의 복이다."

태자는 장왕의 말을 듣고 표정이 밝아졌다.

장왕의 삼보는 나라를 제대로 작동시키는 세 가지 큰 축을 의미한다. 아울러 이 세 가지가 유기적으로 결합되어 작동할 때 국가의 기틀이 제대로 서는 것이다.

기업경영도 별반 다를 게 없다. 장왕은 즉위 후 부패한 신하를 몰아내고 내정을 다져 부국강병을 이루었다. 진(晉)나라와의 싸움에서 대승을 거둠으로써 중원의 패권을 장악하였다.

우리의 현실은 어떤가. 통치자나 경영자가 본인이나 주변을 제대로 정리하지 않아 문제가 되고 있다. 역대 대통령들이 가족이나 친인척의 비리 때문에 고초를 당했다. 대기업 총수가 되면 한두 번은 유죄 선고를 받는 것이 마치 당연한 것처럼 인식되는 것도 문제다.

소위 리더라고 하는 사람들의 법의식이 장왕처럼 철저한지 묻고 싶다. 권력과 돈으로 법을 우롱하고 있지는 않은가.

또한 권력과 돈에 대한 법집행이 엄정한지도 되돌아보아야 한다. 재벌 총수에 대한 실형 선고가 의외라는 반응을 일으키는 세태가 아닌가. 권력의 주변 인물들이 불법으로 줄줄이 구속되는 일이 마치 정례 행사처럼 되풀이되고 있다. 통치자가 되려는 사람이나 경영을 맡고 있는 사람들은 장왕의 리더십을 되새겨볼 필요가 있다. 권력은 무상하지만 리더십은 영원하다.

니미츠 제독의 조용한 카리스마

맥아더 장군과 니미츠 제독은 둘 다 전쟁 영웅이다. 동시대를 산 두 영웅은 항우와 유방처럼 대비되면서 많은 시사점을 주고 있다. 두 영웅의 리더십에 분명한 차이점이 있기 때문이다.

두 영웅은 출신부터 다르다. 미국 아칸소의 리틀록에서 태어난 더글러스 맥아더는 명문 군인 가문의 출신이다. 반면 텍사스의 프리델릭스버그 출생인 체스터 니미츠는 시골 여관집 아들로 태어났다. 맥아더는 육군사관학교를 졸업하고 육군 참모총장이 됐다. 니미츠는 해군사관학교를 졸업하고 해군 참모총장이 됐다.

미국 육군과 해군의 전설적인 대립의 선봉에 두 영웅이 자리를 차지하고 있었다. 태평양전쟁 당시 동경 156도를 기준으로 태평양 남서부인 서태평양은 육군지휘관 맥아더가 최고사령관을 맡았고 나머지 중앙태평양에서의 최고사령관은 해군지휘관 니미츠였다. 맥아더는 외향적 카리스마를 지녔다면 니미츠는 조용한 카리스마의 소유자다. 맥아더는 '천상천하 유아독존'을 내세우는 독선형이었다면 니미츠는 어려운 문제를 함께 풀어내는 조율형이었다. 맥아더는 부하들에게 엄격했다면 니미츠는 본인에게 엄격했다. 그래서 맥아더는 적이 많았지만 니미츠는 두터운 신뢰를 얻었다.

맥아더는 한국전쟁 때 중공군과 전면전을 두고 당시 미국 트루먼 대통령과 갈등을 빚어 해임되었고 "노병은 죽지 않는다. 다만 사라질 뿐이다"라는 명언을 남겼다.

맥아더가 자신의 회고록에서 태평양전쟁 당시 사실상 니미츠의 공을 모두 자기 공으로 돌린 데 대해 니미츠는 "그는 기억력이 아주 좋네"라고 말했다. 니미츠는 절대 동료에게 부정적인 평을 하는 법이 없었다. 니미츠는 개성이 강한 장군들을 잘 조율하면서 전쟁을 승리로 이끌어 '장군들의 장군'이라는 닉네임을 얻었다.

니미츠가 평생 좌우명으로 삼은 것은 친할아버지가 해준 말이었다. "최선을 다하고 걱정 따위는 하지 말아라."

진정한 리더십은 무엇인가. 군대에서 성과를 내려면 부하를 닦달하는 것이 일반적이다. 축구시합을 하든지, 사격대회를 하든지 몰아붙이는 부대장이 일을 해낼 수 있다고 한다. 부하들은 힘들지만 얼차려 받기 싫어서라도 정신없이 하다 보면 결과가 좋게 나온다는 것이다.

그런 맥락에서 보면 덕과 인화를 중시하는 리더는 그만큼 성과를 내기가 어려울 수 있다. 어디 군대만 그런가. 기업 조직에서도 마찬가지다. 하지만 니미츠는 이러한 일반론을 깨고 포술경연대회부터 축구시합에 이르기까지 1등을 독차지하는 탁월한 성적을 올렸다. 니미츠의 리더십이 통한 것이다.

니미츠의 리더십에는 다음과 같은 5가지 특징이 있다.

첫째, 동기를 유발하는 능력이다. 소위는 중위의 임무를, 중위는 대위의 임무를, 심지어 함장인 자신의 임무에 이르기까지 부하들이 상관의 임무를 해보도록 훈련시켰다. 그래서 그들이 진급의 꿈과 열정을 갖도록 했다.

둘째, 실수에 대한 관용이다. 그는 부하들이 실수를 하면 화를 내거나 질책하지 않고 격려해주었다. 실수를 관대하게 봐주고 실수를 만회할 수 있는 기회를 준 것이다.

셋째, 경청의 미덕이다. 새카맣게 아래인 부하의 말도 끊지 않고 귀 기울여 들었다. 그의 부하들이 항상 자부심을 느끼도록 만들었다.

넷째, 불간섭주의를 실천했다. 니미츠는 태평양함대 사령관 시절 불간섭주의 지휘관으로 유명했다. 부하들을 믿고 임무와 책임을 맡긴 뒤 물러나 있었지만 늘 그들을 지켜보았다.

다섯째, 철저한 외유내강의 카리스마를 보여줬다. 자기 자신에게 는 엄격하면서도 타인에게는 관대하고 인간미가 넘쳤다.

부하를 키우는 리더십이 가장 강한 리더십이다. 니미츠처럼 부하를 아끼고 성장하도록 도와주는 리더십을 본받아야 한다.

내가 틀렸을 수도 있다

독선형 리더의 10가지 특징

재벌 총수 중에는 더러 제왕적 권력을 휘두르려고 하는 사람이 있다. 상식을 벗어난 행동을 스스럼없이 한다. 자신이 가진 부의 위력을 엉뚱하게 과시하는 것이다.

자신이 경영하는 호텔의 헬스클럽에 와서는 옷을 벗는 것부터 비누칠을 하는 것까지 아랫사람에게 시킨다. 자신은 손도 까닥하지 않는다. 그것도 헬스클럽의 다른 회원들이 보는 앞에서 버젓이 그렇게 행동하면서 폼을 잡는다. 실제로 이 장면을 목격한 사람이 분개하며 전한 이야기다.

　돈으로 사람을 고용했으니 내 마음대로 부릴 수 있다는 생각이 깔려 있는 것이다. 나만큼 돈을 가졌으면 이 정도는 폼을 잡아야 포스가 살지 않겠느냐는 것이다.

　돈이면 뭐든지 할 수 있다고 생각하는 걸까? 무슨 일이든 지나치면 오히려 모자람만 못하다. 달도 차면 기울게 마련이다. 욕심도 마찬가지다. 지나치면 오히려 화를 부르게 된다.

　스스로를 과시하려는 독선형 리더들은 남을 이겨야 직성이 풀리고 자신이 결론을 내야 하는 사람이다. 또한 자신의 생각에 모두를 굴복시켜야 하고 주목 받지 못하면 못 견디는 사람이다. 모든 사람과 모든 것을 비교하는 사람이다. 배려가 없는 불쌍한 사람이다. 독선형 리더의 행동은 부하직원의 상처를 어루만지는 것이 아니라 상처의 아픔을 증폭시킨다. 고통을 인내할 수 있는 꿈을 심어주는 것이 아니라 꿈을 잃게 하여 고통에 빠지도록 한다.

　직원들이 싫어하는 이들의 행태를 10가지로 정리해보면 이렇다. 첫째, 약속을 잘 안 지킨다. 부하직원들에겐 약속을 잘 지키라고 강요한다. 하지만 자신이 부하직원에게 한 약속은 신경 쓰지 않는다. 나중에 어렵사리 이전에 했던 약속을 말하면 언제 그랬느냐는 반응을 보인다.

　둘째, 변덕이 심하다. 아침에 지시한 내용과 저녁에 지시한 내용이 정반대로 달라지는 경우가 허다하다. 기분 내키는 대로 이랬다저랬다 하는 것이다.

셋째, 핏대를 자주 세운다. 툭하면 부하직원들에게 고래고래 소리 지른다. 부하직원들은 무력감과 끊임없는 스트레스에 시달리게 된다. 억울하기도 하고 분하기도 한 부하직원은 결국 눈물을 머금게 된다.

넷째, 의심이 많다. 자신의 존재 이유는 부하직원을 믿을 수 없기 때문이라고 생각하는 사람도 있다. 업무의 하향 위임은 생각지도 못한다. 믿지 못하는 부하직원에게 일을 맡길 수가 없다는 것이다. 회사를 위해 쓴 법인카드마저 항상 의심의 눈초리를 보낸다. 부하직원의 인간적인 자존심에 상처를 낸다.

다섯째, 보상에 인색하다. 어렵게 일을 시켰으면 보상은 제대로 해야 한다. 하지만 사람을 수단으로 보는 리더는 보상에도 인색하다. 일할 사람은 얼마든지 있다는 심산이다. 자신이 생각하기에 굳이 비싼 비용을 지불할 필요가 없다는 것이다. 심지어 단물을 빨았으면 바꾸는 게 낫다고 생각한다.

여섯째, 인격을 무시한다. 부하직원은 단지 고용되어 일할 뿐인데 하인처럼 부리려고 한다. 일과 인격을 구분하지 않는다. 일에 대한 실수를 질책할 때도 인격을 모독하는 행위를 서슴지 않고 한다. 심지어 신체적 흠결까지 지적하며 무시한다.

일곱째, 잔소리가 심하다. 회의시간이나 면담시간이나 회식시간이나 때를 가리지 않고 잔소리를 한다. 자신의 입장에서는 훈계지만 듣는 사람은 모멸이다. 항상 모범적으로 행동해 부모님이나 선생님으로부터 잔소리를 들은 적이 없는데 회사에서 왕창 듣는 셈이다.

잔소리는 학대이자 고문이다.

여덟째, 지위계통을 안 지킨다. 생각나는 대로 사람을 불러 즉흥적으로 지시한다. 일을 시키는 것이 뒤죽박죽일 때가 많다. 의심이 많은 가운데 충성 경쟁을 시키기 위해 일부러 지위계통을 무시하는 경우도 있다.

아홉째, 윤리의식이 약하다. 부하직원들은 회사일과 개인사를 철저하게 구분하도록 하면서 자신은 공사를 구분하지 않는다. 회사 돈을 자신의 쌈짓돈처럼 생각한다. 회사의 고객 행사에 가족 친지 모두 불러 잔치를 벌인다. 심지어 이익 앞에서는 편법과 불법도 서슴지 않는다.

열째, 들으려 하지 않는다. 이러한 자신의 행태에 대해 반성할 기미가 전혀 없다. 왜냐하면 남의 말을 들으려 하지 않기 때문이다. 자신에게 유리한 것만 보고 듣고 생각한다.

그들의 행동은 '내 마음대로 할 수 있다. 주위의 사람들은 나를 위해 존재한다. 나에게는 돈이 있다. 돈으로 그들을 샀기 때문에 나는 향유할 권리가 있다'는 사고방식이 지배한다. 이처럼 돈으로 무한 자유를 원하는 사람들이 있다.

조율형 리더가 뜬다

예나 지금이나 리더십 하면 카리스마를 떠올린다. 하지만 독단적인 카리스마보다는 컨센서스를 이끌어내려고 하는 포용력이 더 중요하다. 부드러움이 단단한 것보다 낫다. 완고한 파더 리더십보다는 자상한 마더 리더십이 먹히는 세상이다.

리더의 특징에 따라 카리스마를 내세우는 독선형 리더와 컨센서스를 선호하는 조율형 리더로 구분해볼 수 있다.

독선형 리더는 스스로의 능력에 대한 자아도취가 강하다. 자신의 능력을 과신하고 있는 것이다. 자신이 모든 것을 참견하고 선봉장이 되어 성과를 이루어야 직성이 풀린다. 참모의 이야기는 건성으로 듣고 참모의 진언이 끈질길 때는 그를 성가신 존재로 여기다가 결국에는 그를 내치려 한다. 독선형 리더는 회의시간에 참모들에게 아이디어가 없다고 역정을 내면서도 속으로는 '그래 너희들이 뭘 알아……. 그래서 내가 있어야 돼'라고 생각한다. 그래서 항상 바쁘다.

조율형 리더는 대담하지만 포용력이 있다. 전문가를 선호하고 적재적소에 배치한다. 참모의 조언을 경청하고 합리적 판단을 내려 실행에 옮긴다. 참모의 능력을 믿고 칭찬함으로써 부하들이 자발성을 갖고 스스로 일을 챙기게 한다. 일을 많이 안 하는 것 같지만 조직은 성과를 낸다. 그래서 여유가 있다.

천하를 놓고 큰 판을 벌였던 초패왕(楚霸王) 항우와 한왕(漢王) 유방을 비교해보자.

항우는 스스로 역발산기개세(力拔山氣蓋世)라 할 만큼 자타가 공인하는 출중한 인물이다. 그러나 독선형 리더였다. 그는 자신의 능력을 과신했기 때문에 인재가 쉽게 눈에 들어오지 않았다. 한신(韓信)이 처음에 그의 진영을 찾아갔지만 한신을 창잡이 정도의 졸병으로 채용하려 했다. 한신은 결국 항우를 떠나 유방에게 가서 장수로 기용되고 유방이 천하를 제패하는 데 일등 공신이 됐다.

항우의 수하에는 그가 아부(亞父)라고 불렀던 범증(范增)이라는 지략가가 있었다. 항우는 그러나 범증의 말을 귀담아듣지 않고 범증을 의심하여 유방과의 싸움에서 패배를 자초했다. 항우의 가장 큰 실수는 범증이 유방을 항우에게 필적할 인물로 보고 초기에 그를 죽여싹을 없애자고 한 간언을 묵살한 것이었다.

유방은 서민 출신이었으나 성격이 대담하고 치밀하였다. 또 포용력이 있어 부하를 적재적소에 활용하는 데 능했다. 항우를 물리친 유방은 승리를 축하하는 자리에서 자신이 승리한 요인을 이렇게 분석한 바 있다.

"나는 행정에서는 소하(蕭何)에 못 미치고, 지략에서는 장량(張良)에 못 미치고, 군사지휘에서는 한신에 못 미친다. 그러나 나는 이들 모두를 부릴 수 있었다. 반면 항우는 범증 한 사람도 제대로 부리지 못했다. 그래서 내가 승리한 것이다."

유방은 조율형 리더였다. 리더십 연구가들 사이에는 이처럼 유방이 이기고 항우가 진 것은 실력은 출중하지만 오만하고 덕이 모자란 사람이 그렇지 않은 사람에게 진 것으로 보는 관점이 지배적이다. 국가 경영이나 기업 경영이나 모두 사람을 부리고 성과를 내는 용인술에는 큰 차이가 없을 것이다. 우리는 한 개인의 능력보다는 집단화된 능력이 빛나는 시대에 살고 있다.

하나금융지주의 김정태 회장은 지점장 시절의 일화를 이렇게 소개했다.

"지점 직원들을 대출 지점장, 펀드 지점장, 적금 지점장, 외환 지점장 식으로 한 분야씩 다 지점장으로 만들었다. 그렇게 각자 자기가 맡은 분야에서 최고가 되게 했더니, 일등 지점이 되더라. 지점에 지점장이 한 명 있는 것과 열 명 있는 것을 비교하면 어느 쪽이 이기겠는가?"

그는 직원들을 재미있게 해주면 직원들이 일을 열심히 하게 된다며 '펀(fun)경영'을 강조했다. 리더가 취해야 할 자세와 역할을 잘 보여주는 사례다.

등산복에 많이 쓰이는 옷감 '고어텍스'를 생산하는 회사로 잘 알려진 고어(Gore)사가 있다. 〈포춘〉이 4년 연속 '세계에서 가장 일하기 좋은 회사 1위'에 선정한 회사다. 고어의 혁신적인 조직운영방식이 화제를 불러일으키고 있다. 이 회사는 혁신적인 조직운영으로 구성원들의 창의력을 높여 세계적인 혁신제품을 많이 개발하고 있다. 고어텍스 외에 의료, 전자, 케이블, 섬유 등의 분야에서도 이 회사의 혁신제품은 무궁무진하다.

고어에는 일을 시키는 보스가 따로 없다. 옆에서 일을 도와주는 스폰서만 있을 뿐이다. 공식 직함은 외부와의 관계 때문에 어쩔 수 없이 사장과 재무담당 임원 딱 두 사람을 두고 있다. 누구도 다른 사람에게 명령을 내릴 수 없다. 자발적으로 따르고 싶어하는 사람이 많으면 그가 곧 책임자가 된다. 고어의 직원들은 따로 부서가 정해져 있지 않다. 프로젝트별로 팀원들이 '헤쳐모여'하는 방식이다.

부장, 과장 등의 직급은 없는 대신 직원의 10퍼센트 정도를 차지하는 '리더'는 있다. 신입사원이든 기존 사원이든 새로 프로젝트를 기획했을 때 다른 직원들이 여기에 참여하겠다고 지지만 한다면 리더가 될 수 있다. 사장도 직원들이 직접 뽑았다.

리더는 자신의 에고(ego)를 직원들에게 강요하여 자기 방식으로 이끌어가야 한다는 착각을 가지기 쉽다. 리더는 방향을 제시하고 그 방향으로 나아가는 방식은 구성원들의 집단지성으로 찾도록 도와줘야 한다.

자신의 통찰력을 직원들에게 과시하기를 원하는 것이 아니라 직원을 신뢰하고 직원의 결정을 존중해야 한다. 원맨쇼를 하는 독선형 리더보다는 팀워크를 중시하는 조율형 리더가 더 강하다는 것을 명심해야 한다.

악마의 지적도 달게 들어라

사람의 그릇을 평가하는 기준은 뭘까요?
리더라면 싫은 소리를 들어도 담아낼 수 있는 그릇이어야 하지 않을까요.

좋은 약은 입에 쓰고 충언은 귀에 거슬리는 법입니다.
그릇의 크기는 듣는 힘으로 평가할 수 있습니다.
반대 의견을 경청하는 자세를 가져야 합니다.

반대 의견도 경청하라

대선의 예비후보로 당내 경선에서 나섰다가 떨어진 사람의 참모를 만났다. 측근에서 그 후보자를 평가할 때 패인이 무엇이었는지 물었다. 그 참모는 두 가지를 말했다. 하나는 그가 준비 없이 나선 것이 문제였다는 것이다. 다른 하나는 그릇의 크기가 안 된다는 지적이었다. 그래서 그릇의 크기는 무엇으로 평가할 수 있느냐고 재차 물었다. 그는 그릇의 크기는 듣는 것으로 쉽게 평가할 수 있다고 말했다.

정치권에서는 흔히 사람을 끌어모으는 데는 신경을 많이 쓴다. 일단 세를 불려야 하고 또 쟁쟁한 사람이 같은 캠프에 있다는 것을 과시하는 것이 필요하기 때문이다. 하지만 훌륭한 인재들을 모이게 하고는 그들의 말을 잘 듣지는 않는다. 의사결정이 독단적이거나 아니면 흔히 말하는 가신(家臣)그룹이 인(人)의 장막을 치고 밀실결정을 한다.

권력을 잡기도 전에 권력투쟁을 하는 것은 그 세계에서는 일상적으로 일어나는 일이어서 밥 먹는 것과 다를 바가 없다는 얘기다. 그래서 새로 영입된 전문가 그룹은 가신 그룹과 타협을 하든지 아니면 열 받다가 이탈할 수밖에 없다는 것이다. 널리 사람을 영입하고 영입된 사람의 다양한 아이디어와 의견을 수렴해서 좋은 정책을 만들고 이를 국민들에게 설득해나가는 과정이 제대로 이루어진다면 그는 그만큼 큰 그릇이 될 것이다.

사실 남의 말을 듣기란 쉽지 않다. 하지만 통치와 경영을 잘한 사람일수록 남의 말을 경청한다. 삼성의 창업주인 이병철 회장이 이건희 회장에게 강조한 것도 경청이다.

남의 말을 들어주려면 배려와 인내가 필요하다. 또 사고가 경직되지 않고 유연해야만 가능하다. 독선과 고집이 없어야 남의 말이 귀에 잘 들린다. 자신이 백번 옳다 해도 일단 남의 얘기를 들어주는 게 리더다.

물론 귀가 얇아 남의 얘기를 무조건 수용하라는 의미는 아니다. 사람마다 생각이 다르다는 사실을 인정해야 한다. 그 다른 생각들을 하나하나 모아서 곱씹어볼 필요가 있다. 생각을 모아 충분히 소화를 시키면 현명한 판단을 내릴 수 있다.

그래서 리더는 어떤 결정을 하든지 간에 참모들의 이야기를 모두 차근차근 듣고 난 다음 결론을 내리려는 열린 자세를 가져야 한다. 이미 결론을 가지고 있으면서 참모들의 이야기나 들어볼까 하는 닫힌 자세는 버려야 한다.

이럴 경우 참모들의 말을 건성으로 듣게 되거나 말을 중간에 잘라 버리는 행태를 보이게 된다. 이런 리더는 충성심을 얻기 어렵다. 투명하게 의사결정을 할 때 조직력과 충성심이 생긴다. 그것이 리더의 능력이다.

리더는 괴롭겠지만 악마의 변호인(devil's advocate)을 두어야 한다. 악마의 변호인은 중세 때 교황청에서 성인을 추서할 때 그 사람의 그릇된 행적을 조사해 보고하는 신부들을 지칭하는 말이다. 이들은 추서할 후보자가 생전에 가톨릭 계율을 위반한 적이 있는지, 신에 대한 불경스런 일을 한 적이 있는지, 부도덕한 행위를 한 적이 있는지 등을 집중적으로 조사해 교황청에 보고했다.

오늘날 악마의 변호인은 주로 강력한 반대의견을 제시해 다수의 의견을 흔드는 사람으로 통한다. 다수 의견이 반드시 옳고 합리적일 수 없다는 점에서 이들의 존재는 집단이나 사회가 건강하게 유지되는 데 필수적이다. 리더는 악마의 변호인들로 하여금 자신의 귀를 괴롭히게 만들어야 한다. 리더는 듣기 좋은 말만 들으려고 해서는 안 된다. 리더의 듣는 힘이 그릇의 크기를 결정한다.

귀에 거슬리는 약

좋은 약은 입에 쓰고 충언은 귀에 거슬린다. 양약고구(良藥苦口), 충언역이(忠言逆耳)라는 말이다. 사람을 능력이 있는 사람인 능력자(能力者)와 능력이 부족한 사람인 무능자(無能者), 귀에 거슬리지 않는 사람인 순이자(順耳者)와 귀에 거슬리는 사람인 역이자(逆耳者)로 구분해 생각해보자. 이를 토대로 매트릭스 구조를 만들어보면 어떤 사람을 기용할지 판단하기가 쉬워진다.

능력자이면서 순이자는 쉽게 기용할 것이다. 반대로 무능자이면서 역이자는 포기하기가 쉬울 것이다. 문제는 무능자이면서 순이자인 사람과 능력자이면서 역이자인 사람을 어떻게 할 것인가다. 이들을 어떻게 선택하느냐에 따라 선택자의 운명은 물론 조직의 명운도 좌우된다.

윗사람은 모름지기 속이 넓고 깊어야 한다고 강조한다. 하지만 실제로 아량을 베풀고 경청하는 것은 어려운 문제다. 능력자이면서 역이자인 인재를 아량을 베풀어 기용하고 그의 말이 껄끄럽지만 경청하는 사람은 분명히 큰 업적을 이룰 것이다.

중국 역사상 뛰어난 군주로 칭송되는 당태종 이세민과 양신을 자처했던 위징과의 관계에서 충언역이의 중요성을 확인할 수 있다.

위징은 수(隋)나라 말 혼란기에 이밀(李密)의 군대에 참가하였으나 곧 당고조(唐高祖)에게 귀순하여 고조의 장자인 황태자 이건성(李建成)의 시종관이 되었다. 위징은 이건성에게 동생인 진왕 이세민을 제거해야 한다고 여러 번 권유했지만 이건성은 묵살한다.

이세민이 형 이건성과 동생 이원길을 죽이고 황태자로 올라선 '현무문의 변' 이후에 누군가가 위징이 과거에 이세민을 죽이려고 했다고 고발했다. 이세민에게 불려간 위징은 당당한 표정으로 "만일 황태자(이건성)께서 소신의 말을 들었더라면 오늘과 같은 일은 당하지 않았을 겁니다"라고 했다. 그 말을 들은 좌우 대신들은 위징이 겁도 없이 죽을 말을 했다고 생각했다. 그러나 당태종 이세민은 그의 사람됨을 파악하고 간의대부(諫議大夫)로 임명했다. 그 후 위징은 태종의 귀에 거슬리는 충언을 서슴지 않았다.

태종은 위징이 먼저 세상을 떠나자 그를 애도하며 이렇게 말했다고 한다. "사람이 거울에 자신을 비춰보면 의관이 바른지를 알 수 있고, 역사를 거울로 삼으면 나라의 흥망성쇠를 알 수 있으며, 사람을 거울로 삼으면 자신의 잘잘못을 알 수 있는 법이다. 위징이 죽었으니 나는 거울을 잃어버린 것이다."

위징은 태종에게 충신이 아닌 양신이 되기를 원했다. 위징은 "양신은 후세에 아름다운 이름을 남기고, 군주가 거룩한 천자가 될 수 있도록 도우며, 자손만대까지 복록을 누립니다. 하지만 충신은 자신은 물론 일가족 모두가 몰살당하고, 군주는 폭군이 되며, 국가도 가문도 모두 멸망하여 오로지 자신만 충신의 이름을 후세에 남깁니다"라고 진언했다.

자기를 죽이려던 사람을 받아들이고 그의 불편한 간언을 경청하고 거울로 삼았기 때문에 당태종은 태평성대를 이룩해낼 수 있었다. 당태종은 위징을 충신이 아닌 양신을 만들려고 노력한 덕분에 성군이 될 수 있었는지 모른다.

"No"라고 하는 말을 경청해야 한다. 그래야 조직은 물론 모두가 행복해질 수 있다.

부하와 경쟁하지 마라

問

부하직원의 무능에 속이 상할 때도 있고
그의 능력에 샘이 날 때도 있습니다.
부하와 함께 성장하려면 어떻게 해야 할까요?

答

혼을 내도 혼을 빼지는 말아야 합니다.
부하가 성장해야 내가 성장할 수 있습니다.
부하의 능력을 시샘할 것이 아니라 과감하게 권한 위임을 해야 합니다.

질책의 기술

부하직원의 잘못에 대해 어떻게 하는 것이 현명한 처사일까? 스스로 깨닫도록 참다 보면 문제가 생긴다. 참고 참다보면 언젠가 폭발하기 마련이다. 그것이 일을 크게 만들 수 있다. 사소한 것들이 모여 감정으로 표출되면 신뢰관계마저 깨어질 수 있다.

문제 있는 직원들과는 자주 짧은 미팅을 갖는 것이 좋다. 소통을 확대하면 호통을 예방할 수 있기 때문이다. 서로간의 입장 차이도 좁힐 수 있다. 상사는 늘 주어진 업무 이상의 결과를 요구한다. 반면 부하직원은 늘 최선을 다했다는 입장이다. 이러한 입장 차이에 대해 서로의 이해 폭이 넓어지면 야단을 쳐도 잘 받아들여진다.

부하의 잘못을 묵인하는 것은 옳지 않다. 참지도 폭발하지도 말아야 한다. 혼내야 하지만 혼을 빼지는 말아야 한다는 것이다. 부하에 대한 따끔한 질책이 약이 되도록 해야 한다. 부하에게 긴장감을 주고 성취감이 고취되도록 해야 한다. 그러기 위해서는 부하에 대한 사랑과 배려가 전제되어야 한다. 그리고 세심한 테크닉을 익혀야 한다. 삼성경제연구소에서 제시하는 야단을 치는 5가지 기술은 매우 유효한 방법이 될 것이다.

첫째, 야단은 쌓아서 하면 안 된다. 잘못이 있으면 그때그때 지적해야 한다. 참았다가 한꺼번에 토해내면 감정이 개입되기 쉽다. 꾸중이 호통으로 변질될 수 있다. 질책을 당하는 사람은 상사가 자신에게 감정이 있다고 오해할 수 있다. 결국 꾸중의 효과는 사라지고 말 것이다.

둘째, 사람이 아닌 업무에 초점을 맞춰야 한다. 질책을 하면서 범하기 쉬운 잘못이 인신공격이다. 업무와 상관없는 이야기를 덧붙이는 것이다. 은연중에 자신을 과시하고 상대방을 무시하는 말을 해서는 안 된다. 업무에 대해 구체적인 문제점을 적시하도록 해야 한다.

셋째, 간결하고 깔끔하게 해야 한다. 훈계하는 자세나 잔소리처럼 재탕 삼탕을 해서도 곤란하다. 한번 질책을 시작하면 그칠 줄 모르고 장광설을 늘어놓는 것도 금기 사항이다. '무엇'보다는 '어떻게'에 초점을 맞춰야 한다. 문제점보다는 개선점을 찾는 데 더 신경을 써야 한다. 짧은 지적이 긴 반성을 유도할 수 있다. 정문일침(頂門一鍼)이 되도록 해야 한다.

넷째, 본인의 생각을 당사자에게 직접 말해야 한다. 부하직원을 불러놓고 마치 다른 사람의 생각을 전달하는 것처럼 말하는 상사가 있다. 또한 당사자를 직접 부르지 않고 다른 사람에게 간접적으로 전달하는 경우도 있다. 두 경우 모두 내용과 강도에 상관없이 듣는 사람의 기분을 상하게 만든다. 질책에도 진정성이 있어야 한다.

다섯째, 뒤풀이를 잘해야 한다. 질책을 하고 난 다음에는 뒤끝이 없도록 상대를 다독여주는 것이 중요하다. 좀 심했다 싶으면 격려하고 감싸는 태도를 병행해야 한다.

하지만 무엇보다 중요한 것은 계영배(戒盈杯)의 교훈을 명심하는 것이다. 잔이 70퍼센트 이상 차면 스스로 흘러내리는 술잔, 계영배처럼 부하직원에 대한 욕심을 줄여야 한다. 70퍼센트 정도 마음에 차면 만족하는 게 좋다. 기다려주고 참아주면 부하직원도 성장한다. 뻔한 얘기지만 질책보다는 칭찬을 하는 것이 낫다. 그러자면 나만 잘났다는 오만을 버리고 수양을 쌓아야 한다.

신의 한 수, 권한 위임

리더들은 대체로 권한 위임에 인색하다. 부하에 대한 불안과 불신이 있기 때문이다. 솔직하게 말해 담대하지 못한 상사는 부하직원에 대해 불안 심리를 갖고 있다. 똑똑한 부하직원에게 권한을 주고 나면 자신의 자리가 어떻게 되지는 않을까 하는 불안감을 갖는다. 자신이 가지고 있는 권한을 위임하고 나면 자신은 빈털터리가 되고 말 것이라는 생각이 깔려 있다.

또 결국에는 자신이 필요 없는 상황에 처하게 될 것이라는 생각도 떨쳐버리지 못한다. 부하직원을 도와줘서 그가 성장하면 내 자리를 차지할지도 모른다는 걱정도 생긴다.

이러한 불안 심리는 권한 위임에 소극적인 자세를 취하도록 만든다. 심한 경우는 부하직원을 경쟁상대로 생각한다. 이는 매우 어리석은 일이다. 하지만 현실에서는 이런 어리석은 일이 자주 일어난다. 부하직원이 기안한 아이디어가 대박을 쳤을 때 흔쾌히 그 공을 부하직원에게 돌리는 데 머뭇거린다. 상사에게 적당히 자신의 숟가락을 얹어서 보고하려는 경향을 보인다.

반대로 부하직원의 기안 품의를 결재해놓고 일이 잘되지 않으면 그 책임을 부하직원에게 슬쩍 떠넘기는 상사도 있다. 그래서 '공은 내가 챙기고 화는 네가 입어라'는 식의 심술을 부린다. 권한 위임은 하지 않고 책임 전가만 하는 꼴이다.

부하직원이 제대로 일을 하지 못할 것이라는 불신도 권한 위임을 가로막는 요소다. 나도 하기 어려운 일을 그가 잘해낼 수 있을까 하는 의심이 앞선다. 이것은 괜한 걱정이다. 두려워할 필요 없다. 직원들에게는 충분한 능력이 있다. 모든 정보를 직원들과 공유하라. 그리고 믿고 맡기면 된다. 모두 알아서 잘 처리할 것이다. 이런 걱정을 떨쳐버리지 못하면 '대리급 CEO' 또는 '주사급 장관'이라는 말을 듣게 된다. 자신이 리더로서 해야 할 큰일은 챙기지 못하고 부하직원들이 할 수 있는 자질구레한 일에 일일이 간섭하는 꼴이 된다.

권한을 주면 생산성이 놀라울 정도로 올라간다. 지시와 지침을 받아 일하는 것보다 자율적으로 일하는 것이 훨씬 능률적이다. 스스로 일을 하다보면 자신도 모르는 사이에 능력이 계발된다. 직원들이 몸을 사리지 않고 일하기를 원한다면 그들을 신뢰하면 된다. 또 그들이 신뢰에 보답할 수 있도록 길을 터주어야 한다. 이것이 권한 위임을 해야 하는 이유다.

존 맥스웰은 '권한 위임 법칙'의 패러독스를 이렇게 설파했다. "자신이 조직에 없어서는 안 될 사람으로 만드는 유일한 방법은 자신을 없어도 되는 존재로 만드는 것이다."

다시 말해 리더가 계속해서 구성원들에게 권한을 위임하고 그들의 역량을 계발시키면 리더는 조직에 대단히 소중한, 없어서는 안될 사람이 된다는 것이다.

올바른 리더십은 권력과 아무 상관없다. 진정한 리더십은 상하관계에서 형성되는 것이 아니다. 일을 처리하는 과정에서 자연스럽게 생기는 것이다. 남에게 나의 생각을 강요하는 것이 아니다. 남들이 나의 부족함을 메워주도록 하는 것이다.

리더십은 지시를 하는 것이 아니라 지적을 당하는 것이다. 남들이 나를 공격하고 비판해도 참고 들어주면서 함께 나아갈 때 리더십이 생성된다.

진정한 리더는 부하들이 다 함께 일할 수 있도록 환경을 조성하는 역할을 한다. 부하직원들에게 역량계발의 기회를 제공하고, 그들이 성공을 경험하도록 한다. 자율성을 제공하여 일하는 재미를 느낄 수 있도록 한다. 코칭과 피드백을 통해 일하는 기술이 향상되도록 한다. 리더는 부하직원과 경쟁하는 사람이 아니라 부하직원을 행복하게 만드는 사람이다.

집토끼부터 챙겨라

인재를 탐하는 것은 당연한 일입니다.
기업에서 가장 소중한 자산은 사람이니까요.
인재를 어떻게 대접해야 할까요?

잡은 물고기라고 방심하면 내 손을 떠납니다.
보상에 인색하면 인재를 모을 수 없습니다.
산토끼를 부르려면 집토끼부터 감동시켜야 합니다.

천리마를 얻기 위해 천리마의 뼈를 사다

경영을 하면서 기억이 남다른 경험 두 가지가 있다. 하나는 기존의 임원들을 대접하는 것을 보고 핵심 간부가 회사를 떠났던 경우다. 저렇게 일을 시키고도 저 정도밖에 대접하지 않으면 굳이 열심히 해서 임원이 되어야 할 이유가 없다고 판단한 것이다. 회사를 떠난 그 간부는 매우 역량이 있어 퇴사 이후 다른 회사의 대표이사에 취임해 뛰어난 경영 능력을 발휘하고 있다.

다른 하나는 외부에서 대표이사급을 충원하려고 했는데 실패한 경우다. 새로 영입될 후보는 업계의 메이저 회사에 다니는 간부였다. 인터뷰를 마치고 직장을 옮기기로 결심하고 나서 처우 조건을 협의하다가 일이 틀어졌다.

이유인즉 회사가 기존 직장에서 받던 것보다 연봉을 낮게 제시했기 때문이다. 그 간부가 기존에 받던 것만큼이라도 책정해줄 것을 요구하자, 그렇게 되면 모회사의 대표이사 연봉보다 높아지게 된다며 난색을 표했다는 것이다. 그는 그 말을 듣고 입사는 없었던 일로 하기로 했다.

매사마골(買死馬骨), 선시어외(先始於隗)라는 교훈을 새겨둘 필요가 있다. 『전국책』의 「연책소왕(燕策 昭王)」에 나오는 말이다. 춘추전국시대 연(燕)나라 소왕이 왕이 되었을 때 외우내환을 겪고 있었다. 연나라는 안으로는 내분으로 혼란스러웠고, 밖으로는 제(齊)나라에게 많은 영토를 빼앗겨 국력이 약해졌다. 소왕은 제나라에 빼앗긴 영토를 만회하기 위해 고심했다. 하루는 주변에 있던 곽외(郭隗)를 불러 실지 회복에 필요한 인재를 등용하기 위한 방책을 물었다.

곽외는 옛날이야기를 소왕에게 먼저 들려주었다. 옛날 어느 왕이 천금으로 천리마를 구하려고 하였으나 3년 동안이나 구하지 못하고 있었다.

그러던 어느 날 잡일을 맡아보는 하급관리가 천리마를 구해오겠다고 스스로 청했다. 그는 석 달 뒤에 천리마가 있는 곳으로 갔으나 이미 천리마는 죽은 다음이었다. 그러자 그는 죽은 말의 뼈를 500금을 주고 사왔다. 이에 왕은 진노하지 않을 수 없었다. 이때 그는 죽은 말의 뼈를 500금이나 주고 샀으니 천리마를 가진 자들이 훨씬 높은 가격을 받고 팔기 위해 몰려들 것이라고 진언하였다. 왕은 반신반의하였으나 1년 뒤 천리마가 세 필이나 모였다. 여기서 매사마골이라는 말이 유래했다.

곽외는 소왕에게 이 이야기를 한 다음 이렇게 간청하였다. "진실로 특출한 인재를 원한다면 먼저 저 곽외를 중히 쓰십시오. 그렇게 하면 '곽외 따위를 저토록 우대하니 나 정도면……' 하는 생각으로 많은 인재들이 몰려올 것입니다." 소왕은 곽외의 말을 듣고 깨달은 바가 있어 곽외를 스승으로 등용하였다. 또 예를 다해 극진히 대접하기 위해 황금대(黃金臺)라는 궁전을 지어 머물게 하였다. 이 소식이 전해지자 위(魏)나라의 명장 악의(樂毅), 제(齊)나라의 변설가 추연(鄒衍), 조(趙)나라의 책략가 극신(劇辛) 등 인재들이 모여들었다. 소왕은 이들과 함께 나라를 일으키고 제나라에 대한 원수도 갚았다. 선시어외는 외부의 인재를 영입하려면 내부에 있는 가까운 사람부터 제대로 대접하라는 뜻이다. 그래야 그것을 보고 외부의 인재들이 몰려올 것이라는 이야기다.

내부의 인재를 함부로 대하면서 새로운 인재를 탐하는 것은 어불성설이다. 인재를 얻기 위해서는 우선 회사 내부에 있는 인재를 어떻게 대접하고 있는지부터 돌아보아야 한다.

외부의 인재를 영입하기 위해서는 내부의 인재를 우선 귀하게 대접해야 한다는 교훈을 잊지 말자. 귀중한 것을 얻기 위해서는 그만큼 먼저 공을 들여야 하기 때문이다.

보상에 인색하면 인재는 떠난다

인재를 원하면서도 보상에는 인색한 오너를 자주 본다. 어렵게 자수성가한 기업가 입장에서는 비용이 아깝게 느껴질 것이다. 그래서 임직원을 후하게 대우하는 데 익숙지가 않다. 먼저 성과를 보이면 그에 상응하는 대접을 해주겠다는 입장이다. 하지만 얼마만큼의 성과를 내야 제대로 대접을 받을지는 가늠할 수가 없다.

김유정의 대표적인 단편소설 「봄봄」에 나오는 봉필 영감이 떠오른다. 춘삼이에게 데릴사위를 시켜주겠다고 데려와 3년 7개월 동안 머슴으로 부려먹는다. 새경을 한 푼도 주지 않고 일만 시켰다. 어느덧 영감의 딸 점순이는 어른스럽게 성장하였지만 심술 사나운 봉필 영감은 점순이가 아직도 덜 자랐다며 성례를 미루기만 한다. 애초 계약을 명확하게 하지 않은 게 잘못이었다. 기한을 딱 정하고 일을 했어야 했다. 덮어놓고 딸이 자라는 대로 성례를 시켜준다는 말만 믿은 게 화근이었다. 그것이 언제인지는 알 수 없는 노릇이다. 알고 보면 봉필 영감은 첫딸과 둘째인 점순이를 미끼로 하여 지금까지 열네 명의 데릴사위 머슴을 부려왔다.

중국의 『사기』 「골계열전(滑稽列傳)」에는 우맹의관(優孟衣冠)이라는 고사가 실려 있다. 초나라의 장왕 때 우맹이라는 배우 출신의 음악가가 있었다. 그는 풍자하는 말로 사람들을 잘 웃겼는데 요즘 말로 하면 개그맨인 셈이었다. 초나라 재상 손숙오(孫叔敖)는 그의 현명함을 알아보고 잘 대해주었다. 손숙오는 병석에 누워 죽기 전에 아들에게 유언을 남겼다. 자신이 죽고 나면 집안 형편이 어려워질

테니 그때 우맹을 찾아가라고 일렀다.

손숙오의 말대로 아들은 곤궁해져서 생계 수단으로 땔나무를 팔았다. 아들은 가난을 견디다 못해 우맹을 찾아갔다. 자초지종을 듣고 난 우맹은 손숙오처럼 의관을 갖추고 행동거지와 말투를 흉내 내기 시작했다. 1년쯤 지나자 손숙오와 흡사하게 행동할 수 있었다. 우맹은 장왕이 베푼 주연에 참석하여 만수무강을 축원하였다. 장왕은 우맹을 보고 깜짝 놀랐다. 손숙오가 환생한 것으로 여기고 그를 재상으로 삼으려고 하였다. 그러자 우맹은 아내와 상의한 다음 다시 오겠다고 말하고 물러났다. 우맹은 3일 뒤에 다시 와서는 장왕에게 이렇게 고한다.

"아내가 초나라 재상은 할 만한 것이 못된다고 하였습니다. 손숙오 같은 분은 왕이 패자(覇者)가 될 수 있도록 보좌하고 충성을 다하였습니다. 그러나 그의 아들은 송곳을 꽂을 만한 땅도 없어 땔나무를 팔아 연명하고 있습니다. 손숙오처럼 되느니 차라리 스스로 목숨을 끊는 것이 낫겠습니다."

이에 장왕은 느끼는 바가 있어 손숙오의 아들을 불러 침구(寢丘) 땅의 400호를 봉토로 주었다.

인재에 대한 보상이 제때 이루어지지 않으면 인재는 떠나가게 된다. 그리고 새로운 인재도 합류하기를 주저할 수밖에 없다.

특히 임원에 대한 보상은 직원들의 본보기가 되기 때문에 제대로 이루어져야 한다. '나도 열심히 해서 임원이 되어 저런 대우를 받아야지' 하는 생각이 들게 해야 한다. 임원이 되어도 별 볼일 없다는 인식을 갖게 하면 안 된다. 보상은 낮은데 일만 힘들어진다면 누가 임원이 되려고 노력하겠는가. 인재를 얻으려면 그에 걸맞게 대접을 해야 한다.

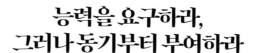

능력을 요구하라,
그러나 동기부터 부여하라

——問——
성과를 내는 것만큼 성취감을 느끼는 일도 중요합니다.
성취감을 높이는 좋은 방법을 알고 싶습니다.

——答——
구성원에게 능력과 성과를 요구하는 것은 당연합니다.
그러나 스스로 성취감을 갖도록 하는 것이 더 중요합니다.
일할 맛을 빼앗는 재촉은 삼가야 합니다.

내적 동기를 끌어내는 법

평균적으로 60점을 받는 아이가 있다. 아이는 어느 날 부모님을
가장 기쁘게 해줄 선물이 무얼까 고민하다 성적을 올리기로 마음먹
었다. 아이는 정말 열심히 공부해서 평균이 70점으로 올랐다. 이때
부모의 반응에 따라 아이의 내적 동기는 완전히 달라진다.

A부모는 아이가 내민 성적표를 보고 또 불평을 한다. 옆집 아이는
매번 100점인데 70점이 뭐냐고 아이를 질책한다. B부모는 아이의
성적이 올랐지만 마음에 차지는 않아 담담한 반응이다. 칭찬 대신

용돈을 올려줌으로써 오른 성적에 대한 보상을 마무리한다. C부모는 아이의 성적을 보고 크게 기뻐한다. 아이가 10점을 올리기 위해 애쓴 과정을 공감한다. 당연히 기쁨을 나누면서 칭찬을 아끼지 않는다. 아이가 좋아하는 요리를 먹으러 가서 축하 하자고 한다.

A부모의 아이는 실망하고 공부를 아예 포기할 수도 있다. B부모의 아이는 외적인 동기에 길들여지면서 내적 동기가 약화될 수 있다. C부모의 아이는 부모가 기뻐하는 모습을 보고 더 성적을 올려야겠다는 내적 동기를 높일 수 있다.

무슨 일을 하든지 성취를 위해서는 자발성이 중요하다. 자발성을 불러일으키기 위해서는 당연히 내적 동기가 부여되어야 한다. 내적 동기는 성취에 대한 공유가 뒷받침될 때 극대화된다. 내가 이 일을 해서 어느 정도 성과를 내면 어떤 일이 일어날까 하는 기대감은 누구나 가진다. 그 기대감이 현실화될 때 내적 동기가 높아진다는 얘기다.

성취에 대한 공유는 정신적인 측면과 물질적인 측면이 있다. C부모의 경우처럼 정신적인 것이 우선되고 물질적인 것이 부상으로 주어질 때 공유 효과가 커진다.

아이가 학교나 자기 방에서 공부를 하는지 공상을 하는지 부모가 일일이 챙길 수는 없는 노릇이다. 마찬가지로 기업에서도 영업직원이 밖에 나가 얼마나 열심히 하는지 따라다니면서 관리감독을 할 수 없다. 그래서 자발성이 중요하다.

스스로 성취한다는 기쁨과 성취한 것에 대한 정신적 공유와 보상이 있어야 한다. 그래야 스스로 변화를 도모하고 행복하게 자기 일을 열심히 할 수 있다.

앞서도 잠깐 소개했지만 미국 고어사에 입사한 신입사원은 무슨 일을 할지 스스로 정한다. 사업 아이디어를 가진 직원은 동료들에게 그 가치와 성공 가능성을 설명하면서 자신이 제안한 사업팀에 합류해달라고 요청한다. 동료들은 아이디어가 마음에 들면 일을 함께 하게 된다. '엘릭시르'라는 기타줄 사업도 그렇게 해서 탄생했다.

고어의 한 연구원은 전선 피복으로 사용되는 자사의 재료를 자전거 바퀴살에 코팅해본 결과 뛰어난 보호 효과가 있음을 확인했다. 이것을 기타 줄에 적용한다면 음색이 변하지 않고 오래가는 새로운 제품을 만들 수 있을 것으로 보였다. 동료들을 설득해 팀을 만들었고 3년 후 경쟁사 제품보다 음색이 세 배나 오래가는 엘릭시르라는 제품을 개발하는 데 성공했다.

사람이 가지고 있는 잠재능력을 믿어야 한다. 구성원들이 스스로 일하도록 분위기를 조성하고 일이 잘되도록 도와줘야 한다. 방법은 간단하다. 일을 진행해가는 과정에서 장애물이 발생하면 그것을 제거해주면 된다.

자기결정의 힘

사람은 정도의 차이는 있겠지만 누구나 통제 받기를 싫어한다. 자신의 삶을 스스로 결정하기를 원한다. 자신이 무엇을 해야 하는지,

어떻게 해야 하는지에 대한 선택도 스스로 하기를 원한다. 이것이 사람이 갖는 자기결정감이다. 어떤 활동이나 일에 대한 열정의 기반이 되는 내적 동기를 갖기 위해서는 자기결정감을 느낄 수 있어야 한다. 이를 침해할 경우 반발하는 것은 지극히 당연하다.

비가 억수같이 쏟아지고 있다. 이렇게 비가 오면 논에 물이 고여 벼가 다 쓰러지게 된다. 또 잘못하면 논두렁마저 무너져내릴 수 있다. 절박한 상황이다. 몸이 불편한 어머니는 발만 동동 구르고 있다. 어린 소년은 이 상황을 이해하고 비가 쏟아지는 마당으로 튀어나갔다. "어디 가니? 논에 가서 물꼬 돌려야지." 그 소리에 소년은 마당에 펄썩 주저앉았다.

거실에서 TV를 보다가 공부하기 위해 방으로 막 들어가려고 하는 아이에게 "TV 그만 보고 가서 공부해라"라고 외치면 그 아이는 짜증을 내게 된다. 그리고 하려던 공부마저 갑자기 하기가 싫어지는 게 당연하다. 부모의 쓸데없는 잔소리가 아이의 성격을 망치는 것은 물론 스스로 하려는 의욕마저 꺾어버리는 경우가 허다하다.

달리는 말에 채찍질한다는 주마가편(走馬加鞭)이라는 말이 있다. 힘껏 하는데도 자꾸 더 하라고 격려한다는 뜻이다. 하지만 주마가편을 하더라도 자기결정감은 살려주어야 한다. 일을 잘하고 있는 직원에게 채찍보다는 칭찬이 더 효과적일 것이다. 성취감을 느끼게 하고 인정을 받고 있다는 믿음을 주는 것이 물질적인 보상보다 더 만족감을 높여준다.

미국의 사회심리학자 프레더릭 허즈버그는 조직 구성원을 만족시키는 요인과 불만족시키는 요인이 따로 존재한다고 주장했다.

만족요인은 성취감, 책임, 인정, 일의 재미 등이고 불만족 요인은 임금, 지위, 인간관계, 근로환경 등이다. 허즈버그는 이들 요인은 서로 영향을 주지 못한다고 분석했다. 다시 말해 불만족 요인을 해소한다고 해서 만족 요인이 증가하는 것이 아니라는 얘기다. 따라서 만족 요인을 훼손시키지 않는 것이 중요하다.

리더가 저지르기 쉬운 잘못은 구성원들이 갖고 있는 일에 대한 만족 요인의 싹을 잘라버리는 것이다. 구성원들이 해야 할 디테일한 사항을 일일이 간섭함으로써 일하는 재미와 성취감을 빼앗는 것이다. 구성원들의 자기결정감을 무시하고 자신의 자기결정감을 극대화하려고 하는 사람은 리더십을 갖추기 어렵다. 일이란 연인과도 같다. 사랑을 해야만 지속할 수 있고, 또 행복해질 수 있다.

해답은 신뢰와 재미에 있다

사업을 시작한 초기에는 뜻을 같이한 몇 사람이 똘똘 뭉쳐 일한다. 여건은 어렵지만 소통이 잘된다. 어려운 문제가 닥치면 머리를 맞대고 풀어나가는 재미를 느낀다. 근무환경은 열악하지만 일에 대한 만족도는 높다. 일이 하나씩 성사될 때마다 다 같이 기쁨을 나누며 행복감을 느낀다. 모두 회사를 위해 자발적으로 일하게 된다.

시간이 흐르면서 업무의 분화가 일어나고 소통이 약화된다. 정보 공유의 만족도도 떨어진다. 점차 회사 전체에 어떤 일이 일어나는

지, 회사가 어디를 향해 가고 있는지가 희미해진다. 회식을 해도 예전 같지가 않다. 가족 같은 정겨움이 느껴지지 않고 대화가 겉돈다. 직원 중에 괜찮은 사람들이 회사를 떠나가기 시작한다.

경영자들은 이때쯤 되면 괴로움을 느끼게 된다. 경영의 가장 큰 애로사항으로 직원관리가 부각된 것이다. 사실 뜻에 맞는 사람들을 모으기도 힘들지만 키워놓은 인재를 지키기는 더 힘들다. 직원을 선발해서 성심껏 교육을 시켜 일을 제대로 할 수 있도록 만들어놓으면 더 큰 회사에 빼앗기고 만다. 창업 경영자들은 허탈해질 수밖에 없다.

쓸 만하면 그만두는 사람을 어찌할 것인가. 회사는 만족할 만한 급여를 줄 수가 없다. 사원 복지도 제대로 갖추어지지 않았다. 브랜드 가치도 높지 않다. 창업 초기에 가졌던 신뢰마저 약화된 마당에 내세울 것이 뭐란 말인가. 떠나가는 직원들을 보면서 발만 동동 구를 수밖에 없다. 신뢰할 수 있는 실행력을 갖춘 사람이 조직에 없다면 그 조직은 생명력을 잃게 된다.

조직에 대한 위기감을 극복하기 위해 뭔가를 해야 한다. 조직의 스트레스를 줄이고 신뢰를 회복하기 위해 특별한 이벤트를 개최한다. 체육대회, 야유회, 단합대회, 사외교육, 연수 등을 통하여 조직을 활성화시키려고 많은 노력을 기울인다. 그러나 이런 행사들이 의도했던 대로 순조롭게 진행되지만은 않는다. 비용 부담만 생길 뿐 불만은 수그러들지 않는 게 문제다. 술자리에선 여전히 돌아가면서 불평만 쏟아놓는다. 한 사람이 한마디의 불평을 토해도 인원수 전체를

3강 | 인덕(仁德)

합치면 엄청난 불평으로 불어난다.

　회사는 분명히 창업 초기보다 성장했는데 그때보다 훨씬 문제투성이처럼 인식된다. 직원은 직원대로 불만이 쌓이고 경영진은 경영진대로 불만이 쌓인다. 창업을 한 경영자에 대한 비난이 갈수록 심해진다. 경영자는 회식이나 단합대회가 즐겁지 않다. 이를 기피하고 싶어진다. 직원들과의 대화도 부담스러워진다. 친밀감이 줄어들면서 오해는 더 깊어진다.

　위의 사례는 내가 경영을 하면서 직간접적으로 경험한 이야기다. 스타트업 기업들은 대부분 이 같은 스토리에서 자유로울 수가 없다. 경영자는 나름대로 직원을 위해 최선을 다했는데 이를 몰라준다고 속상해 한다. 직원은 직원대로 회사 분위기가 예전 같지 않다며 분명히 이유가 있는 불만을 토로한다.

　이 같은 성장통을 극복하기 위해서는 신뢰와 재미를 기업문화로 확실히 정착시켜야 한다. 어떤 달콤한 이벤트성 행사보다 더 가치 있는 것은 사람과 사람 사이에 신뢰를 쌓아가는 것이다. 경영자는 경영 정보를 직원들과 솔직하게 공유해야 한다. 솔직함이 신뢰를 높이는 지름길이다. 또 직원들이 소외당하지 않고 있다는 생각을 갖도록 해야 한다. 직급이 분화되면서 느낄 수 있는 심리적 거리감도 줄여주어야 한다. 신뢰한다는 것은 결국 편안함을 주는 것이다. 조직에서 수평은 물론 상하로 신뢰가 형성된다면 저절로 일할 맛이 날 것이다.

　돈이 모든 것을 보상해줄 것이라는 생각은 착각이다. 돈이 전부는 아니다. 돈보다는 재미가 있어야 한다. 직장생활이든 가정생활이든 무미건조하면 싫증이 날 수밖에 없다. 많은 기업들이 직장을 생존을 위해 어쩔 수 없이 일하는 장소로 만들고 있다. 하기 싫어도 월급을 받기 위해 마지못해 일해야 한다면 당연히 재미는 찾을 수 없다. 딴 생각이 들게 될 것이다. 직장은 단순한 일터가 아니라 삶의 보금자리가 되어야 한다. 그래야만 내 삶을 맡기고 내 행복과 미래를 건설하기 위해 열정을 바칠 수 있다.

이를 위해 경영자는 직원들이 일하는 보람을 계속 찾을 수 있도록 배려해야 한다. 일에서 보람을 느끼고 성취감을 맛보면 재미를 느낄 수 있게 된다. 초심을 되돌아보면서 신뢰와 재미에서 해답을 찾아야 한다.

말을 돈처럼 아껴라

問

옳은 소리를 한다고 하는데, 다들 잔소리로 듣는 눈치입니다.
효과적인 커뮤니케이션 스킬이 궁금합니다.

答

말은 짧고 적게 할수록 무게가 실립니다.
말을 돈처럼 아낄 때 조직이 살아납니다.
잔소리를 반복하는 일방적 화법을 고쳐야 합니다.

잔소리와 가르침의 차이

사람은 누구나 자신만의 특유한 습관을 가지고 있다. 좋은 습관은 좋게 평가를 받지만 나쁜 습관은 좋지 않은 버릇으로 평가된다. 상사가 부하들에게 하는 잔소리도 마찬가지다. 의미 있는 잔소리는 좋은 가르침으로 받아들일 수 있다. 하지만 상투적인 잔소리는 귀를 닫게 만든다. 소통을 방해하는 것이다. 코를 고는 사람이 자신의 코골이를 잘 모르듯이 리더가 자신의 잔소리 버릇을 잘 인식하지 못한다는 데 문제가 있다.

상사의 잔소리 중에서 가장 흔한 것이 자신의 무용담이다. 자수성가한 중소기업 사장이나 어렵게 승진한 임원의 경우 이런 성향이 뚜렷하다. 은연중에 자신을 과시하려는 습성이 몸에 배어 있기 때문이다. 직원과의 식사자리는 물론 회의를 주재하는 자리나 결재를 하는 자리에서도 틈만 나면 자신의 과거 이야기를 토해낸다. '나는 이렇게 고생해서 일을 성사시켰다. 나는 이런 창의성으로 성공을 했다. 그런데 너희는 왜 이것밖에 못하느냐'는 식이다.

그들의 성공은 존경할 만하다. 그리고 그들이 말하는 무용담도 한두 번은 머릿속에 잘 들어온다. 하지만 잔소리가 계속 반복되면 숨이 막힌다. 더구나 자신과 비교해서 호통을 칠 때는 그나마 남아 있던 존경심도 바닥을 드러내고 만다. 잔소리가 역효과를 내는 것은 관점에 문제가 있기 때문이다. 원래 상대방에게 교훈을 주려면 상대방의 입장에서 이야기를 해야 한다. 말하는 사람이 자기만족으로 이야기하는 것은 곤란하다.

부모가 자식에게 잔소리를 많이 하는 경우 자식이 오히려 빗나가는 이치도 이와 다르지 않다. 부모는 자식을 사랑하고 자식이 잘되기를 간절히 바라는 마음에서 잔소리를 한다고 생각한다. 하지만 자식의 입장에서는 늘 똑같은 간섭이다. 너무나 귀찮고 짜증나는 참견이다. 상사도 자신의 입장에서 상투적인 스토리를 반복해서는 안 된다. 그야말로 잔소리일 뿐이다.

삼국시대 조조가 통치하던 위(魏)나라에 점을 잘 보는 관로(管輅)라는 사람이 살았다. 당시 이부상서(吏部尚書)로 있던 하안(何晏)이

관로에게 점괘를 부탁했다. 하안은 파란색 파리들이 자꾸 코에 들러붙는 꿈을 매일 꾼다며 언제쯤 삼공(三公)으로 승진할지 물었다. 관로가 의젓하게 말했다. "코는 중심인데 거기에 파리가 계속 들러붙는다면 나쁜 징조지요. 위로는 마음을 다해 왕을 좇고 아래로는 늘 공자를 생각하면 필히 진급될 것이오."

곁에서 이 말을 듣고 있던 등양(鄧颺)이라는 사람이 이렇게 말하였다. "그런 말은 늙은 서생이 늘 하는 얘기지요. 나는 너무 많이 들어서 진력이 났소. 새로운 것이 뭐가 있소?"

늙은 서생이 늘 하는 똑같은 말, 노생상담(老生常譚)이라는 고사성어가 여기서 유래했다. 참신하지 못하고 상투적인 생각이나 말을 반복할 때 쓰는 표현이다. 중국 남조(南朝)시대 송(宋)나라의 유의경(劉義慶)이 후한(後漢) 말부터 동진(東晉)시대까지의 명사들의 일화를 편집한 『세설신어(世說新語)』에 나오는 이야기다.

직장생활이 행복하려면 직장이 배움터가 되어야 한다. 일을 하면서 배우고 있다는 생각이 들어야 일할 맛이 난다. 오늘 출근하여 한 가지라도 배우고 퇴근한다면 뿌듯할 것이다. 하지만 하루 종일 별 볼일 없는 일에 시달리다 직장을 나설 경우 허탈해진다. 그 와중에 늘 같은 레퍼토리를 반복하는 상사의 잔소리만 듣고 퇴근한다면 기분이 어떻겠는가.

노생상담 같은 소리만 하면 발전이 없다. 똑같은 잔소리는 지양해야 한다. 회의 시간에 부하직원들에게만 새로운 것을 요구할 게 아니다. '매일 저 소리야' 라는 부하직원들 마음의 소리에 귀를 기울여야 한다. '뭐 다른 거 없나'라는 말을 듣지 않을까 경계해야 한다. 잔소리를 제대로 하려면 새로운 콘텐츠를 개발해야 한다. 과거의 경험에서 빠져나와 스스로 새로워져야 한다. 새롭지 않으면 통하지 않는다. 잔소리 대신 가르침을 줘야 한다.

말을 잘하게 하는 '4게' 습관

말하는 습관이 좌중의 분위기를 좌우할 때도 있다. 직원들이 일에 집중할 수 있도록 하려면 리더가 말을 아껴야 한다. 직원들은 업무를 힘들어하는 게 아니라 상사가 함부로 토해내는 말 때문에 힘들어한다. "우리 팀장은 다 좋은데 말하는 게 영 아니야." "오늘도 본부장의 잔소리를 들어야 하다니 끔찍하다." "사장의 질책은 더 이상 참기 어려워."

리더의 말 한마디가 조직을 살리기도 하고 죽이기도 한다. 회사는 괜찮은데 인간관계 때문에 회사를 떠나는 직원도 많다. 인간관계는 대부분 말에 의해 결정된다. 결국 말하는 습관이 문제다.

리더는 당연히 말을 잘하기 위해서 노력해야 한다. 리더가 말을 잘한다는 것은 청산유수처럼 하라는 것이 아니다. 그렇다면 어떻게 말을 해야 잘하는 것인가. 기업경영을 하면서 경험한 것을 토대로 현명한 리더의 말하는 습관 '4게'를 생각해보았다. '4게'란 '낮게', '좋게', '짧게', '적게' 말하는 것을 의미한다.

리더는 항상 자신의 말이 구성원들에 먹혀들기를 바란다. 그래서

3강 | 인덕(仁德)

말에 힘이 잔뜩 들어간다. 골프를 칠 때 어깨에 힘을 빼고 해야 하듯이 말을 할 때는 목청에 힘을 빼고 해야 한다. 톤이 높은 목소리로는 결코 장타를 날릴 수 없다. 특히 리더의 말소리에 짜증이라도 섞이는 경우 구성원들은 고통스럽다. 그래서 리더는 톤을 '낮게' 천천히 말하는 습관을 가져야 한다. 조용히 말해야 구성원들이 더 귀 기울여 들으려고 할 것이다.

리더의 위치는 그 자체로 권위를 갖는다. 따라서 굳이 윽박지르듯이 말하지 않아도 무게가 실린다. 심하게 야단을 치지 않고 조용히 지적하는 것만으로도 충분하다. 또한 구성원들의 실수나 흠을 들추어 지적하기보다 칭찬을 더 많이 해야 한다. 리더의 칭찬은 예상외로 긍정적 효과를 가져온다. 보통 리더들은 "마음에 안 드는 것이 많은데 칭찬할 마음이 생겨야 말이지"라고 말한다. 또 "좋은 말을 하면 귀담아 듣지 않는데 어떡해"라고 지적한다.

다 옳은 말이다. 그래서 윗자리가 어려운 것이다. 하지만 업무의 결과와 개인의 인격은 분명히 다르다. 업무의 성과가 안 좋으면 그것은 말이 아닌 평가를 통해 해결해야 할 문제다. 참고 웃으며 '좋게' 말하는 습관을 가져보면 결과는 분명히 달라진다.

'짧게' 말하는 습관도 필요하다. 코칭을 하든지 피드백을 하든지 간에 리더의 말은 짧을수록 좋다. 리더가 자신의 과거 경험을 이야기하는 것은 때로는 도움이 될 수 있다. 하지만 절제가 필요하다. 장황한 이야기는 마치 학생들을 땡볕 운동장에 모아놓고 길고긴 훈시를 하는 교장선생님을 연상시킨다.

마지막으로 '적게' 말하는 습관이 무엇보다 중요하다. 소통은 듣는 것으로 시작해서 듣는 것으로 끝나는 것이 상책이다. 상대의 말을 우선 잘 들어야 좋은 조언이나 피드백을 해줄 수 있다. 또 말을 들어주는 것만으로도 마음의 벽을 많이 낮출 수 있다. 경청하기 위해서는 말하는 시간을 줄여야 한다.

조직에 기를 불어넣고 좋은 인간관계를 만들어가고 싶다면 말하는 습관을 고쳐야 한다. 진정성이 느껴지는 따뜻한 말 한마디가 어떤 보상보다 우선한다. 지시하는 말투를 버리고 코칭하는 대화술을 익혀보자.

호통 대신 소통으로

───── 問 ─────
혼자 일할 때는 독보적인 성과를 냈지만
팀장이 된 후 팀 관리가 안 됩니다.
팀원들에게 호통만 치게 됩니다.

───── 答 ─────
호통은 화병을 부르는 악마입니다.
직급이 올라갈수록 소통능력이 중요합니다.
호통을 멀리하고 소통을 가까이 해야 성과도 따라옵니다.

조직을 병들게 하는 호통쟁이

호통쟁이(screamer) 상사를 좋아할 사람은 없다. 자기 성질에 못이겨 호통을 치고 나면 항상 후회가 뒤따른다. 호통을 자주 하는 것은 성격 탓도 있지만 수양이 덜된 탓도 있다. 사람에 따라서는 정신질환일 수도 있다. 자신이 일방적으로 설정한 기대치에 미치지 못할 경우 무조건 호통을 치는 경우가 많다. 호통은 자신의 지위를 내세워 상대방을 일방적으로 몰아붙이는 잘못된 행위다.

호통을 치면서 내뿜는 사악한 기운은 호통을 당하는 사람에게 전달된다. 이 나쁜 기운을 반복적으로 받으면 속에서 삭이지 못하고 응어리가 생긴다.

이 응어리가 꿈틀거리면서 울화가 치밀게 된다. 그래도 속에 쌓인 화(火)는 잘 풀리지 않는다. 결국 화병이 생기게 된다. 화병은 억울한 분을 삭이지 못하여 간의 생리 기능에 장애가 오는 것이다. 머리와 옆구리가 아프고 가슴이 답답해진다. 잠을 잘 자지도 못하게 된다.

직장을 다니면서 호통을 잘 치는 상사를 만나는 것은 최악의 불행이다. 걸핏하면 호통을 치는 오너를 만나면 화병을 얻을 수밖에 없다. 처음에는 직장을 그만두면 안 될 것이라는 생각에 참는다. 그리고 나약하다는 평판을 듣기 싫어서라도 분노를 억제한다. 시간이 지나면서 억눌린 분노는 더욱 강하고 단단하게 쌓인다. 결국 가슴이 답답하고 짜증이 심해진다. 억울하고 분한 마음이 증폭되면서 어떤 공격적인 행동에 대한 충동을 느낀다. 병이 깊어지기 전에 회사를 그만두는 게 상책일 것이다.

물론 때로는 호통이 약이 될 수도 있다. 사약으로 쓰는 비상(砒霜)도 미량은 병을 치료하는 약으로 쓰지 않던가. 직장의 분위기가 해이해지고 잦은 실수가 발생할 때 호통으로 긴장감을 불어넣을 수는 있다. 심기일전의 계기를 마련하는 것이다. 호통은 비상처럼 극약처방으로 인식해야 한다. 호통은 아무 때나 꺼내 복용하는 상비약이 아니다.

상습적인 호통은 조직 전체로는 상사를 두려워하는 경직된 문화를 낳는다. 겁먹은 조직은 눈치를 보고 냉소주의가 만연한다.

잘해보겠다는 의욕보다는 욕 안 먹겠다는 보신이 자리를 잡는다. 불필요한 오해와 갈등이 생기고 안정감을 상실한다. 호통은 조직을 멍들게 한다.

직장은 삶의 터전이다. 생애의 많은 시간을 직장에서 보낸다. 직장인은 직장에서 행복과 보람을 찾아야 한다. 우리는 행복한 기업에서 일할 수 있는 권리가 있다. 직장이 오너나 상사의 기분풀이 장소가 되어서는 안 된다. 기업은 그들만의 전유물이 아니다.

행복한 기업 만들기를 위해서는 호통을 규제할 수 있는 장치를 마련해야 한다. 상사가 호통을 치든 말든 그것은 그의 개인적인 문제라고 치부해서는 곤란하다.

호통이 그 사람의 인격과 리더십에 해당되는 것이라고 생각할 수만은 없다. 호통에 중독된 상사는 마약중독자와 다를 바 없다. 그가 호통으로 유발하는 사회적 폐해는 이루 말할 수가 없다.

인격을 무시하는 심각한 호통은 직장 내에서 추방되어야 한다. 언어폭력으로 간주해서 규제해야 한다. 상습적으로 호통을 치는 오너나 상사라면 심리 치료를 진지하게 고려해보아야 한다.

일 잘하던 그가 옷을 벗은 이유

기사도 잘 쓰고 특종도 많이 내 칭찬을 한 몸에 받던 기자가 있었다. 그는 자타 공히 편집국장을 할 것으로 기대를 모았다. 하지만 그가 부장으로 승진한 이후 예상이 빗나가기 시작했다. 그가 소속된

부서의 기자들은 그와 같이 일하기를 꺼렸다. 그가 옮겨가는 부서마다 조직관리의 문제가 따라다녔다. 그는 결국 편집국장을 못한 채 회사를 떠났다.

이처럼 평기자 시절 잘나가더라도 부장이 되면서 몰락하는 경우를 자주 본다. 왜 똑똑하던 사람이 직급이 올라가면 오히려 추락하는 것일까?

옆에서 지켜보면 이유는 의외로 간단하다. 직급이 올라갈수록 개인 능력보다 소통능력이 중요해지는데, 그 역할을 제대로 못했기 때문이다. 조직생활을 하다 보면 하위직급에 있을 때는 자신의 일만 잘 챙기면 인정을 받을 수 있다. 하지만 팀이나 부서의 리더를 맡게 되면 혼자서만 잘한다고 되는 게 아니다. 팀이나 부서 전체를 잘 챙겨야 한다.

기자로서 개인의 능력은 인정받았지만 조직관리에서 실패하는 데스크는 흔하다. 데스크가 되어서 자신의 일방적인 생각을 지시하기 때문이다. 후배 기자가 사소한 실수를 해도 가차 없이 질책하고 부서원들이 아이디어를 내도 귀담아 듣지 않고 무시한다. 그러다 보면 부서원들과의 사이에 벽이 생기고 기피 인물로 낙인이 찍힌다. 능력 있는 기자들은 그 부장을 떠나 다른 부서로 전출을 희망한다. 결국 그들은 소통의 실패로 자신의 꿈마저 접어야 한다.

이와 반대로 기자 시절에는 큰 주목을 끌지 못하다가 간부가 되어서 두각을 나타내는 사례도 적지 않다. 기자들이 잘 따르고 존경하는 데스크는 대개 소통능력이 좋다. 이들은 자신의 주장을 일방적

3강 | 인덕(仁德)

으로 지시하는 부류가 아니다. 부서원들의 의견을 존중한다. 그리고 부서원들의 아이디어와 애로사항에 대해서 진지하게 경청하는 모습을 보인다.

소통과 관련해 켈의 법칙(Kel's law)이 주로 인용된다. 이는 피라미드형 조직에서는 직급이 한 단계씩 멀어질수록 심리적 거리감이 제곱으로 커져서 직급 간에 두꺼운 벽이 생긴다는 법칙이다. 동료 간의 거리가 1이라면 부하직원과 바로 위 상사와의 거리는 2가 되고, 이때의 심리적 거리감은 2가 아닌 4가 된다는 얘기다. 그러니 대부분 몇 직급 아래의 직원이 감히 리더에게 다가가기 어렵다고 느끼는 것은 당연하다.

심리적 거리감은 회사나 조직 내의 효율적인 커뮤니케이션 활동에 큰 영향을 주게 된다. 권위적인 조직일수록 구성원과 상사 간의 관계에서 훨씬 더 심리적 거리감을 느낀다. 구성원들은 탁월한 재능과 능력이 있음에도 불구하고 심리적 거리감 때문에 자신의 의견을 제대로 말할 수 없을 정도로 위축되기 마련이다. 그런 분위기에서 어떻게 리더와 진지한 대화를 할 수 있겠는가.

리더는 많으나 좋은 리더는 흔치 않다. 좋은 리더가 되기 위해서는 먼저 마음을 열고 다가가는 노력이 있어야 한다. GE의 최고경영자였던 잭 웰치는 "훌륭한 리더십은 IT기술을 잘 활용하는 사람보다 필요한 순간에 얼굴을 마주하며 문제를 함께 풀어가는 사람에게서 볼 수 있다. 왜냐하면 리더십은 친밀감과 신뢰를 바탕으로 하기 때문이다"라고 말했다.

또 존슨앤존슨의 CEO였던 짐 버크는 "나는 재직 중 일과의 40퍼센트를 직원들과 의사소통을 하는 데 할애했다. 그만큼 커뮤니케이션이 중요한 것이다. 그중에서도 가장 중요한 것은 경청이다"라고 말한 바 있다.

먼저 인사하는 작은 습관

여기서는 소통능력을 키워주는, 쉽지만 아주 효과적인 방법 한 가지를 소개하고자 한다. 바로 먼저 인사하기가 그것이다. 아침에 출근하여 만나는 직장 동료나 상사에게 어떤 모습을 보이고 있는가. 서로 앞다투어 활기차게 인사를 하는가, 아니면 슬그머니 자기 자리로 가서 컴퓨터를 주섬주섬 켜면서 하루 일과를 시작하는가. 어쩌다 마주친 동료의 눈길에 미소를 보내는 대신 멀뚱멀뚱 쳐다보다 고개를 슬쩍 돌리는가.

언제부터인가 아침에 인사하는 소리가 잘 들리지 않는 조직이 늘어가고 있다. 인사는 회사의 친절을 가늠하는 가장 기본적인 척도다. 인사는 회사의 사기를 보여주는 지표다. 서로 인사하는 분위기를 보면 회사가 처한 상황을 가늠해볼 수 있다.

인사는 모든 예절의 기본이다. 일상의 인간관계에서 말이나 태도로 존경, 사랑, 우정을 표시하는 행동양식이다. 인사는 인간관계를 원활하게 하기 위한 행위다. 사람됨의 인상을 결정짓는 첫 관문이 인사다. 인사는 나를 돋보이게 만드는 하나의 행동이다. 나를 매너 있는 사람으로 만들어준다. 인사는 사회생활을 하는 데 기본이다. 절대로 소홀히 할 수 없는 제스처다. 인사는 고객 서비스의 첫 동작이자 마지막 행동이다.

인사 잘하는 사람 중에 불친절한 사람이 없고 친절한 사람 중에 인사 못하는 사람이 없다. 하루를 기분 좋게 시작하려면 먼저 인사를 하면 된다. 상대방이 인사에 어떤 반응을 보일지 연연할 필요 없다. 내가 상대방에게 작지만 소중한 기쁨을 주려는 마음을 갖고 인사를 하면 된다. 인사를 잘하는 사람 얼굴에 침뱉을 사람은 없다. 톨스토이는 "어떠한 경우라도 인사는 부족하기보다 지나칠 정도로 하는 편이 좋다"고 말했다.

인사는 동지의식을 느끼게 하는 촉매제가 된다. 어려운 일이든 즐거운 일이든 함께한다는 생각을 갖게 한다. 인사를 잘하다 보면 서로의 마음이 통하게 된다. 비전을 함께하는 조직의 리더가 되려면 인사를 먼저 하는 습관을 가져야 한다.

통하고 싶다면 먼저 버려라

問

소통의 중요성을 절감합니다.
소통이 잘 되는 조직문화를 뿌리내리게 하기 위해서는 어떻게 해야 할까요?

答

소통은 상대를 위해 나를 버리는 싸움입니다.
내가 편한 대로 하려는 것이 소통의 적입니다.
소통을 잘하려면 신뢰부터 쌓아야 합니다.

소통을 위한 5가지 기술

소통을 잘하려면 우선 5가지 기술을 익힐 필요가 있다.

첫째, 공감력을 높여야 한다. 조직 내 다양성을 인정해야 한다. 다양한 아이디어, 정보, 감정을 배려해야 한다. 소통은 차이를 인식하는 데서 시작된다. 내 입장에서 나의 경험이나 가치를 강요해서는 안 된다. 상대방의 입장에서 그들의 생각과 가치를 이해하려는 노력을 보여야 한다. 감수성을 지녀야 한다.

둘째, 간결함을 유지해야 한다. 말할 때는 중언부언을 피해야 한다. 상대방이 못 알아들을 것이라는 착각은 금물이다. 상세하게 반복해서 말하면 더 잘 설득될 것이라는 생각이 잔소리를 낳는다. 장황설과 잔소리는 상대방의 귀를 닫게 만든다. 건성으로 듣는 체하게 유도하는 것이다. '듣기 좋은 꽃노래도 한두 번이지'라는 속담을 염두에 두자. 절제가 힘이 있다. 간결함에 소통의 아름다움이 배어 있다.

셋째, 감정을 자제해야 한다. 소통의 실패는 신중함을 상실하는 데서 비롯된다. 사람은 누구나 선택적 인지를 하려고 한다. 과거의 경험에 비추어 유사한 사물을 자기방식으로 해석하고 판단하는 경향을 보인다. 작은 단서로 전체를 꿰맞추려는 추론을 좋아한다. 우리의 뇌가 일을 하고 있다는 것을 보여주기 위함인지도 모른다. 또한 상대방의 말을 끝까지 듣지 않고 중간에 끊으려고 한다. 여기서 편견과 오해를 유발한다. 화를 참지 못하고 쉽게 흥분하는 것도 소통을 가로막는 장애물이다.

넷째, 신뢰와 일관성을 유지해야 한다. 평소 서로에 대한 신뢰와 믿음이 부족하다면 건강한 소통이 이루어지기 어렵다. 상대방이 좋은 이야기를 해도 액면 그대로 받아들이지 않는 것은 불신 때문이다. 상사는 특히 일관성을 유지하는 데 신경을 써야 한다. 신뢰와 일관성을 유지하기 위해서는 정직해야 한다. 그리고 항시 진정성을 가지고 대화를 해야 한다. 상황에 따라 말을 바꾸는 리더는 신뢰를 받을 수 없다. 본인은 임기응변에 강하고 사고가 유연하기 때문이라고 항변할지 모르나 계속 지켜보는 입장에서는 에고이스트라는 인상을 받게 된다.

다섯째, 소통에는 다양한 테크닉이 필요하다. 똑같은 말이라도 어떻게 전달하느냐에 따라 받아들이는 것이 달라진다. 소통하는 테크닉을 익혀야 한다. 지적보다는 칭찬을 많이 해야 한다. 상대방의 주장에 맞장구를 쳐주는 배려가 필요하다. 어려운 이야기는 사례와 비유로 쉽게 설명하는 것이 좋다. 너무 긴 이야기는 역효과를 낼 수 있으니 조심해야 한다. 유머를 섞어 대화의 즐거움을 배가시키는 것은 좋은 습관이다. 목소리에 힘을 빼고 부드러운 말씨를 유지하는 것은 무엇보다도 중요한 대화의 기술이다.

호통은 일방적 커뮤니케이션이고 소통은 쌍방적 커뮤니케이션이다. 호통의 끝은 스트레스지만 소통의 결과는 이해와 공유다. 행복한 직장은 호통이 사라지고 소통이 깃드는 곳이다. 직장인이라면 누구나 소통이 잘되는 기업에서 일하고 싶어한다. 소통은 막히지 않고 잘 통하는 것이다. 뜻이 서로 통하여 오해가 없는 상태다. 소통이 잘되면 그래서 즐거운 것이다. 정서적 연대감과 친밀감을 갖게 된다. 대화를 하면 할수록 더 자주 대화를 하고 싶은 마음이 생긴다. 고충은 나누어서 줄어들고 행복한 감정은 공유해서 배가된다. 이것이 소통의 법칙이다.

'3결'로 소통의 달인이 되자

윗사람이 힘든 것은 구성원들로부터 박수갈채보다는 불평불만을 더 많이 접하기 때문이다. 본인 스스로 열심히 했다고 자부하지만 평가는 그렇지가 않다. 자신이 잘했다고 생각하는 부분에 대해 구성원들의 칭찬은 인색하다. 구성원들은 리더의 흠결에 대해 불만이나 비판을 쏟아놓는다.

좋은 것은 누구나 공감해서 하나로 모아지지만 불만은 각양각색으로 표출된다. 한 사람마다 각자 불만을 한 가지씩만 말해도 불만이 산처럼 쌓이게 된다. 리더들이 구성원과의 집단대화에 공포를 느끼는 것은 당연하다. 그래서 리더들은 가급적 구성원들과 접할 기회를 줄이거나 회피하려고 한다. 그러나 이는 더 어려운 길로 빠져드는 것이다. 소통이 약화되고 오해만 쌓이게 된다.

리더는 볼멘소리를 들어주는 인내가 필요하다. 고통스러워도 참고 들어야 한다. 어설픈 변명이나 성급한 책임을 들먹이면 곤란하다. 그저 들어주는 인내만이 소통으로 나아가는 지름길이다. 리더가 소통을 가장 힘들어하는 것은 이처럼 무한한 인내를 요구하기 때문이다.

소통을 잘하기 위해서는 스스로 자신을 단련시키는 것이 중요하다. 올바른 소통을 하기 위해서 갖추어야 할 덕목으로 '3결'을 기억하자. 3결은 탐욕에 때 묻지 않은 '순결'한 마음, 복잡하지 않고 깔끔한 '간결'한 언어, 언제나 변함없는 '한결'같은 행동을 말한다. 리더는 도덕성과 윤리를 갖추고 이를 먼저 보여주어야 한다. 오너가 자신은 회사 돈과 개인 돈의 구분을 흐릿하게 하면서 직원들에겐 법인카드 사용에 대한 올바른 지침을 설파한다면 얼마나 먹히겠는가.

오너가 자신의 과시를 위해 그다지 필요하지도 않은 회사 행사를 화려하게 벌이면서 직원들에게 복사지를 아끼라고 한다면 제대로 영이 서겠는가. 오너가 직원더러 자신의 가족 일을 챙기도록 하면서 직원들에게 업무시간엔 사적 통화를 자제하라고 하면 설득력이 있겠는가. 순결한 마음으로 공과 사를 구분하여 솔선수범할 때 직원들은 따르게 된다.

리더는 대개 잔소리가 심하다. 회의시간이든 면담시간이든 장황한 잔소리를 늘어놓는 경우가 많다. 잔소리는 이기심의 표출에 불과하다. 상대에 대한 깊은 애정보다 자기 욕심이 더 강할 때 잔소리가 길어진다. 잔소리는 또한 자신이 갖는 불만을 해소하는 방편으로 쓰인다. 진정으로 부하를 위하는 마음이 있다면 지루한 잔소리가 아니라 감정이 절제된 코치를 할 것이다. 그래서 리더의 말은 복잡하거나 장황하지 않아야 한다. 부하직원들도 현명하기 때문에 지루한 설명이 필요없다. 말을 적게 해야 그만큼 듣는 시간이 늘어날 수 있다. 리더의 언어구사는 간결할수록 힘이 실린다.

변덕이 심한 리더는 조직을 어렵게 만든다. 구성원들에게 불안감을 주고 지나치게 눈치를 보게 한다. 구성원들은 리더의 복심을 읽는 데 많은 시간을 허비한다. 리더의 화를 피하려고 안간힘을 쓰게 된다. 리더가 좋아하는 안전한 아이디어만 내놓게 된다. 그래서 리더는 예측 가능해야 한다. 리더가 일관성을 갖추면 사람들은 언제 어떻게 해야 하는지 가늠할 수 있다. 행동의 일관성은 또 구성원들에게 안정감을 심어준다. 리더가 한결같은 행동을 할 때 신뢰를 얻게 된다.

어떻게 나누고 포용할 것인가?

작은 팀 프로젝트를 하는데도 팀원들이 제각각 따로입니다.
어떻게 해야 이들의 능력을 한데 모아 이끌어갈 수 있을지 고민입니다.

일을 하려면 사람의 마음부터 얻어야 합니다.
'억지춘향'으로는 성과를 낼 수 없습니다.
배려와 포용이 마음을 여는 열쇠가 됩니다.

인테크 시대, 마음을 얻으려면

우리는 인(人)테크 시대에 살고 있다. 일을 하려면 사람을 얻는 것
이 중요하다. 단순히 사람을 모으는 데 그치는 것이 아니라 사람의
마음을 얻어야 한다. 필요한 인재를 얻어 비전을 공유하고 함께 호
흡하며 일할 때 비로소 원하는 것을 이룰 수 있다.

포용력이 있을 때 진정한 인재가 보이는 법이다. 뜻을 세웠다면
사람을 얻는 데 소홀함이 없어야 한다. 물론 작은 이익이라도 얻으
려 몰려드는 뜨내기들에게 만족해서는 안 된다. 인재를 탐해야 한

다. 인재를 얻기 위해서는 몸을 사리지 말아야 한다. 그리고 일단 마음을 준 인재에 대해서는 의리를 지켜야 한다. 공짜 점심이 없듯이 충성도 공짜로 얻어지는 것이 아니다.

송(宋)나라 진종(眞宗) 때 구준(寇準)이라는 재상이 있었다. 그는 유능하고 지혜롭지만 관운이 따르지 않은 젊은이들을 과감히 발탁하여 나라의 일꾼으로 삼았다. 정위(丁謂)도 그런 젊은이 가운데 한 사람이었다. 말하자면 정위에게 구준은 큰 은인이었던 셈이다.

어느 날 구준이 조정 대신들과 식사를 하는 자리에서 국을 먹다가 수염에 음식 찌꺼기를 묻혔다. 몇 사람 건너 앉아 있던 정위는 그런 구준의 꼴을 보기가 민망했다. 본인은 수염이 더러워졌는지도 모르고, 주위 사람들은 실세인 구준을 어려워하는 처지라 애써 모르는 척 외면하고 있었다. 이렇듯 딱한 모습에 참다못한 정위가 슬그머니 일어나 구준에게 다가가 자기 소맷자락으로 구준의 수염에 묻은 음식 찌꺼기를 공손히 닦아주었다. 이에 구준은 흠칫 놀라면서 "한 나라의 중신이 어찌 윗사람의 수염까지 털어준단 말이오!"라며 정위를 냉정하게 꾸짖었다. 정위는 무안하여 금세 얼굴이 새빨개졌다. 그는 자기 자리로 가지도 못하고 고개를 숙인 채 도망치듯 물러가고 말았다.

그 후 구준은 결국 정위에 의해 실각하고 지방으로 쫓겨났다. 여기서 수염의 먼지를 털어준다는 불수진(拂鬚塵)이란 말이 유래했다. 윗사람의 환심을 사려고 아첨하거나 비굴하게 구는 태도를 비유하는 말로 쓰인다. 하지만 구준이 정위의 행동에 대해 편잔을 준 것은 그가 체통을 지키지 못한 것에 대한 비판이라기보다 오히려 대신들 앞에서 자신의 민망함을 감추기 위해서였다는 사실에 주목할 필요가 있다. 정위의 입장에서는 존경하는 은인에 대한 호의적 배려로 한 일이 아첨으로 비쳐져 더할 수 없는 창피를 당한 셈이 됐다. 정위의 구준에 대한 존경심은 구준의 말 한마디로 증오심으로 바뀌게되었다. 결국 구준은 자신의 수하를 원수로 만들어 앙갚음을 당하고 말았다.

삼국시대 영웅인 조조는 구준과 달리 관용으로 신하들의 마음을 얻었다. 조조는 관도(官渡)대전에서 원소(袁紹)를 대파하고 화북의 지배를 확립한다. 승전 이후 원소의 문서 창고를 정리하던 중 조조 진영의 인사들이 원소와 비밀리에 주고받은 문서가 무더기로 발견됐다. 원소가 승리할 경우에 대비해 조조의 신하들이 항복의 뜻을 담은 편지였던 것이다. 조조는 자신을 배반하여 원소에게 투항하려고 했던 신하들을 어떻게 생각했을까? 조조는 문서를 보지 않고 모두 불태우도록 명령했다. 조조는 신하들에 대한 의심의 화근을 불태우고 신하들의 마음을 얻었다.

나에게 왜 인재가 안 모여드는지, 왜 인재가 자신을 떠나려고 하는지 항상 자문해볼 일이다. 사람을 얻기 위해서는 그 사람을 믿고 존중하는 것이 무엇보다도 중요하다. 사람은 자기를 아껴주는 사람을 위해서는 의리를 지키려고 하는 반면, 무안을 줘서 자존심에 상처를 주는 사람에 대해서는 앙갚음을 하려고 한다. 이것이 세상사의 이치다. 불필요하게 적을 만들지 말아야 한다. 언제 부메랑이 되어

돌아올지 모르기 때문이다.

도량이 인재를 품을 공간이다

경영을 하다보면 정말 인재에 목마름을 느낀다. 특히 조직에서 핵심 역할을 해줄 중간간부급 인재에 대한 욕심은 클 수밖에 없다. 기업이 발전하기 위해서는 중간간부의 역할이 정말 중요하기 때문이다. 직원들은 CEO보다도 직접적으로 일을 같이하는 중간간부가 누구냐에 따라 능력을 발휘하는 정도가 크게 달라진다. 직원들의 능력을 배가시켜 성과를 크게 내도록 하는 간부가 있는가 하면 일하는 맛을 떨어뜨려 직장마저 싫어지게 만드는 간부도 있다.

인재를 얻으려면 도량이 넓어야 한다. 도량은 인재들에겐 숨 쉴 공기와 같고 헤엄칠 물과 같은 것이다. 물과 공기가 부족한 옹졸한 사람에겐 인재가 머물기 어렵다. 사소한 실수에도 큰 화를 입을 수 있기 때문이다. 인재를 얻고 싶으면 먼저 자신의 포용력을 살펴볼 필요가 있다.

앞서도 언급했듯이 당나라 태종 이세민은 자신을 죽여야 한다고 목소리를 높였던 위징을 과감하게 기용했다. 측근들의 강한 반대에도 불구하고 위징을 포용했기에 추앙받는 정치를 펼칠 수 있었다. 춘추시대 제나라의 환공도 즉위할 무렵 형인 규(糾)의 편에 서서 자신을 죽이려고 했던 관중을 포용했다. 환공은 관중을 재상으로 기용한 다음 그의 충언을 받아들여 부국강병을 도모할 수 있었다.

인재는 자신의 뜻을 펼칠 수 있는 군주를 찾게 된다. 자신을 알아주는 군주에게 충성하게 된다. 따라서 군주는 인재를 알아보고 인재를 중용하는 능력을 갖추어야 한다. 또 한 번 기용한 인재에 대해서는 누가 뭐라고 비난해도 감싸주는 포용력이 있어야 한다. 인재를 기용하는 것마저 주변 사람들의 눈치를 살피면 진심으로 뜻을 함께할 인재는 사라지고 말 것이다.

군주는 백성의 목소리에 귀를 기울여야 한다. 백성에게 덕을 베풀어야 한다. 『서경(書經)』에도 '군주가 덕으로써 백성을 사랑하면 백성도 군주를 경애한다. 그러나 군주가 무도하면 백성은 이반한다. 가히 두려워할 일이다'라고 경고했다. 하지만 변화무쌍한 민심에 흔들리는 갈대가 되어서는 안 된다. 포퓰리즘으로 민심을 사로잡으려고만 해서도 안 된다. 민심을 경청하고 옳고 그름을 잘 따져서 결정하라는 이야기다. 특히 여론에 휩쓸려 인재를 내치는 것은 심사숙고해야 할 일이다.

마키아벨리는 지도자의 처신에 대해 "많은 지도자들은 적을 만들지 않고 누구에게나 사랑받기를 원한다. 하지만 그러한 처신은 오히려 부정적인 결과를 가져온다"고 했다. 마키아벨리는 강력한 두 이웃 나라가 싸우게 될 경우 어느 한쪽에 대한 분명한 지지를 표명해야 한다고 주장했다. 만약 중립을 지키다가는 승자의 전리품이 되거나 패자의 조롱거리가 될 것이라고 했다. 그는 승자든 패자든 어려울 때 도와주지 않는 의심스러운 친구는 원하지 않을 것이라고 강조했다. 애매모호한 입장을 취하면 동지는 사라지고 외면받게 된다는 이야기다.

　리더가 되려는 사람은 인기만을 고려해서는 안 된다. 사람들로부터 칭송 받기만을 바라지 말고 사람들이 원하는 바를 실행하려고 노력해야 한다. 자신이 선택한 인재에 대해 이런저런 이야기가 나온다고 해서 줏대 없이 그를 멀리 해서는 안 된다. 왜 그를 선택했는지를 설득시켜야 한다. 또한 참모들의 실수를 감싸주는 아량도 있어야 한다. "인재를 계발하고 성장시키는 일은 리더십의 가장 중요한 요소다. 지도자의 가장 가까이에 있는 사람들이 그 지도자의 성공 여부를 결정한다. 많은 사람들이 성공하기를 기대하는 사람이 대부분 성공한다. 세상은 이런 지도자를 원한다"라는 존 맥스웰의 말을 음미해볼 필요가 있다.

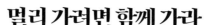

멀리 가려면 함께 가라

─── 問 ───
경영진과 직원들이 따로 놀 때가 많습니다.
소통의 비결이 없을까요?

─── 答 ───
멀리 가려면 비전을 공유해야 합니다.
바다에 대한 동경심을 가져야 배를 만들 의욕이 생깁니다.
회사 경영상황을 밝히는 소통을 해야 합니다.

먼 바다를 항해하는 법

직원들이 회사에 대해 회의를 느끼기 시작하면 온갖 부정적인 생각들이 떠돌게 된다. 엄청나게 일을 시키는데 이것이 꼭 해야 할 일인지는 확신이 안 선다. 이렇게 해서 우리 회사 상품이 잘 팔릴지 의문이다. 경영진이 하는 행태로 봐서 과연 믿고 따라야 하는지도 알 수 없다.

이것저것 일을 하라고 보채니까 하기는 한다. 하지만 힘에 부친다. 다들 바쁘게 움직이긴 하지만 능률이 오르지 않는다. 일을 하면서 느끼는 보람이나 즐거움이 없다. 회사를 계속 다녀야 하는지 아니면 그만두어야 하는지 헷갈린다. '멘붕' 상태라는 말이 절로 나온다.

경영자는 회사의 발전을 위해 방향을 제시한다. 직원들을 그 방향으로 움직이도록 유도한다. 하지만 비전을 공유하지 않은 채 몰아붙이는 경우가 의외로 많다.

방향을 설정했으니 따라오기만 하면 된다는 식이다. 각자 시키는 대로 자기 일을 잘 수행하면 된다는 것이다. 불평불만은 조직에 해가 되니까 용납할 수 없다는 분위기를 만들려고 한다. 현명한 직원들을 바보로 취급하는 꼴이다.

직원들은 대개 회사의 비전을 이야기한다. "회사가 왜 이런 일을 하는지 모르겠다. 회사가 어디로 가려고 이 모양인가." 회사가 하는 일이 직원들의 마음을 불편하게 할 때 직원들의 사기는 급속직하로 곤두박질친다.

『손자병법』은 사기(士氣)가 약한 군대는 필패한다고 기술하고 있다. 장교가 강하고 병사들이 약하면 그 결과는 붕괴다. 병사들이 강하고 장교가 약하면 군대는 말을 듣지 않는다. 장수가 약하여 위엄이 없고 그의 지시가 명확하지 않고 장교와 병사들에게 일관성 있는 행동을 보여주지 않으며 병사들이 진을 칠 때도 제멋대로라면 이러한 군대는 혼란에 빠진다.

손자는 또 패배를 불러오는 장수의 잘못된 리더십에 대해 "첫째 적군의 병력을 잘 헤아리지 못하고, 둘째 권위가 없고, 셋째 충분한 교육과 훈련을 실시하지 않고, 넷째 쓸데없이 화를 내고, 다섯째 규율을 지키지 않고, 여섯째 정예부대를 투입하지 않는다"라고 적시하고 있다.

회사의 장기적인 문제를 해결하기 위해서는 회사의 미래에 대한 그림을 확실하게 그려야 한다. 회사의 현재와 미래에 대한 포지셔닝을 명확하게 해야 한다.

이렇게 해서 만들어진 비전은 설득력이 있어야 한다. 왜 그러한 방향을 설정하는지, 그 방향으로 나아갔을 때 도달하는 목표점이 어디인지, 지금 상황에서 최선의 선택인지 등에 대해 직원들이 공감할 수 있어야 한다.

직원들은 그들이 공감하고 그들을 받쳐주는 비전이 생기면 일에서 보람과 의미를 찾게 된다. 회사에 대한 비전을 공유하게 되면 직원들은 강한 동기를 유발할 수 있다. 목표 달성을 위해 폭발적인 에너지를 분출시키는 힘도 갖게 된다. 그들이 스스로 잠재력을 발산시킴으로써 회사 전체를 끌고 가는 견인력이 자연스럽게 생긴다.

프랑스의 작가 생텍쥐베리는 비전 공유의 중요성에 대해 이렇게 말했다.

"만일 당신이 배를 만들고 싶으면, 사람들을 불러 모아 목재를 가져오게 하거나 일을 지시하거나 일감을 나눠주거나 하지 마라. 대신 그들에게 저 넓고 끝없는 바다에 대한 동경심을 키워주어라."

똑같은 일을 해도 마지못해서 하는 경우와 의욕적으로 하는 경우는 큰 차이가 있다.

비전 공유의 힘은 회사에 강한 활력을 불어넣는다. 회사가 하나의

지고한 목표를 세우고 경영진이 강한 의지를 갖고 그것을 달성하기 위해 최선을 다한다는 사실을 모든 직원들이 잘 알고 있을 때 신명 나게 일하고 싶은 회사 분위기가 만들어진다. 회사의 사기가 충천하는 것이다.

사기란 조직 구성원이 조직의 목표 성취에 기여하겠다는 의욕을 말한다. 어떤 일을 수행함에 있어서 몸과 마음이 기운으로 넘쳐 굽힐 줄 모르는 씩씩한 기세가 사기다.

직원이 행복하게 일하고 회사가 성공하기 위해서는 사기가 필수 요건이다. 조직을 이끄는 리더는 비전 공유가 사기의 자양분임을 알아야 한다.

반드시 공유해야 할 3가지

많은 직원들은 오너의 공통점에 대해 이렇게 말한다. "의심이 많다, 변덕이 심하다, 보상에 인색하다." 기업을 일으켜 성장시키려면 독하게 기업을 경영해야 할 것이다. 그러다 보면 직원들로부터 좋은 얘기를 듣기보다 그렇지 못한 경우가 더 많을 수 있다. 오너들의 기업가정신은 존경받아야 한다. 하지만 안타깝게도 일부 오너들의 도에 지나친 탐욕이 전체 기업가에 대한 인식을 부정적으로 만드는 측면이 없지 않다.

직원들이 느끼는 오너에 대한 부정적 감정은 그들이 신뢰보다는 이중성을 보여줬기 때문이다. 말하는 것과 행동하는 것이 따로 놀고 있을 때 직원들의 신뢰가 깨어지는 것이다. 말로는 주인의식을 갖고 다함께 발전하자고 한다. 하지만 행동은 성과를 내기 위해 직원을 도구처럼 부리려고 한다. 말로는 사회에 기여하는 좋은 기업을 만들자고 한다. 행동은 회사의 이익을 극대화하도록 채찍질 한다. 말로는 성과를 함께 나누자고 한다. 행동은 이런저런 핑계를 대면서 성과에 대해 제대로 보상하지 않으려고 한다. 가끔 직원들의 분위기가 심상찮을 때 마지못해 인센티브를 주는 경우도 있다.

자신의 말 바꾸기에 대해서는 변화와 혁신으로 포장한다. 직원이 경영목표를 달성하지 못하면 약속 위반이라는 잣대를 들이댄다. 이러한 이중성으로는 존경을 받을 수가 없다. 오너의 리더십이 제대로 작동될 수 없다. 궁극적으로 기업의 지속 성장을 담보할 수도 없다. 기업이 지속 성장을 하려면 오너와 경영자는 진정성과 일관성을 갖추고 있어야 한다. 기업은 대주주의 돈벌이만을 위해 존재하는 것이 아니라는 것을 인식해야 한다. 기업은 가치를 창출하기 위해 존재한다는 것을 알아야 한다. 기업을 혼자서 이끌어가려는 독선을 버리고 함께 발전을 도모해야 한다.

기업을 이끌어가는 리더가 아무리 훌륭한 생각을 가지고 있다고 하더라도 이를 직원들과 공유하지 못하면 오해를 받을 수 있다. 기업을 함께 성장시키기 위해서는 비전 공유가 무엇보다 중요하다. 회사의 비전과 개인의 비전이 일치해야 한다.

회사의 발전이 곧 나의 발전이라는 인식을 갖게 해야 한다. 오너나 경영자와 전 직원이 회사의 미래에 대한 그림을 함께 그리고 또

수정해나가는 과정의 공유가 있어야 한다. 그래야 회사를 위해 열심히 일하면 나의 미래가 밝게 보장된다는 생각을 가질 수 있다. 지금은 다소 힘들지만 회사 발전이 나의 발전으로 이어지리라는 확신이 생길 수 있다. 비전이 공유되면 저절로 일할 맛이 날 것이다.

비전과 함께 가치를 공유해야 한다. 회사의 존재가치를 다 같이 인정하고 신뢰해야 한다.

회사가 사회와 고객들에게 어떤 가치를 선사할 것인지에 대해 공감하고 이를 자발적으로 실천하도록 해야 한다. 가치 있는 일을 신나고 즐겁게 하고 그 대가로 회사는 이익이 쌓이게 된다는 인식을 갖게 해야 한다. 가치 있는 일을 하고 있다는 보람과 자부심을 느껴야 좋은 성과를 올릴 수 있다.

마지막으로 결실을 공유해야 한다. 이익이 발생하면 합리적 배분 기준에 의해 나눠갖는 구조를 만들어야 한다. 시혜 차원의 인센티브가 아니라 직원이 회사의 주인이라는 관점에서의 성과 배분이 이루어져야 한다. 그래야만 회사와 대주주, 경영진에 대한 신뢰가 쌓이게 된다. 회사가 이익을 내면 합리적으로 배분될 것이라는 믿음이 생긴다. 결실 공유에 대한 납득할 만한 시스템이 작동될 때 불필요한 갈등과 마찰이 사라진다. 군이 노조가 존재할 이유도 사라지게 된다.

직원을 주인으로 생각하고 이를 실천하려는 기업의 오너는 존경받을 수밖에 없을 것이다. 오너가 존경과 신뢰를 받으면 그 기업은 지속 성장의 새로운 모델을 스스로 창출하게 될 것이다.

귀가 두 개인 이유

공유를 위해서는 소통이 필요하다. 소통이 잘못되면 좋은 정책과 생각도 오해를 낳게 된다. 오해는 사실을 왜곡하고 갈등을 증폭시킨다. 원활한 소통이 이루어지려면 공감을 잘해야 한다. 공감을 하려면 상대방을 인정해야 한다.

우리는 거의 습관적으로 가까운 사람의 말을 잘 인정하지 않는 경향이 있다. 똑같은 말이라도 직장에서 부하가 하면 긴가민가하다가도 외부 사람이 하면 귀를 기울인다. 어느 날 갑자기 상사가 외부 전문가로부터 좋은 아이디어를 하나 얻었다며 흥분한 어조로 이야기를 한다. 조금 더 듣다 보니 예전에 자신이 제안했다가 퇴짜를 맞은 사안이다. 이럴 때 당사자는 속이 뒤집어질 수밖에 없다.

사람들은 동일한 사건이나 상황에 대해서 심리적 거리감에 따라 다르게 받아들인다. 심리적 거리가 먼 실체나 현상에 대해서는 높은 수준으로 해석한다. 반면 심리적 거리가 가까운 경우에는 낮은 수준으로 해석하는 것이다. 우리가 늘 접하는 배우자의 말은 대수롭지 않게 생각한다.

하지만 잘 모르는 사람이 하는 얘기는 귀담아 듣고 마음속에 새겨두려고 한다. 마찬가지로 업무에 정통한 부하의 얘기는 중요하게 생각하지 않다가도 외부 사람의 말은 신빙성이 있다고 받아들이는 것이다. 그 이유는 가까운 사이일수록 상대방에 대한 고정관념과 편견에 사로잡혀 공감에 필요한 정보를 수집하려 들지 않기 때문이다.

직장생활을 하면서 상사로부터 인정받고 있다는 생각을 하는 부하직원은 얼마나 될까? 몇 해 전 〈타임〉에 '부하직원 80퍼센트가 상사로부터 인정받지 못하고 있다'라는 기사가 실린 적이 있다. 지금 우리나라 직장인들도 이보다 더했으면 더했지 덜하지는 않을 것이다.

상사들이 부하를 인정하고 칭찬하는 데 인색한 이유는 뭘까? 삼성경제연구소는 그 이유로 5가지를 제시하고 있다.

첫째, '월급 받으려면 그 정도는 해야지'라고 성과에 대해 당연한 평가를 하기 때문이다. 둘째, 직원에 대한 기대수준 자체가 높아 성에 안 차기 때문이다. 셋째, 칭찬할 경우 자만하거나 버릇이 나빠질까봐 걱정하기 때문이다. 넷째, 부하직원이 잘하고 있는지 여부에 대해 모르기 때문이다. 다섯째, 부하직원을 인정하는 문화나 습관이 부재하기 때문이다.

칭찬은 고래도 춤추게 한다고 하는데 부하직원을 인정하고 칭찬하는 데 인색해서는 좋은 성과를 기대할 수 없다. 우리는 평상시에 공감 능력을 향상시키기 위해 노력을 기울일 필요가 있다.

세계적인 제약회사인 미국 화이자의 제프 킨들러 회장은 '경청형 리더'로 널리 존경받고 있다. 그는 매일 아침 1센트 동전 10개를 왼쪽 바지주머니에 넣고 집을 나선다. 회사에 출근해 직원들을 만나면 그들의 이야기를 경청한다. 그러고는 상대방의 이야기를 충분히 공감해주었다고 판단되면 왼쪽 주머니에 있는 동전 하나를 오른쪽 주머니로 옮긴다. 저녁에 퇴근하면 오른쪽 주머니로 옮겨간 동전 한 개당 10점씩 점수를 준다. 모든 동전이 옮겨갔으면 '100점'이라는 점수를 주는 것이다.

킨들러 회장은 경청의 의미에 대해 이렇게 말한다.

"하나님이 인간에게 귀 두 개와 입 하나를 준 이유가 반드시 있다. 우리는 말하는 것의 2배 이상을 들어야 한다. 경청의 의미는 중요한 정보를 캐치하는 데 머물지 않는다. 그밖에도 매우 중요한 의미가 있다. 다른 사람의 말에 중요한 정보가 있든지 없든지 간에 경청하는 행위 자체가 상대방에게 인정받는다는 느낌을 주어 긍정적인 에너지를 샘솟게 한다."

적당한 칭찬은 상대방의 자존심을 높여준다. 상대방의 말에 동조하는 공감은 원활한 의사소통이 가능해지도록 한다. 그래서 공감은 개인의 삶을 따뜻하게 만들어준다. 계층과 집단 사이의 갈등을 해소시켜준다. 조직의 발전을 촉진시켜준다. 행복한 가정과 직장은 모두 공감에 달려 있다고 해도 과언이 아니다.

직장생활은 행복해야 한다. 행복해지려면 소통이 잘되어야 한다. 아무리 일이 힘들어도 소통이 잘되면 일을 즐겁게 할 수 있다. 동료들과의 수평적 소통은 물론 상하 간의 수직적 소통이 잘 이루어져야 한다. 소통은 상호간의 신뢰를 높이고 일에 대한 만족도를 끌어올린다.

혁신
革新

흐름을 읽고 판을 주도하다

기업에도 영혼이 있다

問

기업도 수명이 정해진 생명체라는 생각이 듭니다.
기업이 존속하려면 무엇이 가장 중요할까요?

答

기업도 사람처럼 영혼이 있습니다.
핵심가치를 공유할 때 주인의식을 갖게 됩니다.
혁신을 하더라도 가치는 지켜야 합니다.

테세우스의 배

우리 몸은 수많은 세포로 이루어져 있다. 세포는 끊임없이 새로운 세포로 대체되면서 신진대사를 한다. 몸은 7년마다 새로운 세포로 다 바뀐다. 기업도 마찬가지로 신진대사가 일어난다. 기존의 임직원이 회사를 떠나고 새로운 사람으로 채워진다.

몸의 세포가 이처럼 교체되면 이전의 몸과 지금의 몸을 동일체로 볼 수 있는가? 임직원이 싹 바뀐 회사는 그 이전의 회사와 같은 회사인가? 우리가 동일하다고 인정한다면 그 이유는 무엇인가?

옛날 옛적에 그리스 남쪽 크레타 섬에는 사람의 몸에 소의 머리를 한 미노타우로스라는 괴물이 살았다. 이 괴물은 미궁 속에 갇혀 있었는데 사람의 고기만을 먹었다. 그래서 크레타 사람들은 바다 건너 약소국이었던 아테네 왕국에 해마다 선남선녀 각각 6명씩을 산 제물로 바치도록 했다.

아테네의 왕자 테세우스는 산 제물로 바쳐지는 젊은이들 사이에 섞여 미궁으로 들어가 괴물을 퇴치하고 아테네로 돌아왔다. 테세우스를 비롯한 아테네의 젊은이들이 크레타 섬에서 타고 돌아온 배에는 30개의 노가 있었다. 아테네인들은 테세우스의 업적을 기리기 위해 그가 타고 돌아온 배를 오래오래 보존키로 했다. 그후 아테네인들은 이 배가 썩어가자 낡은 널빤지들을 제거하고 새 목재를 그 자리에 바꿔가면서 무려 1천 년을 보존하기에 이르렀다.

배의 구성물이 달라지면서 아테네의 철학자들 사이에 이 배가 여전히 같은 배라는 의견과 더 이상 같은 배가 아니라는 의견이 분분했다.

17세기 철학자 토마스 홉스는 여기에 새로운 의문을 제기해 또 다른 혼란에 빠뜨렸다. 그는 "버려진 본래의 낡은 널빤지들을 모아 또 하나의 배를 만든다면 이 배가 진짜 테세우스의 배인가?"라는 물음을 던진 것이다.

이는 한 조직에 몸담고 있던 퇴사자들이 모여 새로운 조직을 만들었을 경우 기존 조직과 새로운 조직 중 어떤 것이 진짜일까 하는 물음과 같은 것이다. 흔히 얘기하는 테세우스의 배 또는 테세우스 패러독스는 이렇게 우리에게 역설적인 질문을 남기고 있다. 하나의 물체를 놓고 볼 때 그것을 구성하는 부품이 모두 바뀌어도 그것이 사실상 같은 물체인가?

몸은 세포가 바뀌어도 영혼이 바뀌지 않았기 때문에 동일한 인격체로 간주할 것이다. 마찬가지로 인적 구성이 달라진 회사를 동일하다고 보는 것은 기업정신이 같기 때문일 것이다. 어떤 조직체를 동일한 것으로 판단하는 것은 물질적 구성요소가 아닌 정신적 요소로 따져야 한다는 얘기다.

다시 말해 물질적으로 동일한 공간에 있더라도 그 인적 구성원의 생각이 바뀌면 다른 조직이 된다는 것이다.

기업 변화의 핵심은 그 기업이 가진 기업정신을 조직구성원들이 공유하고 있는지 여부에 달려 있다. 과거와 다른 기업으로 태어나고 싶다면 물질적 요소만 변화시켜서는 안 되고 정신적인 요소까지 변화시켜야 한다. 만약 기업의 핵심가치를 유지하여 동일한 기업으로 남고자 한다면 새로운 구성원에 대해서도 그 정신적 가치를 공유하도록 해야 할 것이다.

조직의 동질성은 그 구성원들의 정신적 합일에서 찾아야 하기 때문이다. 기업의 영혼인 기업정신이 달라지면 그 기업은 이름이 같더라도 그 이전의 기업과는 다른 기업이 되는 것이다.

물론 기업 스스로 영혼이 없다고 생각한다면 그것은 다른 문제다. 변화를 시도할 때는 지켜야 할 것과 버려야 할 것을 잘 구분해야 한다.

주인의식은 거저 생기지 않는다

사장의 입장에서 직원들이 주인의식을 갖기를 원하는 것은 당연하다. 일을 하면서 주인의식을 갖고 있는 것과 그렇지 않은 것은 엄청난 차이가 난다.

회사에 출근해서 복사지 한 장 아끼려는 마음이 자연스럽게 드는 경우와 억지로 마지못해 이면지를 사용하는 경우가 어떻게 같을 수가 있겠는가. 만약 직원 개개인이 자신의 사업을 한다면 누가 뭐라고 하지 않아도 경비를 최대한 줄이려고 애쓸 것이다. 당연히 이면지라도 사용하면서 비용을 최대한 아끼고 매출은 한 푼이라도 더 늘리려고 할 것이다.

자신이 직접 사업을 할 때와 직원으로 일할 때는 주인의식이라는 측면에서 차이가 드러난다. 그래서 경영진은 기업의 성과를 위해 주인의식을 주입하려고 애를 쓴다. 주인의식을 갖자고 구호를 외치고 실천 강령을 만든다.

하지만 주인의식은 강제로 불어넣는다고 생기는 것은 아니다. 특히 직원들에게 주인 대접은 하지 않고 주인처럼 일만 하라고 하면 주인의식은 공염불이 되고 말 것이다.

우리가 흔히 접하는 기업은 자본을 투입한 대주주가 주인이다. 직원들은 주인은 아니지만 주인의식을 갖기를 원한다. 주인의식은 기업 성과를 이끌어내는 경영적 수단으로 활용되기도 한다. 결실이 생기면 대부분 주인인 대주주의 몫으로 돌아간다.

직원들에게는 보너스로 성과급이 지급된다. 어떤 기업은 이익이 생겨도 이런저런 이유를 내세워 성과급 지급을 생략하기도 한다. 직원들은 이익이 발생했는데도 성과급이 기대에 못 미치거나 받지 못할 경우 배신감을 느끼게 된다. 이런 경우 주인의식이 생기기 어렵다.

기업의 주인이 대주주만 되어서는 안 된다. 기업에 참여하는 임직원 모두가 주인이 되어야 한다. 직원이 주인이 되면 인위적으로 주인의식을 굳이 강조할 필요가 없다.

당장 지분구조를 분배하거나 공유하기 어렵더라도 실제 주인이 임직원을 주인으로 대접해야 한다는 소리다. 그 노력은 어떤 식으로든 임직원들에게 공감을 얻어야 하는 것은 물론이다. 임직원이 다 같이 열심히 매출을 올리고 비용을 절감하여 이익을 내면 합리적으로 분배하게 된다. 기업은 개개인의 주인이 모여 일하는 운명공동체가 되는 것이다. 이처럼 기업의 주인에 대한 기본적인 인식이 달라져야 한다. 임직원이 모두 주인인 기업은 가치를 공유하고 결실을 나눠갖는 구조다. 당연히 경영의 투명성과 효율성은 높아질 수밖에 없다.

시대가 변하고 있다. 추종하던 시대는 지나가고 창조하는 시대가 다가오고 있다. 한때 세계를 제패했던 기업들이 창의력의 고갈을 겪으며 몰락하고 있는 현실을 우리는 지켜보고 있다. 산업화시대에서 직원을 생산수단으로만 여기고 효율성을 따지던 경영방식으로는 더 이상 앞서갈 수 없다.

큰 틀에서 변화와 개혁이 필요한 시점이다. 판을 바꿔야 한다. 과거의 사고와 방식으로는 미래를 기약할 수 없다. 임직원이 주인이 될 때 창조적인 가치를 만들어낼 수 있다. 억지로 주인의식을 고취하려고 애쓰는 것보다 주인이 되게 하는 것이 더 낫다.

성장이 곧 성공은 아니다

問

하나를 얻으면 또 하나를 갖고 싶은 것이 사람 마음입니다.
성장을 목표로 삼다보니 영혼이 고갈되는 느낌입니다.

答

성공이 곧 성공으로 대변되던 시대는 끝나고 있습니다.
성공에 대한 꿈은 권장해야겠지만 내 욕심만 채우려는 자세는
경계해야 합니다. 작은 이익을 위해 신의를 저버리면 안 됩니다.

황금똥을 누는 소

기업가는 스스로 절제하는 능력이 있어야 한다. 절제는 욕망을 이성으로 제어하는 힘이다. 사람은 누구나 욕심을 갖게 된다. 욕심은 인간의 본성이다.

좋은 물건을 보면 누구나 그것을 가지고 싶은 마음이 생기는 견물생심(見物生心)도 자연스러운 이치다. 사람은 이러한 본성과 동시에 이성을 가지고 있다. 아무리 욕심이 나더라도 자신의 물건이 아니거나, 자신의 분수를 넘어서는 물건이면 더 이상 탐내지 않도록 이성

이 억제한다.

　기업을 인수·합병하는 과정에서 팔려고 하는 상대를 지나치게 몰아붙이거나 납품하는 하청업체에게 이윤이 발생하지 못하게 인색하게 구는 거래는 삼가야 한다.

　이러한 행위는 그 건에 대해서는 이득을 얻을지 모르지만 신뢰는 잃고 만다. 경영을 하면서 신뢰를 잃으면 궁극적으로 모든 것을 잃게 된다.

　한 개인의 무절제한 욕심은 자신의 화로 끝날 수도 있지만 리더의 경우는 다르다. 그가 이끄는 조직을 몽땅 파멸시킬 수 있다. 작은 조직을 이끄는 리더나 기업을 경영하는 경영자나 국가를 이끄는 지도자나 항시 절제의 덕을 명심해야 한다.

　『사기』에는 이령지혼(利令智昏)이라는 말이 있다. "이익은 지혜를 어둡게 만든다"는 뜻이다. 이익에 눈이 가리면 사리분별을 제대로 하지 못한다.

　중국 전국시대 조(趙)나라의 효성왕은 평원군의 말에 따라 상당성을 욕심내다 강국인 진(秦)나라의 공격을 자초한다. 조나라는 40여만 명의 군사가 생매장되는 참패를 당했다. 이것이 유명한 장평(長平)대전이다. 이에 대해 사마천은 이렇게 평했다.

　"평원군은 혼란한 시대에 새가 하늘을 나는 것처럼 뛰어난 재주를 지닌 공자였다. 그러나 그는 나라를 다스리는 큰 도리를 보지 못했다. 예로부터 이령지혼이라는 말이 있다."

　상당성을 얻게 된다는 눈앞의 이익에만 눈이 어두워진 평원군과 효성왕의 그릇된 판단 때문에 조나라는 40여만 명의 목숨을 빼앗기고 패망의 길로 접어들게 됐다.

작은 이익에 눈이 멀어 큰 것을 잃는 소탐대실(小貪大失)에 대한 이야기는 또 있다. 욕심은 스스로를 발전시키기도 하고 망하게도 하는 양날의 칼이다.

전국시대 촉(蜀)나라는 넓은 평야에 곡식이 잘되는 부강한 나라였다. 하지만 촉왕은 금은보화와 미인들을 탐하는 욕심 많은 사람이었다. 이웃한 진(秦)나라의 혜왕(惠王)은 일찍부터 부유한 촉나라를 점령하고자 하였으나 가는 길이 험난하여 쉽게 출병할 수 없었다. 혜왕은 어느 날 촉나라를 차지하기 위한 좋은 계략을 떠올렸다. 바로 촉왕의 욕심을 이용하는 것이었다.

진나라 혜왕은 신하들로 하여금 커다란 황소를 조각하여 화려하게 치장하게 했다. 그리고 힘센 장정들로 하여금 촉나라로 가는 큰 길에서 밀고 가게 했다. 그 소가 지나간 길가에 황금덩어리를 떨어뜨려 '황금똥을 누는 소(금똥소)'라는 소문이 퍼지게 하였다. 또한 촉나라에는 사신을 보내 나라 간의 오고갈 길을 뚫는다면 이 금똥소를 촉왕에게 예물로 바치겠다고 하였다.

촉왕은 진의 사신이 올린 금똥소의 도면과 예물 목록을 보고 눈이 멀었다. 빨리 예물을 받고 싶은 욕심에 신하들의 간언을 무시한 채 백성들을 징발했다. 그리고 서둘러 산을 뚫고 계곡을 메워 소를 맞을 큰 길을 만들었다.

혜왕은 금똥소와 함께 군사 수만 명을 촉나라로 보냈다. 촉왕은 문무백관을 거느리고 도성의 교외까지 몸소 나와서 이를 맞이했다. 이때 갑자기 진나라 병사들이 숨겨두었던 무기를 꺼내 촉을 공격하고 촉왕은 사로잡히고 말았다. 이로써 촉은 망하고 금똥소는 치욕의 상징으로 남았다. 촉나라는 조그만 이익을 얻으려다가 나라를 잃게 된 것이다.

이처럼 작은 것에 눈이 어두워져 큰 것을 잃는 경우를 실제로 종종 접하게 된다. 작은 일이든 큰 일이든 무언가 새로운 일을 결정하거나 선택할 때는 잠깐 멈춰 이것이 순리에 맞는지를 생각해보면 좋다. 아무리 큰 이익을 가져오는 일이라도 정도에서 벗어나는 일이라면 그것이 화가 되어 되돌아오는 경우도 많이 보았다. 안타까운 일이다. 견물생심이 이령지혼으로 작용해 소탐대실하는 결과를 낳아서는 안 된다. 욕망을 다스리는 절제가 무엇보다 중요하다.

목표관리의 함정

우리 기업들은 언제부터인가 목표관리가 경영의 핵심인 것처럼 그것에 목매고 있다. 물론 기업을 경영하면서 경영목표를 세우고 이를 달성하기 위해 노력을 기울이는 것은 당연하다. 이를 위해 조직 전반에 방향 제시와 속도 조절을 해야 할 경우가 많다.

문제는 경영자들이 경영목표 달성을 위해 이른바 '목표관리제도'를 맹신하고 있다는 점이다. 목표관리제도란 경영목표를 달성하기 위해 각 부서와 개인에게 사업부별 목표와 개인별 목표를 구체적으로 세우도록 하고 이에 대한 달성 여부를 평가하여 인사고과에 반영하는 것은 물론 성과급이나 연봉 책정의 기준으로 삼는 것이다.

특히 일부 오너 경영자들은 직원들에게 매월 월간 목표를 달성했는지 여부를 따지고 목표에 미달할 경우 반드시 캐치업 계획을 세워 실행하도록 채찍질하고 있다.

이러한 목표관리는 1997년 외환위기를 겪으면서 유행병처럼 번지고 있다. 오너 경영자들은 이것이 마치 직원들의 성과를 짜낼 수 있는 마법인 양 신봉하고 있다. 목표관리제도는 구성원이 각자 연초에 목표를 세워 회사와 약속을 하면 연말에 가서 회사는 그 약속의 이행 정도를 평가해 보상을 하고, 직원들은 이를 수용할 것이라는 논리에 근거를 두고 있다.

목표관리제도는 심각한 결함을 내포하고 있다.

우선 목표 설정에 대한 객관적 기준을 마련하기가 어렵다는 점이다. 통상 영업부서와 비영업부서를 구분해볼 때 영업부서는 매출이나 이익에 대한 계량화가 비교적 쉽다. 하지만 비영업부서의 경우 업무에 대한 계량화가 어려워 목표를 정하기가 쉽지 않다. 영업부서라고 해도 업무에 대한 난이도가 각각 다르기 때문에 목표를 설정할 때 그 목표가 적정한지 여부를 판단하기가 어렵다.

가령 연초에 난이도 낮은 업무에 목표마저 낮게 잡았다면 연말에 손쉽게 목표 초과 달성을 이룩할 수 있다. 회사가 이에 대해 후한 평가를 한다면 누가 어려운 일을 하려고 할 것이며, 누가 목표를 공격적으로 잡으려고 할 것인가.

목표관리제도는 또한 급변하는 경영환경을 즉각 반영하기 어렵다. 직원들이 자신의 목표를 달성하는 데만 매달릴 경우 자신들이 기존에 해오던 익숙한 업무에 치중할 수밖에 없다. 리스크가 있는 새로운 사업을 도입하기가 쉽지 않다.

오너를 두고 있는 전문경영자 입장에서도 마찬가지다. 투자를 늘리기보다는 비용을 줄이는 경영에 치우칠 것이다. 중장기적 관점에서의 성장 잠재력을 키우려는 노력보다는 단기적인 성과에 신경을 쓸 것이다.

이렇게 되면 기업은 일시적으로 성장하고 수익이 발생하는 듯 보이지만 결국 어려움을 겪게 될 것이다. 이 같은 목표관리제도는 미국의 경영학자 맥그리거가 내세운 X이론에 근거를 둔 것으로 근시안적 경영기법임에 틀림없다.

21세기 기업은 도전에 직면해 있다. 변화와 혁신을 요구하고 있다. 직원들의 자발적인 도전과 혁신을 이끌어내야 한다. 이를 위해서는 목표달성에 기초한 성과 보상보다 내재적 동기를 자극해야 한다. 미래에 대한 비전이 공유되고 기업에 대한 가치가 공유되고 결실 공유에 대한 신뢰가 있을 때 일할 의욕이 생긴다. 이러한 자발적 의욕을 토대로 혁신목표를 갖도록 유도해야 한다.

초콜릿폰과 트롬세탁기 등으로 세계적인 백색가전 성공신화를 쓰고 아랍에미리트에 한국형 원전 수출을 주도한 김쌍수 전 LG전자 부회장은 "5퍼센트는 불가능해도 30퍼센트는 가능하다"고 강조한다.

"5퍼센트를 개선하려면 기존 방식에서 더 잘할 수 있는 방법만을 찾기 때문에 달성하기가 결코 쉽지 않습니다. 그러나 기존 방식으로 달성 불가능한 30퍼센트라는 혁신목표를 설정한다면 문제에 대한 접근법 자체를 바꾸게 됩니다. 새로운 관점으로 문제를 다시 생각하는 사고의 전환이 있어야 비로소 혁신이 가능해집니다.”

그는 평사원에서 CEO가 되기까지 한시도 쉬지 않고 조직문화 개혁과 핵심인재 육성, 혁신 경영기법 도입을 추구해왔다. 끊임없는 창의와 혁신의 경영을 선보여 최고의 '혁신 전도사'로 불리며 한국을 빛낸 스타 CEO의 한 사람으로 자리매김했다.

성과의 개선과 혁신적 도약은 근본적으로 다르다. 19세기에 얼음을 채취해 시장을 지배하던 회사들 가운데 단 한 회사도 냉장사업으로 전환하지 못했다. 미국 서부개척 시대에 성행했던 조랑말 속달우편도 철도사업으로 발전하지 못했다. 전자계산기 생산자들도 전자컴퓨터로의 기술적 도약을 이룩하지 못했다.

어설픈 경영자는 어떻게 하면 직원들의 피땀을 짜낼까 고민한다. 현명한 경영자는 어떻게 하면 직원들에게 성취감을 안겨줄 수 있을까 고민한다. 이처럼 진심으로 직원들을 배려할 때 기업은 도약한다. 목표관리의 늪에서 허우적거리지 말고 혁신적 도약을 꿈꿔야 한다.

운명을 함께할 '내 사람'이 있는가?

내 사람이 필요한 이유

촉한의 유비는 "나에게 공명이 있다는 것은 물고기가 물을 만난 것과 같다"고 했다. 유비는 제갈공명을 얻기 위해 삼고초려(三顧草廬)의 정성을 보였다. 공명이 시골에서 밭갈이를 하며 구차하게 살고 있을 때 유비는 공명의 누추한 초가집으로 세 번씩이나 찾아가 세상을 보는 지혜를 물었다. 이에 공명은 감격하여 유비를 따르기로 결심했다.

기업이 성장하다 보면 여러 가지 문제가 나타난다. 소통이 점차 어려워지고 일이 매끄럽게 진행되지 않을 때가 많다. 회식을 해도 예전 같지가 않다. 초기에 가졌던 익숙한 조직문화가 오히려 부담이 될 수도 있다. 회사가 좀 더 커지면 초기의 훌륭한 기업문화를 지키는 것도 쉽지 않다.

조직에는 보이지 않는 파벌이 생기기도 한다. 친소관계에 의해 자연스럽게 편가름이 나타나는 것이다. 리더는 점점 외로워지기 마련이다. 리더가 어느 쪽에도 치우치지 않고 자신의 패거리를 두지 않는 공평무사를 내세우지만 조직의 분위기는 호전되지 않는다.

나도 회사를 경영하면서 비슷한 과정을 겪었다. 초기에는 이심전심으로 서로 알아서 일을 했다. 사소한 불만이 있어도 이해하고 넘어가는 분위기였다. 하지만 시간이 흐르고 조직이 커지면서 마찰과 갈등도 늘어났다. 사장의 입장에서는 어느 한쪽의 편을 들 수가 없었다. 조직의 붕괴를 막고 초심을 잃지 않기 위해 사심을 버리고 최선을 다했다. 분명히 겉으로 볼 때는 조직이 안정감을 찾아갔다. 하지만 조직이 바뀌는 결정적인 순간에 운명을 함께할 사람을 찾기가 어려웠다.

조직관리를 하면서 공평하게 일을 진행하고 사심을 버리는 것은 중요하다. 하지만 공평무사가 내 사람마저 버리는 꼴이 되어서는 곤란할 것이다. 뜻을 같이하는 사람에 대한 대접을 그렇지 못한 사람과 똑같이 할 수는 없다. 그렇게 할 경우 누가 진심으로 뜻을 같이하려고 하겠는가. 리더를 믿고 일을 하면 그에 걸맞은 대가가 돌아올 것이라는 확신을 심어주는 것이 필요하다. 경험상으로 볼 때 지나친 공평주의는 동지를 잃게 만든다. 그렇다고 적이 동지의 자리를 대신하지는 않는다. 그들은 그냥 "그 사람, 사람은 좋아"라고 말하고 말 것이다.

일을 함께할 사람이 있는가? 그냥 함께하는 것이 아니라 운명을 함께할 '내 사람'이 있어야 한다. 내가 어떤 행동을 하더라도 나와 분리되지 않아서 마음 놓고 일을 추진할 수 있어야 한다. 서로 신뢰를 잃지 않아서 위기가 닥칠 때 서로에게 더 큰 힘이 될 수 있어야 한다.

조직이 완전히 규율과 법칙에 따라 움직인다면 내 사람을 굳이 찾을 필요가 없을지도 모른다. 하지만 조직은 살아 움직이는 유기체이고 공평무사를 지켜줄 만한 완전한 규율과 법칙은 존재하지 않는다. 작은 조직이든 큰 조직이든 사람의 마음은 조직을 이끄는 나침반이다. 서로의 마음을 알아주고 신뢰하는 동지는 반드시 필요하다.

영혼을 이을 후계자

세계 역사를 보면 잘나가는 왕조나 기업에는 훌륭한 2인자가 존재하는 경우가 많다. 중국 역사에는 이름난 재상이 줄을 잇는다. 그 중에서도 강태공(姜太公)과 관중(管仲)은 과연 위대한 2인자가 아닐 수 없다. 이들이 2인자로서 큰 역할을 할 수 있었던 것은 따지고 보면 이들을 기용한 군주들의 사람 보는 눈이 있었기 때문이다.

강태공은 낚시를 하던 중 인재를 찾아 떠돌던 주나라 문왕(文王)

서백(西伯)을 만났다. 서백은 노인의 범상치 않은 인물됨을 알아보고 주나라 재상으로 등용하였다. 강태공은 문왕의 스승이 되었고, 무왕(武王) 때는 '아버지'로 불리다가 그의 아들 성왕 때에는 사방의 오랑캐를 스스로 정벌할 수 있는 권한을 얻었다. 그는 무왕을 도와 상(商)나라 주왕(紂王)을 멸망시켜 천하를 평정하였다. 그 공으로 제(齊)나라 제후에 봉해져 시조가 되었다.

주나라는 강태공의 작품이었다고 해도 과언이 아니다. 3대에 걸쳐 주나라 군주를 섬기면서도 그들과 갈등을 일으키지 않고 충성을 다해 소임을 해냈던 것이다. 이 대목에서 강태공을 발탁하고 그가 2인자 역할을 하도록 기회를 부여한 문왕 서백의 혜안을 간과할 수 없다. 2인자는 그냥 만들어지는 것이 아니다. 상대가 어려울 때 힘을 주어 신뢰를 쌓고 그가 힘을 가지면 제대로 발휘할 수 있도록 도와주어야 한다. 2인자의 힘이 커지는 것을 두려워하는 리더는 더 이상 큰일을 할 수 없다.

관중은 가난했던 소년시절부터 평생토록 변함없이 깊은 우정을 나누었던 포숙아(鮑叔牙)와의 이야기를 담은 관포지교(管鮑之交)라는 고사성어의 주인공으로 더 유명하다. 그는 제나라 환공이 즉위할 무렵 환공의 형인 규의 편에 섰다가 패전하여 노(魯)나라로 망명하였다. 그러나 포숙아의 진언으로 환공에게 기용되어 국정에 참여하게 되었다. 관중은 재상이 된 이후 국정을 잘 이끌어 환공이 춘추오패의 한 사람이 되도록 도왔다. 여기서도 환공이 자기를 죽이려던 사람을 흔쾌히 받아들여 2인자로 만든 대범함을 엿볼 수 있다.

구멍가게에서 슈퍼마켓, 슈퍼마켓에서 대형 할인마트, 할인마트에서 글로벌 유통업체로 성장하는 데는 그에 걸맞은 인재가 필요하다. 인재를 어떻게 확보하느냐가 관건이다. 물론 구멍가게 주인이 이 과정에서 직접 경영을 주도하려면 그 역시 엄청난 변신이 필요하다. 구멍가게를 운영하던 사고방식으로 대형 할인마트를 경영할 수는 없다. 직원들도 마찬가지다. 그들도 회사의 규모가 커짐에 따라 자신의 능력을 향상시켜야 한다. 껌 씹고 슬리퍼 끌면서 이웃 사람들에게 물건을 내어주던 구멍가게 스타일로는 글로벌 경쟁력을 갖출 수 없다. 결국 경영능력과 업무능력이 제고될 때 기업은 성장한다. 사람이 기업을 키우는 것이다.

기업을 경영하면서 구멍가게 사장처럼 모든 것을 직접 챙길 수는 없다. 업무의 하부위임이 필요하다. 회사가 더 커지면 업무의 위임이 아닌 업무의 분권화가 요구된다.

분권화는 모든 영역에서 관료조직을 대체할 수 있다. 제조업, 서비스업, 금융업 등 모든 업종에 해당하는 얘기다. 분권화를 위해서는 우선 사람들을 신뢰해야 한다. 그래야 직원들에게 능동적으로 일할 동기를 부여할 수 있다.

효과적인 분권화와 사람 관리를 위해서는 운명을 같이할 2인자를 둬야 한다. 군주가 훌륭한 재상을 구하듯이 리더는 유능한 2인자를 찾아야 한다. 그에게 칼을 쥐어주되 사고를 치지 않고 제대로 휘둘러 조직을 이끌어갈 수 있게 해야 한다.

2인자를 두는 것은 사장은 물론 팀장에 이르기까지 리더라면 누구에게나 해당되는 일이다. 아예 사장부터 말단 직원에 이르기까지 2인자(vice)를 지정하여 업무를 맡도록 하는 바이스 제도를 도입하는 것도 좋은 방법이다.

보이는 것이 전부는 아니다

마음먹은 일을 하려고 욕심을 부리다 보면
성급한 판단을 하게 됩니다. 그러다가 문제를 일으키면
의기소침해지기도 합니다.

공자도 안회를 의심하는 실수를 했습니다.
눈에 보이는 것이 전부는 아닙니다. 선입견을 버리고
현장에서 확인하고 또 확인해야 실수를 줄일 수 있습니다.

공자의 착각

직장에 들어가 일을 배울 초기에는 실수하지 않으려고 꼼꼼히 따져보고 챙기지만 어느 정도 일에 익숙해지면 요령이 생겨 대충하려는 경향을 보인다. 팀장이라도 맡으면 직원들의 이야기를 넘겨짚어 판단하는 버릇까지 생긴다. 간부로 올라갈수록 업무를 하부에 위임하고 종합적으로 판단해야 하는 일이 늘어나는 것은 당연하다. 이때 저지르기 쉬운 실수는 철저하게 확인하지 않고 편견만으로 성급하게 판단을 내리는 것이다.

사람은 자기가 보고 싶은 것만 보고, 듣고 싶은 것만 들으려 한다. 기존의 태도나 신념과 일치하는 커뮤니케이션 메시지에는 자신을 노출시키려 하지만 일치하지 않는 메시지는 회피하려는 경향을 보인다. 자신이 지지하는 정치가의 말은 신뢰하려고 하지만 싫어하는 정치가의 말은 부정하려 한다. 이를 선택적 노출(selective exposure)이라고 한다.

선택적 노출의 속성 때문에 선택적으로 지각하게 된다. 또 편견과 아집을 갖게 된다. 정치를 하든 경영을 하든 선택적 노출이 가져올 부작용을 항시 경계해야 한다. 정책결정이나 사업계획을 수립할 때 폐쇄적으로 일을 추진하는 경우 흔히 실수나 실패할 가능성이 높다. 애매모호한 상황에서 부분적인 정보만을 받아들여 성급히 판단함으로써 오류를 범하는 경우는 흔하다.

공자와 그의 제자 안회(顏回)와의 일화에서도 선택적 지각과 판단에 대한 교훈을 얻을 수 있다. 공자가 채나라로 가던 중에 식량이 떨어져 7일 동안이나 굶게 되었다. 공자는 한 마을 입구에 도착해 잠시 쉬는 도중 피곤함에 지쳐 깜빡 잠이 들고 말았다. 잠결에 어디선가 밥 냄새가 풍겨와 눈을 뜨게 되었다. 나가 보니 제자 안회가 밥을 짓고 있었다. 그런데 그 순간 안회가 밥솥에서 밥 한 술을 떠먹는 것이 아닌가. 아무리 배가 고팠기로서니 어찌 스승보다 먼저 밥을 떠먹는단 말인가. 공자는 괘씸한 생각이 들었지만 전혀 내색하지 않고 안회를 불러 말했다.

"방금 내가 선잠에 꿈을 꾸었는데 돌아가신 아버님이 나타나셨다. 지금 네가 지은 밥으로 조상님들께 먼저 제사를 드리고 싶구나."

그 말을 들은 안회는 정색을 하며 이렇게 대답했다.

"저 밥으로는 아니 되옵니다. 스승님께 드리려고 마을에서 쌀을 얻어다 밥을 지었는데 솥뚜껑을 여는 순간 천장에서 그을음이 떨어졌습니다. 스승님께 그냥 드릴 수도 없고 버리기도 아까워서 제가 그 부분만 조금 떠먹었습니다. 저 밥은 스승님께서 그냥 드시고, 제가 다시 쌀을 구해와 제사를 지내는 것이 좋겠습니다."

공자는 이 말을 듣고 자신의 경솔함을 부끄러워하며 이렇게 탄식했다.

"예전에 나는 나의 눈을 믿었다. 그러나 나의 눈도 완전히 믿을 것이 못되는구나. 예전에 나는 나의 머리를 믿었다. 그러나 나의 머리도 완전히 믿을 것이 못되는구나. 한 사람을 이해한다는 것은 진정 어려운 일이다."

정갈한 음식으로 차려야 하는 제사를 빗대어 스승보다 먼저 숟가락을 댄 안회를 뉘우치게 하려던 공자는 오히려 자신을 되돌아보게 되었다. 안회에 대해 자신이 쓸데없는 의심을 한 것은 전후사정을 먼저 살피지 않고 단면만 보고 성급한 판단을 했기 때문이다. 성인 군자로 칭송되는 공자도 이러한 판단 착오를 하는데 우리 범인들이야 오죽 하겠는가.

경영 전문가인 스티븐 코비가 어느 평온한 일요일 아침에 뉴욕 지하철을 타고 있었다. 그때 갑자기 한 사내와 그의 아이들이 지하철에 올라탔다. 아이들이 소란을 피우고 제멋대로 굴자 분위기가 금세

엉망이 되었다. 옆에 앉은 사내는 눈을 감은 채 상황을 파악하지 못한 듯했다. 보통 심란한 아이들이 아니었다. 짜증을 억누르기 힘들었다. 결국 사내를 보며 말했다.

"이보시오, 당신 아이들이 많은 사람들에게 피해를 주고 있잖소. 근데 당신은 어떻게 애들을 조금도 말리지 않는 겁니까?"

남자는 고개를 들더니 조용히 말했다.

"아, 그렇군요. 어떻게든 손을 써야겠네요. 우리는 방금 병원에서 오는 길인데, 애들 엄마가 한 시간 전에 눈을 감았답니다. 전 지금 머릿속이 멍한데, 보아하니 사람들도 어떻게 손써야 할지 모르고 있군요."

갑자기 상황이 달리 보였고, 그러자 생각이 바뀌면서 감정과 행동도 변했다. 짜증이 사라졌다. 순식간에 모든 것이 바뀌었다. 배리 슈워츠와 케니스 샤프가 저술한 『어떻게 일에서 만족을 얻는가』에 소개된 일화다.

답은 현장에 있다

눈에 보이는 것이 전부는 아니지만 그래도 귀로 전해 듣는 것보다 직접 눈으로 확인하는 것이 낫다. 백문불여일견(百聞不如一見)이라는 말이 있지 않은가. 백 번 듣는 것이 한 번 보는 것보다 못하다는 얘기다. 눈으로 확인하지 않고 전해들은 이야기로 판단하는 것은 가급적 지양해야 한다.

전한(前漢)의 제9대 황제 선제(宣帝)는 서북 변방에 사는 티베트 계통 강족(羌族)의 반란으로 골머리를 앓았다. 선제는 어사대부(御史大夫)인 병길(丙吉)에게 토벌군의 적임자를 누구로 하였으면 좋겠는지 후장군(後將軍) 조충국(趙充國)에게 물어보라고 명령을 내렸다. 조충국은 이미 76세의 백전노장이었지만 아직도 실전을 치를 수 있을 정도로 원기가 왕성하였다. 병길이 조충국을 찾아가 선제의 뜻을 전하자 그는 바로 자신이 적임자라고 대답하였다. 이에 선제는 조충국이 명장임을 익히 알고 있었으므로 그를 불러들여 강족의 토벌 방책에 대해서 고견을 물었다.

조충국은 "백 번 듣는 것이 한 번 보는 것보다 못합니다. 무릇 군사란 작전 지역에서 멀리 떨어진 곳에서는 전술을 헤아리기 어려운 법이므로 바라건대 신을 금성군(金城郡)으로 보내주시면 현지를 살펴본 다음 방책을 아뢰겠습니다"라고 대답하였다. 조충국은 선제의 윤허를 받고 현지로 달려가 지세와 적의 동태를 면밀히 살펴보았다. 또한 포로로 잡힌 전한 군사로부터 정보를 캐낸 뒤 선제에게 "기병보다는 둔전병(屯田兵)을 두는 것이 좋습니다"라고 방책을 제시하였다. 이 방책이 채택된 이후 강족의 반란도 차차 수그러들었다. 『한서』의 「조충국전」에 나오는 이야기다.

기자 생활을 하면서 가장 듣기 좋은 말이 '발로 뛰는 기자'였다. 반대로 가장 듣기 거북한 말은 '작문하지 마라'였다. 기자는 현장에 있어야 하고 사실을 근거로 기사를 써야 한다. 본인의 생각이나 추측만으로 그럴듯하게 꾸며서 기사를 작문해서는 안 된다. 전화를 걸기보다는 직접 만나서 인터뷰를 하는 것이 훨씬 더 사실에 접근할수 있다. 현장을 직접 확인하고 기사를 쓰는 게 훨씬 더 객관적이고 리얼리티를 살릴 수 있다. 기자 시절 자료보다는 취재, 전화보다는 대면 인터뷰를 더 중시한 이유가 여기에 있다.

디지털 시대가 되면서 커뮤니케이션 툴이 확실히 좋아졌다. 너무나도 편리해졌다. 손가락만으로 소통이 가능해졌다. 손가락만으로 지식이나 정보를 취득하는 것도 문제가 없게 됐다. 발로 뛰는 것보다 손가락으로 해결하는 것이 더 익숙해지고 있다.

직위가 올라갈수록 점점 현장에서 멀어지게 된다. 들리는 정보를 받아들이는 데 익숙해진다. 현장을 확인하지 않고 짐작만 하다가 정확한 사태를 파악하지 못하는 경우가 발생한다. 그리고 허겁지겁 사태를 수습하느라 진땀을 빼곤 한다. 번거롭더라도 한 번 더 현장을 찾아야 한다. 현장을 눈으로 직접 확인하고 현장의 목소리를 직접 들어야 한다.

경영의 대가들이 현장경영을 강조하는 이유를 잘 살펴야 한다. 의사결정권을 가진 리더가 직접 현장을 방문하여 업무를 파악하면 여러 가지로 좋은 점이 있다. 우선 현장에서 직접 보고 파악해서 처리하면 그만큼 실패 확률을 낮출 수가 있다. 또 조직 계층 간의 의사소통도 더 원활히 할 수 있다. 더불어 일선 직원들의 사기를 진작시키고 회사에 대한 일체감을 조성할 수 있다.

소통은 역시 디지털보다는 아날로그가 친밀감이 있고 신뢰를 준다. 마주보면서 하는 대면효과도 무시할 수 없다. 통상적으로 신뢰

구축과 프로젝트의 성과를 평가해보면 분명히 대면효과가 나타나는 것으로 분석되고 있다. 이메일 회의보다는 얼굴을 보면서 하는 화상회의가 더 효과적이다. 또 화상회의보다는 대면회의가 더 효과가 있다. 그래서 손품 파는 리더보다는 발품 파는 리더가 더 낫다.

그러나 현장에서 직접 경험한다고 그것이 전부는 아니다. 다시 말해 눈에 보이는 것이 전부는 아니다. 상대를 제대로 보려는 열린 마음이 있어야 한다. 또한 상대방의 입장에서 이해하려는 자세가 전제되어야 한다. 겉으로 드러난 단면을 보고 잘못 판단하는 경영자가 많다. 성급한 리더는 잘못된 판단을 근거로 즉석에서 지시를 내리곤 한다. 이 경우 결과는 나쁜 쪽으로 흐를 수 있다. 현장경영의 역효과는 언제든지 나타날 수 있는 법이다.

'끼리끼리'의 함정

판단은 어차피 주관적이다. 우리의 판단은 부실한 정보를 가지고 이뤄진다. 좀더 객관적인 판단을 원한다면 더 많은 정보를 가져야 한다. 그리고 감성적 감각과 이성적 사고가 합쳐진 공감능력을 토대로 사물을 종합적으로 판단하는 습관이 필요하다. 눈에 보이는 것이 전부는 아니기 때문이다.

올바른 판단을 위해서는 두 가지를 명심해야 한다.

첫째, 자신의 지각과 판단에 대해 의심해야 한다. 내가 보고 있는 것과 듣고 있는 것이 사실인가? 내가 옳다고 판단하는 것이 정말 맞는 것인가? 이러한 끊임없는 의심 속에서 통찰력이 생기고 오류를 줄일 수 있다. 둘째, 유유상종이나 순혈주의를 경계해야 한다. 경험과 생각이 비슷한 사람들이 모여서 판단하면 결국 편견과 고정관념을 극복할 수 없다. 다양한 사람들을 모아야 한다. 그래야 올바른 판단을 내릴 수 있고 창의력도 배가된다. '끼리끼리 늘 하던 대로'가 큰 오류를 낳을 수 있다.

경영을 하면서 백면서생처럼 할 수는 없다. 이론만 가지고 일을 해서는 곤란하다. 숲이 보인다고 나무의 상태를 아는 것은 아니다. 그래서 현장경영이 중요하다. 책상머리에서 상상하고 평가하고 판단하는 것은 위험한 일이다. 직접 현장을 찾아가서 확인하고 토론하고 결론을 도출하려는 노력이 필요하다.

결정에 앞서 현장으로 가라. 중요한 결함을 조기에 발견하고 가슴을 쓸어내리게 될지도 모른다.

선택적 노출과 지각은 소통 과정에서 사람들이 자신의 경험과 배경 등을 토대로 정보를 선택적으로 받아들이려는 편견이다. 이러한 선택적 노출의 본성 때문에 사람은 유유상종(類類相從)하게 된다. 정치인이 지지층을 늘리기가 어려운 것도 선택적 노출 때문이다. 사업가가 실수를 하는 것도 고정관념의 틀 속에서 올바른 판단을 하지 못하는 데서 기인한다. 전문가를 중시하고 현장 확인을 우선시하는 경영을 몸에 익혀야 한다.

강한 조직은 시스템으로 움직인다

시스템보다는 열정이 중요하다고 생각합니다.
하지만 리더의 지나친 열정이 해가 될 때도 있습니다.

사장이 없어도 회사가 잘 돌아가야 합니다.
열정이 지나쳐 직원들의 역할을 빼앗는 것은 곤란합니다.
시스템으로 움직이는 조직이 강합니다.

CEO는 슈퍼맨?

CEO는 초능력자가 아니다. 그럼에도 불구하고 사람들은 착각을 한다. 경영자는 남달라야 한다는 강박관념을 갖는다. 경영자는 스스로 차별성을 내세워야 한다고 믿고 있다. 그래서 경영자들은 자기중심적 당위성을 설정한다. '내가 CEO인데 이 정도의 능력은 있어야지' 하면서 틀을 만들어놓고 행동하려 한다. 마치 다른 사람이 가지고 있지 않은 탁월한 능력을 지닌 것처럼 떠벌리기도 한다. 그가 만든 틀이 잘 작동될 때는 문제가 없겠지만 대체로 스스로를 위험에 빠뜨리는 장애물로 전락할 수도 있다.

경영자에 대한 직원들의 기대도 엉뚱할 때가 많다. 슈퍼맨과 같은 영웅적인 CEO를 원한다. 어려운 일이 닥치면 괴력을 발휘해 자신들을 구해줄 것이라고 착각하는 것이다. 경영자는 뭔가 달라야 하고 직원들을 위한 해결사가 되어주어야 한다고 생각한다. 이것은 잘못된 노예근성이다. 직원들의 이 같은 생각이 위험한 리더를 만들어내는 환경을 조성할 수 있기 때문이다.

스스로를 초능력자로 생각하면 독선과 독단에 빠지기 쉽다. 자기 최면에 빠진 사람들은 결국 스스로를 파멸시킬 수 있다. 후고구려를 세운 궁예(弓裔)는 스스로를 살아 있는 미륵으로 자처했다. 그는 관심법(觀心法)이라는 특유의 술책으로 사람들을 휘어잡았다. 사람의 마음을 읽는다는 것이다. 이 신통력은 그의 말년에 갈수록 포악한 짓을 서슴지 않는 도구로 쓰였다.

궁예의 포악함을 참다못한 부인 강씨가 충언을 했다. 그러자 궁예는 강씨 부인에게 "네가 다른 사람과 간통을 했다"고 응수하였다. 부인이 어처구니없어 하자, "나는 신통력으로 보고 있다"라며 뜨거운 불로 쇠공이를 달구어 죽였다. 이런 미치광이 같은 짓으로 그는 두 아이의 목숨마저 빼앗았다. 미륵이 아니라 패륜의 극치였다.

궁예는 자신이 가장 신뢰하던 왕건(王建)도 의심했다. 반역을 모의하였다고 다짜고짜 윽박질렀다. 그러고는 그가 자랑하는 관심법을 들이댔다. 왕건이 변명하려 하자 옆에 있던 최응(崔凝)이 귓속말로 불복하면 위태롭다고 일러주었다. 그제야 분위기를 알아챈 왕건이 반역을 꾀했다고 말하며 무릎을 꿇었다. 궁예는 크게 웃으며 정직하다고 칭찬했다. 왕건에게 금은으로 장식한 안장과 고삐까지 하사했다. 눈치 빠른 왕건은 구사일생으로 살아나게 되었다.

미륵으로 자처하며 세상을 구하겠다고 나선 궁예는 스스로 최후를 재촉했다. 악행의 끝은 민심의 이반을 불렀다. 궁예는 결국 자신이 가장 신뢰했던 왕건에게 죽임을 당했다. 그가 애써 이룬 공업을 물거품으로 만든 것은 바로 그가 신통력이라고 내세웠던 관심법이었다.

경영은 슈퍼맨이 하는 것이 아니다. 경영은 시스템을 잘 구축하고 작동하도록 하는 것이다. 어려운 상황이 닥치면 똘똘 뭉쳐 위기를 극복하려는 조직력을 발휘하도록 하는 시스템을 갖추는 것이다. 우리에게 필요한 것은 더 나은 CEO가 아니라 더 나은 조직 시스템이다. 경영자는 구성원의 창의적인 생각을 이끌어내는 조율자다. 직원들이 뜻을 모아 스스로 활기차게 일할 수 있도록 분위기를 만들어주는 역할을 해야 한다. 일이 잘될 수 있도록 시스템을 만들고 운영하는 것이다.

무엇보다도 사람의 마음을 얻어야 한다. 관심법이 아니라 득심법(得心法)을 가져야 한다. 소통을 잘하는 사람이 되도록 노력해야 한다. 상대방의 입장에서 배려해야 한다. 남을 생각하는 역지사지를 하는 것이다.

기존의 낡은 비즈니스 모델은 버리자. 관료적인 조직, 구조, 문화가 모두 바뀌어야 한다. 리더십도 변해야 한다. 관리보다는 소통이 중요하다.

내가 없어도 잘 돌아가야 한다

일을 하면서 내가 없으면 일이 잘될까 하는 생각을 갖게 된다. 특히 리더는 자신이 안 챙기면 일이 진행되지 않을 것이라는 생각에 사로잡힌 경우가 많다. 그래서 휴가도 제대로 못가고 일에 매달린다. 자신이 없으면 다른 사람들도 일을 대충할 것이라는 불안감을 떨쳐버리지 못한다. 자신만큼 일을 잘하는 사람이 없기 때문에 믿고 맡길 수가 없다는 것이다. 과연 그럴까?

우리는 좋은 리더에 대해 이런 얘기를 자주한다. 가장 좋은 리더는 머리가 좋고 게으른 사람이다. 그다음이 머리가 나쁘고 게으른 사람, 머리가 좋고 부지런한 사람의 순이다. 가장 안 좋은 리더는 머리가 나쁘고 부지런한 사람이다. 한마디로 부지런한 사장보다는 게으른 사장이 좋다는 얘기다.

여기서 말하는 게으름과 부지런함의 기준은 무엇일까? 일에 대한 참견과 간섭의 정도를 말하는 것이다. 리더의 성격과 업무태도에 대한 부지런함과 게으름을 얘기하는 것은 분명 아닐 것이다. 다시 말해 직원들의 눈에는 잘 안 보이지만 회사를 잘 돌아가게 하는 CEO가 가장 좋은 CEO라고 여긴다는 것이다.

리더는 스스로 영웅심리에 빠져 들기 쉽다. 어떤 직원들보다도 정보를 많이 알고 있어야 한다고 생각한다. 또 자신이 최고의 전문가라는 환상을 가진다. 직원들이 최고의 영웅이 되어주기를 희망한다고 착각한다. 하지만 전지전능한 사람은 없다. 아니 그럴 필요도 없고 그럴 수도 없고 그래서도 안 된다.

직원에 대한 신뢰와 권한 위임이 말처럼 쉽지는 않다. 이를 실천하기 위해서는 두 가지 중요한 전제조건이 필요하다. 스스로에 대한 성찰과 용기다. 인간으로서 자기가 혼자서는 다 할 수 없다는 것을 인정해야 한다. 그리고 사람들을 믿고 과감하게 위임하는 용기가 필요하다. 분권화를 저해하는 요인은 직원의 부족한 능력이 아니라, 개개인의 능력 향상과 발휘를 가로막는 기업 조직이다. 사람이 아니라 시스템이 문제라는 것이다. 명령하고 통제하는 시스템에서 인재의 잠재력은 훼손될 수밖에 없다.

『언리더십(Unleadership)』의 저자인 닐스 플래깅은 "경영에 있어서 가장 큰 실수는 사람을 'Thinker'와 'Worker'로 구분하거나 업무를 분야별로 제한하는 것이다"라고 주장한다. 경영자는 생각을 하고 노동자는 그것을 행동에 옮기는 이런 시스템을 거대 제약회사에서 빵집까지, 창고에서 건설현장까지, 컨베이어벨트에서 본사 꼭대기 층까지 어디서나 매일 경험하고 있다는 게 그의 지적이다.

혼자서 너무 많은 의사결정을 내리면 안 된다. 대신 조직이 스마트하게 돌아가도록 만들어야 한다.

스스로 변화하는 조직의 힘

問

조직이 어느 정도 자리를 잡아가고 있습니다. 초심을 잃지 않고
가장 먼저 신경 써야 할 부분은 무엇입니까?

答

'처마 밑 둥지에서 추녀 타는 줄 모른다'는 말이 있습니다.
영원히 평안한 곳은 없습니다.
스스로 변화를 하지 않으면 변화를 당하게 됩니다.

연작처당을 경계하라

연작처당(燕雀處堂)이라는 말이 있다. 제비와 참새가 둥지를 튼 안
전한 곳을 의미한다. 제비와 참새는 처마나 대들보 밑에 둥지를 튼
다. 거기는 안전한 곳이어서 어미가 새끼에게 먹이를 먹여주면서 편
안하게 지낸다. 그런데 그 집에 불이 나서 마룻대와 추녀를 태우려
고 하는데도 그 새들은 그저 가만히 머물러 있다. 그 불이 자신의 둥
지를 태울 거라고는 생각지도 못하는 것이다. 결국 둥지는 불길에
휩싸이고 만다.

연작처당은 전국시대 위(魏)나라의 재상인 자순(子順)이 연작(燕雀)의 어리석음을 지적하여 한 말이다. 자순은 진(秦)나라가 조(趙)나라를 침공하여 조나라에 이웃한 위나라가 위기에 처했는데도 위나라 조정 대신들이 안이하게 생각하는 것을 보고 연작처당에 비유하여 비판했다.

당시 위나라의 내부들은 이구동성으로 조나라가 이기든 지든 위나라에 이로울 것이라고 판단했다. 조나라가 승리하면 조나라에 복종하면 되고, 조나라가 패배하면 피폐해진 틈을 타서 공격할 수 있으리라는 생각이었다. 하지만 자순의 생각은 달랐다. 진나라는 탐욕스럽고 난폭한 나라여서 조나라와 싸워 이긴 뒤에는 틀림없이 위나라를 공격할 것이기 때문에 위기라는 지적이었다.

이 고사는 공자의 9세손인 공부(孔鮒)가 지은 『공총자(孔叢子)』의 「논세(論勢)편」에 실려 있다. 연작처당은 안락한 생활에 젖어 자신에게 닥쳐오는 위험을 조금도 자각하지 못하는 것을 비유하여 사용한다. 그만큼 재앙을 감지하는 것도 느리다는 뜻이다.

기세등등하게 뻗어나가던 왕조나 기업이 쇠퇴하다 결국 패망하고 마는 이유는 그들이 스스로 연작처당에 빠져 있었기 때문이다. 현재의 안락함에 젖어 미래를 대비하지 않았던 것이다. 조직이 비대해지면 조직에 기대어 안주하려는 제비와 참새들이 깃들기 마련이다. 그들이 장막을 치고 소통을 가로막으면 결국 타들어오는 불길에 꼼짝없이 당하고 말 것이다.

연작처당을 말한 자순의 지적을 항상 되새겨야 한다. 기업이 성장하면서 연착처당에 빠지지 않기 위해서는 늘 새로운 인재를 영입하려는 자세를 견지해야 한다.

마키아벨리는 현명한 군주라면 지혜로운 사람들을 초빙하고 그들에게만 진실을 말할 수 있는 자유를 주어야 한다고 했다. 또 군주는 그들에게 열심히 묻고 그들의 의견을 경청한 다음 스스로 최종 의사결정을 내려야 한다고 했다. 좋은 정보는 좋은 결정의 기본 전제조건이다. 좋은 정보에 좋은 아이디어까지 더해진다면 최적의 의사결정이 내려질 가능성이 매우 높아진다.

리더십은 지위 없이도 자발적으로 리더에게 헌신하길 원하는 팔로어(follower)를 모으는 능력이다. 또 다른 리더들을 양성하여 조직을 폭발적으로 확대시키는 파워다. 조직이 안정기에 접어들수록 위기를 염두에 두어야 한다. 위기 준비는 환경 변화에 대한 민감성을 갖는 것에서부터 시작해야 한다.

변화의 기회를 창조하는 4가지 방식

국가든 기업이든 개인이든 항시 변화의 모멘텀(momentum)을 만들어야 한다. 상황을 한 번씩 정리하고 넘어가야 한다. 기름기도 빼고 불필요한 것은 정리해야 한다. 타성에 젖은 일처리는 발전을 가져올 수 없기 때문이다. 새로운 비전과 미래를 위해 보강할 것은 과감히 받아들여야 한다. 물론 여기에는 고통이 수반될 수밖에 없다. 하지만 변화와 발전을 위해 관습과 습관을 바꾸는 노력은 정말 의미 있는 일이다.

변화와 혁신은 성공하는 기업의 경영 키워드가 된 지 오래다. 당연히 기업들은 어떻게 하면 직원들을 변화시킬지 골머리를 앓고 있다. 리더는 진취적 사고방식을 통해서 잠재력을 성과로 이끌어낼 수 있다. 변화를 추진하는 리더는 구성원들이 저항하고 반발한다고 해서 단념하지 않는다. 물론 변화를 유도하는 과정에서 리더의 독선과 일방적 강요는 경계해야 한다.

기업경영에 있어서 변화를 실질적으로 창조할 수 있는 방법은 무엇일까? 변화를 성공적으로 이끌기 위해서는 변화의 필요성에 대한 구성원들의 공감이 무엇보다도 중요하다. 또 변화 이후의 비전이 확실히 공유되어야 한다. 아울러 변화에 대한 구성원들의 자신감도 함께 공유되어야 한다. 변화를 추진하는 과정에는 치밀하고 세련된 관리가 필요하다. 변화는 가슴으로 시작해서 머리로 마무리해야 한다.

로버트 샤퍼와 하베이 톰슨은 『변화의 관리』에서 변화의 기회를 창조하는 4가지 방식을 소개했다.

첫 번째는 부서별로 쉽게 달성할 수 있는 단기적 성과목표를 수립하는 것이다. 변화를 추상적으로 접근할 경우 성과 없이 끝날 수 있다. 부서 담당자들이 책임 있게 실천할 수 있는 것들을 대상으로 구체적으로 시도해야 한다. 예컨대 단기간 현금흐름의 향상, 매출증가, 비용절감 등의 목표를 마련, 구체적인 실행계획을 만들도록 하는 것이다. 단 무리한 목표 또는 목표를 위한 목표는 세우지 말아야 한다.

두 번째는 주기적으로 진행 상태와 교훈을 점검하고 전략을 재구성하는 것이다. 경영자는 현재 진행 중인 프로젝트에 대해 잘되는 부분과 안 되는 부분을 인지하고 평가해야 한다. 경영자는 구성원들과 함께 잘못된 관행에 대해서는 바로 잡고 새로운 방법을 강구함으로써 점차 변화에 대한 자신감을 공유할 수 있게 된다.

세 번째는 변화시킬 수 있는 부분을 조직화하는 것이다. 경영자는 변화에 대한 경험이 축적되면 이를 체계화할 수 있도록 조직을 재구성하는 것이 바람직하다. 필요한 경우 임시조직을 상시조직으로 바꿀 수 있고 과거의 조직을 정비해 새로운 조직개편을 단행할 수도 있다.

네 번째는 성공의 분위기를 조성하고 주요 장애요인을 파악하는 것이다. 변화를 통해 조직은 새로운 비전을 가져야 한다. 특히 경영자와 구성원은 다 같이 변화에 대한 두려움을 해소하고 성과를 공유함으로써 자신감을 가져야 한다. 아울러 변화를 실제로 실행하는 과정에서 드러난 장애요인에 대해서는 철저히 파악해 개선책을 찾는 노력이 필요하다. 자칫 변화의 밝은 면만 챙기고 어두운 면을 도외시할 경우 향후 새로운 변화를 이끌어내기가 어려워질 수 있기 때문이다.

조궁즉탁, 변화의 연착륙 전략

『순자(荀子)』「애공(哀公)편」에 보면 조궁즉탁(鳥窮則啄)이란 말이

나온다. '새도 궁하면 무엇이든 쪼려고 한다'는 뜻이다. 춘추시대에 공자가 가장 신임하였던 제자 안연(顔淵)이 노(魯)나라 정공(定公)을 모시고 있을 때의 일화다.

정공이 마부인 동야필(東野畢)의 말 부리는 솜씨를 칭찬하자 안연이 수긍하면서도 동야필이 장차 말을 잃을 것이라 하였다. 정공은 안연이 물러가자 좌우 신하들에게 "군자도 남을 비방하는가"라며 불쾌한 심기를 드러냈다. 그런데 3일 후 사육사가 입조하여 동야필의 말이 도망쳤다고 말했다. 정공이 안연을 불러서 어떻게 그렇게될 줄을 알았는지 묻자 안연은 동야필이 말을 잘 다루면서도 궁지까지 내모는 모습을 보고 알았다고 했다.

안연은 또한 "옛날 순(舜)임금은 기교로써 백성을 부리고 조부(造父)라는 말잡이는 기교로써 말을 부렸다. 말하자면 순임금은 백성을 궁하게 아니하고(不窮其民) 조부도 말을 궁하게 아니함으로써(不窮其馬) 순임금은 백성을 잃지 않고 조부는 말을 잃지 않았다"고 말했다. 안연은 이어 "새는 궁하면 쪼려 하고(鳥窮則啄) 짐승은 궁하면 할퀴고(獸窮則攫) 사람은 궁하면 거짓말을 한다(人窮則詐)며 예로부터 아랫사람을 궁색하게 하고 위태롭지 않은 자가 없었다"고 했다.

기업경영을 하면서 변화는 선택이 아니라 생존의 문제로 인식되고 있다. 기업경영은 또한 자전거 타기나 팽이 돌리기에 비유되곤 한다. 자전거는 페달을 계속 밟아야 하고 팽이는 몸체를 계속 쳐야만 넘어지지 않는다는 절박함을 말하는 것이다.

그래서 경영자나 간부들은 궁즉통(窮則通)을 외치고 있다. '궁하면 변하게 되고(窮則變), 변하면 통하고(變則通), 통하면 오래 간다(通則久)'는 『주역』에서 나온 말이다. 꽉 막힌 어려운 상황에 처하면 변화를 시도하게 되고 결국 해결할 수 있는 길을 찾게 된다는 것이다. 경영자들이 직원들을 일방적으로 내몰아 궁함을 주입시켜 변화를 도모하려는 것은 문제가 있다. 자발성이 전제되지 않는 궁즉통은 실패할 가능성이 높다.

변화의 모멘텀이 생겼을 경우 전광석화처럼 변화를 도모하는 리더가 있다. 그러나 무리하게 변화를 추진하면 부작용이 생긴다. 기존의 가치마저 성급하게 훼손시키는 변화를 요구하다보니 많은 인재들이 회사를 떠난다. 남아 있는 직원들도 어쩔 수 없이 변화의 시늉을 하면서 괴로워하는 모습을 보인다. 구성원들의 공감을 얻어 변화를 추구하면 더 좋은 결과를 이끌어냈을 것이다.

변화를 재촉하는 오너나 경영자의 심정은 항상 조급할 것이다. 하지만 공감을 얻지 못한 변화를 강요하면서 임직원을 몰아붙인다면 인재마저 잃고 말 것이다. 궁즉통을 생각할 때는 조궁즉탁도 떠올리는 지혜가 반드시 필요하다.

평범함을 창의력으로 바꾸는 법

창의력은 신뢰의 선물

도산 위기에 몰린 3M을 건져올려 세계 최고의 창조 기업으로 성장시킨 윌리엄 맥나이트 회장. 그의 리더십은 사람에 대한 믿음에서 출발했다. 그는 직원을 수단이 아닌 인격체로 대해 직원들이 가지고 있는 창의력을 최대한 발휘하도록 했다.

3M은 이후 새로운 아이디어로 수많은 히트상품을 내놓았고 큰 성공을 거두게 되었다. 직원에 대한 신뢰를 경영의 기본으로 삼은 것이 성공의 비결이다.

세계적인 경영사상가 짐 콜린스는 3M을 '세계 최고의 비전 기업'
으로 꼽았다. 콜린스는 3M을 '진화하는 기계'로 비유하면서 향후
50~100년 동안 지속적인 성공과 적응력을 지닐 수 있는 기업 하나
를 꼽는다면 당연히 3M을 선택할 것이라고 극찬했다.

3M의 성공신화는 일반인들이 가지고 있는 평범한 창의성을 잘
활용하는 것이 중요하다는 사실을 말해준다.

관건은 이러한 창의적 아이디어를 소중히 여기고 공유함으로써
창의성이 꽃필 수 있는 열린 분위기를 만드는 것이다. 또 아이디어
상품을 창안한 개발자를 존중하는 풍토를 정착시키는 것이다.

맥나이트는 이를 제대로 실행하여 3M의 창의적 문화를 정착시킨
리더였다. 그는 기업 환경을 행복한 일터로 변화시켰다. 비공식적으
로 종신 고용제를 시행함으로써 전 직원이 주인의식을 갖고 스스로
의 역량을 최대한으로 펼쳐갈 수 있도록 했다. 직원들의 뒤에서 그
들을 조용히 도와주고 밀어주는 전형적인 서번트형 리더였다.

신화적 존재로 떠오른 스티브 잡스가 대중들의 인기를 얻었음에
도 불구하고 아이폰의 디자인과 기술을 자신의 작품인 양 과시하여
직원들의 불만을 샀던 것과는 차이가 있다. 또 성과를 내지 못했던
사업부서는 모두 매각 또는 폐쇄하며 직원을 25퍼센트나 감축하는
구조조정을 단행했던 GE의 잭 웰치와도 대조를 이룬다. 리더라면
강력한 카리스마와 통솔력을 우선 떠올릴 것이다. 하지만 더 중요한
것은 인본주의 사상과 철학이다.

"단순히 지시를 전달하는 수단으로 직원을 대하지 말고, 그들을

신뢰하고 창의성을 발휘할 여지를 제공하라. 설령 그들이 당신이 개입했다면 미리 차단했을지도 모르는 실수를 저질렀을지라도 과감히 위임하라. 실수를 저질렀을 때 경영진이 이를 심하게 비판하는 것은 종업원의 자발성과 창의성을 없애는 행위나 다름없다. 우리가 앞으로 경쟁에서 이기고 계속 성장하기 위해서는 창의성을 갖춘 자발적인 사람들이 절대적으로 필요하다."

맥나이트의 이러한 경영철학이 3M에 고스란히 녹아들어 3M의 창조적인 기업문화가 꽃피게 된 것이다. 기업문화는 기업의 임직원이 함께 만들어나가야 하는 것임에 틀림없다.

하지만 기업문화의 키를 쥐고 있는 것은 기업을 이끄는 리더임을 부인할 수 없다. 성공한 기업의 기업문화는 분명히 최고경영자의 철학을 담고 있기 때문이다.

마중지봉의 분위기

사람은 역시 누구와 어울리느냐에 따라 운명이 달라진다. 그래서 근주자적 근묵자흑(近朱者赤 近墨者黑)이라는 말이 의미 있게 받아들여지고 있다. 이 말은 중국 서진(西晉)의 문신이자 학자인 부현(傅玄)이 편찬한 『태자소부잠(太子少傅箴)』에 나온다. '붉은 인주를 가까이 하면 붉게 되고 먹을 가까이하게 되면 검게 물든다'는 뜻이다. 착한 사람과 사귀면 착해지고, 악한 사람과 사귀면 악해질 수 있다는 비유로 받아들여지고 있다. 좋은 습관을 가진 사람과 어울리면 좋은 습관을 갖게 되고 나쁜 습관을 가진 사람과 어울리면 나쁜 습관을 갖게 된다.

이와 비슷한 뜻으로 『순자(荀子)』의 「권학(勸學)편」에 나오는 마중지봉(麻中之蓬)이라는 말이 있다. '삼밭의 쑥'이라는 뜻이다. 쑥이 삼밭에서 자라면 붙들어주지 않아도 곧게 자라고, 흰 모래가 진흙 속에 있으면 함께 검어진다(蓬生麻中 不扶而直 白沙在涅 與之俱黑)는 성어에서 따왔다. 쑥은 보통 곧게 자라지 않지만 똑바로 자라는 삼과 함께 있으면 붙잡아주지 않더라도 스스로 삼을 닮아가면서 곧게 자란다는 뜻이다. 주위환경이 그만큼 중요하다는 얘기다.

좋은 회사는 어떤 곳일까? 아침에 일어나 빨리 출근하고 싶은 회사, 상사가 하루에 한 번 칭찬해주는 회사, 동료들이 돌아가면서 축하해주는 회사, 수다를 떨고 웃으면서도 아이디어가 샘물처럼 솟아나는 회사, 퇴근할 때 뭔가를 배우고 간다는 뿌듯함이 있는 회사…….

행복하려면 행복한 사람과 가까이 하면 된다. 항상 가까이 하는 가족과 직장동료들이 행복하도록 노력하면 나도 행복해질 수 있다. 그들을 위해 무엇을 해줘야 할지 즐거운 고민을 해야 한다.

역시 쑥보다 삼의 역할이 중요하다. 윗사람이 솔선수범하면 아랫사람은 잘 본받을 것이다. 윽박지르는 것보다 칭찬하는 것이 훨씬 효과적일 것이다. 기분을 좋게 하면 의욕이 살아날 것이고 열정이 생겨 성과가 커질 것이 분명하다.

반면 질책하면 의욕이 사라지고 열정이 식어 성과는 줄어들 것이

뻔하다. 그럼에도 많은 리더는 칭찬에 인색하고 질책에 익숙하다.

왜 그럴까? 그 자신도 칭찬이나 인정을 받아본 경험이 없어서일 수도 있고 그들의 주장대로 칭찬할 만한 구석을 도저히 찾을 수 없어서이기도 할 테다. 그럼에도 연습을 해서라도 칭찬해야 한다. 입에 발린 말이어도 상대에 대한 장점을 떠올리며 연습하다보면, 어느새 그 사람은 칭찬받아 마땅한 사람으로 변화해 있을 수도 있다.

인간적으로 존경할 상사와 업무적으로 존중할 상사가 있다. 존경스러우면서도 존중할 만한 상사를 모신다면 큰 행복일 것이다. 먹보다는 인주가 되고 쑥이 닮고 싶은 삼이 되는 리더가 행복한 기업을 만든다. 배우고 가르치면서 성장하는 즐거움을 함께 나누는 분위기를 조성하도록 해야 한다.

신입의 창의력을 살리려면

때로 중간간부보다 신입사원과 대화가 더 잘될 때가 있다. 신입사원의 생각은 참신하고 미래지향적이다. 한마디로 오염이 덜 되어 있다. 그래서 신입사원의 아이디어를 새로운 사업 아이템으로 발전시킨 경우도 꽤 있다. 중간간부는 회사의 사정을 너무 잘 알고 있기 때문에 회사가 감당할 수 있는 범위 내에서 생각하려고 한다. 자원의 한계를 미리 정해 그 안에서 생각하고 일을 처리하는 데 익숙해져 있기 때문이다. 특히 조직이 경직될수록 이러한 경향이 심하다.

뻔한 얘기지만 사람이나 기업이나 익숙한 상황에 안주하기를 원

4강 | 혁신(仁德)

한다. 변화를 두려워하고 틀을 깨기 싫어한다. 하지만 미래의 꿈을 갖지 않으면 성장할 수가 없다. 꿈을 갖고 이를 실행하려는 도전이 필요하다. 그래서 꿈 많은 신입사원은 기업의 보배다.

그런데 대체적으로 신입사원에 대한 교육이 제대로 이뤄지지 않고 있다. 시스템이 잘 갖추어진 대기업은 다르지만 일반적으로 신입사원 교육이 체계적이지 않다. 그때그때 회사 사정에 따라 진행되는 경우가 많다. 또 대충 일하면서 중간간부들로부터 교육을 받게 된다. 이 경우 신입사원의 꿈과 창의성을 오히려 쪼그라들게 만들기 십상이다. 신입사원을 회사의 기존 틀 안에 가두어 적응하도록 가르치는 것이다. 이것은 올바른 직무교육이 아니다.

신입사원 교육은 최고경영자가 각별히 신경을 써야 할 일이다. 바쁘다는 핑계로 대충 할 일이 아니다. 그들은 마치 빈 도화지와 같다. 어떤 밑그림을 그리느냐에 따라 호랑이가 될 수도 있고 토끼가 될 수도 있다.

신입사원에 대해서는 첫째, 실패할 기회를 주고 스스로 판단하게 해야 한다. 그들이 가지고 있는 생각을 회사에 접목시키는 과정에서 시행착오와 실패를 경험할 수 있는 기회를 주어야 한다. 그래야 기존의 방식에 새로운 개선점이 발견될 수 있다. 또 기존 방식에 대해서도 그들 스스로 그 방식의 합리성을 판단하고 수용하도록 하는 것이 좋다. 납득도 못한 채 그저 과거부터 해온 방식이라는 이유로 따르도록 하는 것은 문제가 있다.

둘째, 창의적인 생각을 꺾지 않도록 해야 한다. 신입사원 중에는 초기에 조직생활에 잘 적응하지 못하는 사람이 있다. 대개 이런 사람에 대해 안 좋게 평가하거나 거리를 두곤 한다. 그런데 좀 더 지나고 보면 이런 사람들의 업무성취도가 고분고분하던 사람보다 훨씬 높은 경우를 많이 본다. 의아하게 생각할 것 없다. 이들은 대개 창의적인데 신입사원이라는 이유로 스스로 일을 못하게 하자 그런 회사 분위기에 적응하지 못했던 것이다. 지적 능력이나 성격의 문제는 아니었던 것이다. 회사가 이들의 창의적인 생각을 꺾으려고 한다면 회사를 떠나거나 스스로 창의성을 포기하고 말 것이다.

셋째, 신입사원 개개인의 성향을 이해해야 한다. 앞서도 말했지만 사람은 크게 보아 리더형과 참모형으로 나뉜다. 리더형은 자아의식이 강하고 성과를 중시하며 지배하기를 좋아한다. 참모형은 안정적이고 인내심이 강하며 순종적이다. 리더형은 또한 자신의 생각이나 감정을 잘 표현하고 낙천적이며 주목받고 싶은 욕구가 강하다. 참모형은 적극적으로 나서기를 좋아하지는 않지만 논리적이고 정확하며 신중한 행동을 취한다. 서로 다른 성향을 지니고 있는 사람들을 한 잣대로 평가하고 한 방향으로 길들이려고 해서는 안 된다. 다른 두 성향이 만났을 때 시너지가 나도록 유도해야 한다.

넷째, 다양한 경험으로 사고의 폭을 넓히도록 해야 한다. 고정관념이 없는 인재로 키우려면 여러 부서의 일을 두루 알도록 체험의 기회를 제공해야 한다. 다양한 경험을 통해 창의적인 생각을 할 수 있도록 해야 한다. 그리고 회사 일에 대해 전반적으로 이해하게 도와줌으로써 자신의 업무 가치와 부서 간 협조의 필요성을 스스로

터득하도록 하는 게 좋다.

다섯째, 신입사원 내면에 있는 잠재능력을 일깨우도록 해야 한다. 신입사원 스스로 임원이나 최고경영자의 꿈을 갖도록 해야 한다. 자기 비전을 가진 사람이 성취하려는 열정도 강하다. 그리고 그들이 자신감을 갖도록 칭찬해줘야 한다. 스스로 잘할 수 있다는 생각이 중요하다. 회사는 그들이 가지고 있는 잠재역량을 발휘할 수 있는 분위기를 만들어줘야 한다.

화를 바꾸어 복이 되게 하다

──問──

어려움이 끝 모르게 이어져 옵니다.
위기를 이겨낼 수 있는 전략이 궁금합니다.

──答──

쾌도난마식 혁신은 독이 됩니다.
몸집 줄이기로 버티는 데에는 한계가 있습니다.
직원의 팔을 비틀고 목을 치는 혁신이 성공하기란 쉽지 않습니다.

위기를 기회로 바꾸는 지혜

장기 불황의 공포감은 경영자에겐 큰 부담이 아닐 수 없다. 매출이 줄어들고 손실이 늘어나면 경영자로서는 정말 난감한 일이다. 잠을 제대로 잘 수가 없다. 이런 상황에서 경영자들이 고민 끝에 내놓는 처방은 대부분 구조조정이다. 조직을 줄이고 사람을 내보내 비용을 줄이는 것이다.

하지만 위기를 어려움으로 인식하는 소극적인 자세를 버리고 새로운 도약의 기회로 삼는 적극적인 사고와 행동이 필요하다. 쉬운 길을 버리고 어려운 길을 가야 한다. 전국시대 합종책(合從策)으로 출세를 도모했던 소진은 "예로부터 일을 잘 처리했던 사람은 전화위복 인패위공(轉禍爲福, 因敗爲功)하였다"라고 설파했다. 화를 바꾸어 복이 되게 하고 실패한 것을 바꾸어 공이 되게 한다는 뜻이다. 어떤 불행이나 실패도 행복과 성공으로 바꿔놓을 수 있다는 희망의 메시지이기도 하다.

진인사대천명(盡人事待天命)이라는 말이 있다. 어떤 일이든지 노력하여 최선을 다해야 한다. 최선을 다했다면 결과에 집착하지 말아야 한다. 사람으로서 할 수 있는 일을 다 하고, 결과는 하늘의 뜻에 맡겨야 한다.

중국 삼국시대에 위나라와 오·촉 연합군이 전투를 벌인 적벽대전 중에 촉나라의 제갈량은 관우(關羽)에게 위나라 조조를 죽이라고 화용도(華容道)로 보냈다. 관우는 화용도에서 포위된 조조를 죽이지 않고 길을 내주어 달아나게 하고 돌아왔다. 일전에 조조에게 입었던 은혜에 보답한 것이다.

제갈량은 아쉬워하며 관우를 벌하려 하다가 유비의 간청도 있고 해서 그만둔다. 제갈량은 "천문을 보니 아직 조조가 죽을 운명이 아니다. 내가 사람으로서 할 수 있는 일은 다했으니 하늘의 명을 기다릴 뿐이다"라고 하였다.

회사가 어려워지면 전화위복과 진인사대천명을 먼저 생각해야 한다. 어떻게 하면 구조조정을 하지 않고 회사를 살릴 수 있을지를 고민해야 한다. 구조조정이라는 말이 회사에 퍼지는 순간 어떤 일이 일어나는가? 능력 있는 사람들이 먼저 살 길을 찾아 떠나려고 할 것이다. 사람의 수는 줄어들어 비용은 감소할지 몰라도 매출은 더 큰 폭으로 줄어들 것이다. 남아 있는 사람들도 항상 불안감에 휩싸일 수밖에 없다. 일이 손에 잘 잡히지 않을 것이다. 하나 둘 떠나가는 동료를 보면서 '나는 살아남았으니 더 열심히 해야지'라고 생각하는 사람이 몇이나 될까?

작은 기업일수록 민첩해야 한다는 어떤 중소기업 사장의 말이 생각난다. 그는 불황이 닥칠 예감이 들면 선제적으로 직원 수를 줄여야 한다고 강조했다. 그것이 작은 기업이 살아남는 방식이라는 것이다. 경기가 나쁘면 같이 일하던 사람을 자르고 경기가 좋으면 사람을 좀 늘리면 된다는 말이다.

어찌 보면 합리적인 말처럼 들린다. 하지만 이런 기업이 지속 성장을 할 수 있을지는 의문이다.

살다보면 좋은 날도 있고 궂은 날도 있기 마련이다. 개인적인 삶도 그렇지만 기업도 마찬가지다. 상처를 보듬어 안고 아픔을 견딜 수 있는 것은 희망과 꿈이 있기 때문이다. 어떤 역경이 닥쳐도 함께 할 수 있다는 믿음과 신뢰가 있는 조직이어야 희망이 생길 것이다. 자신이 언제 잘릴지도 모르는 소모품이라는 인식이 팽배한 조직에서 어떤 꿈을 찾겠는가.

어두운 구름 밖으로 나오면 맑고 푸른 하늘이 나타난다. 위기를 극복하고 나면 반드시 좋은 시절이 온다. 경영자나 리더는 구성원들에게 꿈을 심어주어야 한다.

쾌도난마식 혁신의 함정

혁신을 전광석화처럼 해치우려는 경영자가 있다. 단숨에 몰아치는 것이 혁신을 성공시키는 비법이라고 생각한다. 꾸물거리다간 언제 반발이 나올지도 모르고 그러다 보면 흐지부지될 것이라고 염려한다. 그래서 쾌도난마(快刀亂麻) 식으로 일을 처리하려고 한다. 심지어 복잡한 문제를 단칼에 해결하는 것을 멋있는 것으로 생각하는 경향을 보인다. 과연 그럴까?

쾌도난마는 중국 북제(北齊) 문선제(文宣帝)의 행동에서 비롯된 말이다. 문선제는 동위(東魏)의 효정제(孝靜帝) 때 승상으로 있던 고환(高歡)의 둘째 아들이었다. 고환에게는 여러 명의 아들이 있었다. 어느 날 고환은 아들들의 능력을 시험해보기로 마음먹었다. 아들들을 불러놓고 어지럽게 뒤엉킨 실타래를 하나씩 나누어주고는 잘 추슬러보라고 하였다. 다른 형제들은 뒤엉킨 실을 풀어내어 한 가닥으로 추리느라 분주하였다.

하지만 둘째 아들인 고양(高洋)만은 달랐다. 그는 칼을 뽑아 단번에 실타래를 잘라버리고는 "어지러운 것은 베어버려야 한다"라고 말했다. 이를 보고 고환은 고양이 크게 될 인물이라고 생각했다. 고양은 나중에 효정제를 몰아내고 북제를 세워 문선제로 즉위했다. 문선제는 즉위 초기에는 국정을 잘 돌보는 듯했다. 하지만 만년에는 백성들을 학살하는 등 폭정을 일삼았다.

쾌도난마는 처음에 백성들을 권력이나 통치의 힘으로 억눌러 문제를 해결한다는 의미로 사용되었다. 세월이 흘러 세상이 복잡해지면서 쾌도난마의 의미도 점차 바뀌었다. 복잡하게 얽혀 있어 풀기 어려운 사안에 맞닥뜨렸을 때 과단성을 가지고 명쾌하게 처리하는 것을 비유하는 말로 쓰이게 되었다.

일이 꼬이고 복잡해질 때가 많다. 문제해결을 위해서 전가의 보도처럼 꺼내는 것이 혁신이다. 그런데 과연 혁신이 무 자르듯이 쉬운 일일까? 또 혁신이 만병통치약처럼 경영의 두통을 치료해줄 수 있을까? 혁신은 구성원들의 습관체계를 바꾸는 것과 같다. 누구에게나 습관을 바꾸는 것은 매우 어려운 일이다. 조바심 내지 말고 격려하면서 기다릴 줄 알아야 한다.

맹자는 송나라 농부의 일화로 순리를 무시하는 사람의 어리석음을 훈계했다. 일부러 부추기고 선동하는 조장(助長)을 경계하라는 것이다.

성미 급한 한 농부가 논에다 벼를 심고 언제 벼이삭이 달릴까 하고 안달을 했다. 그는 날마다 논에 나가 논둑에 서서 벼를 살폈으나 벼가 자라는 것 같지 않았다. 하루는 도저히 참을 수 없어서 바짓가랑이를 걷어붙이고 논에 들어갔다. 벼 포기를 하나하나 조금씩 뽑아 올렸다. 저녁에 집으로 돌아온 농부는 가족들에게 "오늘 하루 종일 모가 잘 자라도록 조장을 했더니 피곤은 하지만 기분이 좋구나"라고 의기양양하게 말했다. 그 말을 들은 가족들은 깜짝 놀랐다. 밤새 마음 졸이다가 날이 밝자마자 논에 달려간 아들은 망연자실하고 말았다. 밤사이에 벼들이 모두 시들어 축 처져 있었다.

혁신은 위험을 내포하고 있다. 쉽게 꺾으려면 부러지기 쉽다. 천천히 달구어 모양을 잡아야 오래 간다. 얽힌 실타래를 칼로 자른다고 문제가 해결되지 않는다. 직원의 팔을 비틀고 목을 치는 혁신이 성공하기란 쉽지 않다.

경영자가 성과만을 위해 순리를 저버리는 것이 가장 위험한 일이다. 싹이 자라도록 뽑아주는 어리석음을 경계해야 한다. 바쁠수록 돌아가라는 지혜를 가볍게 생각해서는 안 된다. 혁신에도 따뜻한 사랑과 나눔이 전제되어야 한다.

공유

共有

한 사람의 똑똑함보다 열 사람의 어리석음을 조합하라

조직문화가 경쟁력의 차이다

――― 問 ―――

지속성장이 화두가 되고 있습니다. 비결이 무엇일까요?

――― 答 ―――

조직문화를 보면 미래가 보입니다.
배우려는 조직은 멀리 가고 교만한 조직은 쇠락합니다.
지속 성장을 위해서는 조직문화부터 챙겨야 합니다.

문화를 보면 미래가 보인다

기업 임원들을 대상으로 강연을 하는 한 컨설턴트의 이야기다. 그는 임원들의 강의 듣는 태도에서 그 기업의 상태를 어느 정도 짐작할 수 있다고 했다.

똑같은 주제의 이야기를 해도 기업에 따라 큰 차이를 보인다는 것이다. 크게 두 그룹으로 나눠보면 A그룹은 같은 내용이라도 의미를 다시 되새겨보고 진지하게 받아들이려고 한다. B그룹은 별로 색다른 게 없다는 태도로 외면하는 분위기여서 강의하기가 민망할 정도다.

A그룹은 대개 새로 사업을 확장하거나 성장세를 타고 있는 기업들이다. B그룹은 현재 잘나가는 기업이거나 한때 잘나가다가 약간 주춤하고 있는 기업들이다.

기업은 흥망성쇠가 뚜렷하다. 영원히 1위 자리를 고수할 것처럼 시장을 선도하던 기업도 어느 순간 바로 침몰하는 경우가 흔하다.

잘나가던 기업이 왜 어려워질까?

이유는 간단하다. 기업이 잘나가면 방만해지고 자만심이 생겨 외부의 환경변화에 둔감해진다. 결국 스스로 환경변화에 적응하지 못하고 뒤처지게 된다. 그리고 핑계를 댄다.

기업을 제대로 알려면 기업 내부를 들여다봐야 한다. 기업의 경영 상태는 대체로 재무분석과 업황분석, 그리고 최고경영자 분석 등을 통해 평가한다.

하지만 이것만으로는 기업의 현재와 미래를 정확하게 볼 수 없다. 기업문화 분석이 제대로 이뤄져야 한다. 기업 리포트를 제대로 쓰려면 기업을 탐방해서 기업의 내부를 잘 살펴야 한다.

쇠락할 기업은 그 징후를 쉽게 포착할 수 있다. 우선 외관상으로 보면 화장실이 지저분하고 잘 보이지 않는 곳의 청결 상태가 불량하다. 직원 식당의 음식 수준이 좋지 않다. 동료 간에 인사를 잘하지 않는다. 조직 분위기가 가라앉아서 전혀 열기를 느낄 수가 없다. 기강이 해이해져 공사 구분이 흐릿하다. 개인적으로 기업경비를 전용하고 있다. 고위직일수록 그 정도가 심하다. 조직에 대한 무관심이 팽배해 있다. 조직 발전을 위해 비판하던 젊은 혈기가 사라지고 있다. 직원들은 회사를 떠나든지 아니면 체념하고 회사가 하라는 대로 하기로 마음 먹는다.

좀 더 깊숙이 살펴보면 더 심각한 문제가 발견된다.

일을 열심히 하다가 잘못되면 혼이 나지만 일을 찾아 하지 않았다고 혼나는 경우는 없다. 신입사원이 선배들에게 듣는 얘기는 튀지 말라는 것이다.

게다가 직원을 아끼고 인격적으로 대우하는 분위기가 없다. 직원은 생산수단의 하나로 취급되고 있다. 직원들의 애사심이 현저히 떨어졌지만 별로 신경 쓰지 않는다. 밀실인사가 판을 친다. 고객이나 경쟁사 등 외부 대응보다 사내 정치에 더 많은 에너지를 소진한다. 임원 승진은 누가 봐줘서 됐다는 소문이 무성하다. 줄타기에 신경을 곤두세우고 줄을 제대로 못 잡은 사람들의 불만이 높다. 경영진이 직원의 신뢰나 존경을 받지 못하고 있다. 경영진의 독선과 고집이 도를 넘어선다.

일부 상황은 극단적으로 평가한 결과일 수도 있다. 정도의 차이는 있지만 우리 회사가 위에서 언급한 회사를 많이 닮아간다고 생각되면 혁신이 필요하다.

매너리즘에서 벗어나야 한다. 초심으로 돌아가도록 기업문화를 바꿔야 한다. 경영진이 솔선수범하도록 해야 한다. 직원들이 신뢰할 수 있는 조직이 되도록 해야 한다. 자본을 중시하는 풍토에서 사람을 중시하는 문화로 탈바꿈해야 한다.

사람답게 대하는 분위기

아침에 출근해서 동료들과 부드러운 커피 한 잔을 나눈다. 서로 미소를 짓기도 하고 깔깔거리기도 하고 감탄하기도 한다. 대화 내용은 그냥 일상적인 잡담이다. 별로 참신한 내용도 없고 감격할 얘기도 아니다. 그래도 이들은 즐거워한다.

같은 시간 다른 회사에서는 회의 준비로 바쁘다. 커피를 마실 시간적 여유도 정신적 여유도 없다. 또 깨지지 않을까 하는 두려움과 짜증이 교차하면서 기분이 영 좋지 않다. 동료가 와서 아는 체를 해도 본체만체 한다.

직원들끼리 재잘거리던 회사의 회의 분위기를 살펴보자. 오늘 회의의 주요 안건은 증시침체에 따른 영업실적 차질에 관한 것이다. 사업 자체가 주식시황과 밀접한 관계가 있어 외생변수에 의해 실적이 악화되고 있는 상황이다.

직원들은 영업 상황에 대한 심각성을 잘 알고 있다. 각자 대안을 제시한다. 그리고 열띤 토론이 이어진다. CEO는 경청을 하면서 간혹 맞장구를 쳐준다. 결론은 포괄적 자산 컨설팅에 대한 프로모션을 강화하자는 쪽으로 모아진다.

한편 다른 회사의 회의 모습. 경영회의에 참석한 간부들은 주눅이 잔뜩 들어 있다. 본부장이 주식시황 악화로 영업실적이 부진하다는 얘기를 꺼내자마자 CEO는 핏대를 세우기 시작한다. 실적부진에 대한 핑계를 외생변수로 돌리고 있다는 지적이다. 만회할 수 있는 대안이 뭐냐고 다그친다. 당황한 본부장은 준비한 자료를 만지작거리며 우물쭈물하고 있다. 성격이 급한 CEO의 언어폭력이 작렬한다. 회의는 결론 없이 본부장에게 '대책강구'라는 숙제를 제시하는 것으로 마무리된다.

위의 두 조직 중에 어떤 조직이 더 효율적이고 생산적일까. 상의하달식 지시와 질책이 난무하는 조직인가, 아니면 창의적 의견 개진과 경청이 조화를 이루는 조직인가.

직장을 다니면서 누구나 주인의식을 갖기를 원한다. 하지만 쉽지 않다. 경영진이 바라는 주인의식과 직원이 바라는 주인의식의 관점이 다르기 때문일 것이다. 직원이 주인의식을 갖고 일할 수 있도록 하기 위해서는 경영자가 직원의 관점에서 배려하고 보상해야 한다.

설렁탕집을 경영하는 사람이 있었다. 그의 고민은 서빙하는 아주머니들의 근태문제였다. 걸핏하면 결근을 하고 사전 통보도 없이 그만두곤 했다. 또 일을 하더라도 건성으로 해서 손님들과 잦은 마찰을 빚었다. 이런 경우 그 아주머니들을 몽땅 내보내고 더 성실히 일할 사람을 찾으면 문제가 해결될까?

설렁탕집 주인은 곰곰이 생각했다. 어떻게 일하는 보람과 긍지를 심어줄 수 있을까? 주인의식을 갖고 일할 수 있는 방안이 뭘까? 투명경영과 성과보상, 그리고 자부심이 해답이었다.

설렁탕집의 매상과 비용을 투명하게 공개하고 다달이 수익금이 초과 발생했을 때 수익금의 일정액을 종업원들과 나누기로 원칙을 정했다. 또 아주머니들의 자녀들에게 장학금을 지급함으로써 단순한 '서빙 아줌마'가 아닌 직장인으로서의 자부심을 느낄 수 있도록 했다. 아울러 매년 1회씩 부부동반 동남아 여행을 가도록 배려했다.

그 후로 서빙하는 아주머니들은 당당히 직원으로서의 자부심을 갖고 성과보상에 대한 기대로 고객들에게 친절하게 서비스를 하게 되었다.

툭하면 그만두는 것이 아니라 혹시 설렁탕집이 잘못되어 일자리를 잃게 될까 걱정하게 되었다. 당연히 이 설렁탕집은 대박을 쳤다고 한다. 이 얘기는 한 지인으로부터 전해들은 실화다.

회사의 비전과 개인의 비전이 일치한다면 일할 맛이 절로 날 것이다. "회사가 추구하는 가치가 마음에 들어 열심히 즐겁게 일하다보니 어느새 성공해 있더군요"라고 말할 수 있으면 얼마나 좋겠는가.

어느 회사나 기업문화는 존재한다. 하지만 그것이 모두 다 좋은 문화는 아니다. 파벌을 조성하는 분위기, 동료나 고객을 신경 쓰지 않는 나만의 행동, 일방적인 지시에다 투덜거리며 따라가는 업무 행태, 건설적인 비판이나 건의보다는 회사를 깎아내리는 자조적 불평 불만이 횡행하는 문화……. 이런 기업문화를 가진 회사는 잘되기 어렵다.

기업문화는 기업의 존재목적과 일치하는 것이 좋다. 기업이 가지고 있는 핵심가치가 직원 한 사람 한 사람의 생각과 행동에 녹아들게 해야 한다. 창업 멤버에서부터 새로 입사한 신입사원에 이르기까지 공유하는 문화가 되어야 한다. 공유된 사고방식과 자세, 행동양식을 토대로 기업을 지탱하는 버팀목이 될 수 있도록 해야 한다.

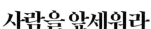

사람을 앞세워라

—— 問 ——

회사를 성장시키겠다는 의지가 강하면 강할수록 능률을 따지겠지요.
그렇게 되면 결국 사람보다는 효율성을 앞세우지 않을까요?

—— 答 ——

기업은 곧 사람입니다. 인재를 중시해야 초일류 기업으로 성장합니다.
일벌백계보다는 절영지회를 먼저 생각해야 합니다.

중국을 일으켜 세운 이인위본

2002년부터 2012년까지 10년간 중국을 통치했던 후진타오(胡錦
濤) 국가주석은 이인위본(以人爲本)을 핵심으로 지속 가능한 발전을
추진하자는 과학적 발전관을 내세워왔다. 성장만 중시했던 과거 정
책에서 벗어나 사람을 근본으로 삼는 분배 정책을 실시하고 사회·
환경 등 모든 분야를 함께 고려하겠다는 의미다. 2002년 11월 후진
타오 주석이 공산당 총서기직을 승계한 후 중국은 연평균 10.6퍼센
트의 경제성장률을 기록하며 주요 2대 국가(G2)로 급성장했다. 사

람이 근본인 이인위본의 경영철학을 다시 한 번 생각하게 한다.

'인재 제일'을 외친 삼성그룹 이병철 회장의 이인위본의 경영철학도 음미해볼 필요가 있다. 이 회장은 1981년 9월 그룹 전체 임원회의에서 앞으로 삼성이 반도체와 컴퓨터에 흥망을 걸겠다는 비장한 각오를 천명했다. 그는 이날 임원들에게 사람에 관한 경영철학을 이렇게 피력했다.

"퇴직에 대한 보호가 애사심을 강하게 한다. 작년, 재작년 많은 적자를 냈으나 사람이 남으니까 해고해야겠다는 생각을 한 번도 한 적이 없었다. 다른 회사들이 해고를 많이 했다는 것을 나는 잘 알고 있다. 일이 없으면 해고시키는데 삼성은 아직 한 번도 해고한 적이 없다. 해고가 있다는 말도 있지만 그것은 잘못된 말이다. 사고를 저지르고 본인의 불찰로 나가는 경우와 해고가 어떻게 같은 의미가 될 수 있는가. 여러분이 여기에 지대한 관심을 가지고 전 종업원들을 지도해줬으면 하는 것이 내가 간절히 바라는 바이다."

삼성이 글로벌 기업으로 성장한 데는 여러 가지 이유가 있을 것이다. 그 중에 하나는 분명하다. 인재 중시의 경영철학이다.

현재 구글과 같은 글로벌 선진 기업들은 인재 확보를 하나의 전쟁으로 인식하고 필사적인 노력을 기울이고 있다. 인재를 확보하기 위해 아예 기업을 통째로 인수하는 것이다. 그래서 '애퀴하이어(Acqui-Hire)'라는 말이 생겼다. 애퀴하이어는 '인수하다(Acquire)'와 '고용하다(Hire)'의 합성어다. 애퀴하이어는 어떤 기업에서 일하고 있는 인재를 한꺼번에 얻기 위한 기업 인수 방법이다. 통상적인 기업 인수와 달리 그 기업이 하고 있는 사업 아이템엔 관심이 없어 인수 후에 사업을 접는 경우가 많다.

기업을 경영하면서 인재를 얻는 것은 무엇보다도 중요하다. 하지만 더 중요한 것은 이미 확보한 인재를 대접하는 것이다.

"우리 기업은 별 볼일 없기 때문에 일하고 있는 사람들도 영 아니다. 그래서 거리낌 없이 사람을 내보낸다. 일할 사람은 얼마든지 있기 때문에 사람 수를 줄이는 게 무슨 대수냐. 어려울 때 인원감축을 하고 경기가 살아나면 새로 좋은 사람을 뽑아야 한다."

이런 경영철학을 가진 기업에 과연 진정한 인재가 머물기를 원할까? 사람이 기업의 근본이라는 가치관을 가져야 한다.

절영지회의 지혜

경영자들은 말로는 신뢰경영을 외치면서 자신의 간부나 직원을 잘 믿지 않는 경우가 많다. 특히 오너들은 매사를 의심부터 하는 습관이 몸에 배어 있는 듯하다. 그리고 조직의 효율성을 높이는 수단으로 수시로 긴장감을 주려고 한다. 이른바 공포경영이 그것이다. 굴지의 재벌에서부터 중견 중소기업에 이르기까지 공포경영의 흔적은 쉽게 접할 수 있다.

계열사 사장이나 임원들이 사소한 실수로 오너의 책망을 듣고 자리에서 물러나는 사례는 흔하다. 일반인이 볼 때는 왜 인사가 급작스럽게 이뤄졌는지 잘 모른다. 어쨌든 일벌백계(一罰百戒)라는 미명하에 조직을 위해 충성을 다 바치던 사람도 하루아침에 직장에서 떨려나는 경우가 허다하다.

물론 경영을 하다 보면 때로는 엄한 조치도 필요할 것이다. 불가피하게 읍참마속(泣斬馬謖)도 해야만 할 것이다. 때로는 사사로운 감정을 버리고 기강을 바로 세우는 일이 필요할 수 있다.

중국 삼국시대 촉나라의 제갈량은 마속(馬謖)의 재능을 아껴 유비의 유언을 저버리면서까지 중용하였다. 마속은 그러나 가정(街亭)의 싸움에서 제갈량의 명령과 지시를 따르지 않고 제멋대로 싸우다가 패하였다. 이에 제갈량은 마속을 아끼는 마음을 누르고 군율에 따라 목을 베어 전군의 본보기로 삼았다.

춘추시대 초나라 장왕이 투월초의 난을 평정한 뒤 공을 세운 신하들을 위로하기 위하여 성대하게 연회를 베풀었다. 연회는 밤까지 계속돼 장왕은 불을 밝히고 사랑하는 허희를 시켜 여러 신하들에게 술을 돌리게 했다. 그때 공교롭게도 한 줄기 광풍이 불어와 연회석을 밝히던 촛불이 꺼져버렸다. 그 틈에 한 신하가 허희의 소매를 끌어당겨 희롱했다. 그러자 허희는 그 사람의 갓끈을 잡아당겨 끊어버렸다. 허희는 장왕에게 누군가 자신의 몸을 건드리는 자가 있어 그 자의 갓끈을 잡아 뜯었으니 불을 켜면 그 자가 누군지 가려낼 수 있을 것이라고 고하였다.

장왕은 촛불을 켜지 못하도록 제지하고는 오히려 신하들에게 "오늘은 과인과 함께 마시는 날이니, 갓끈을 끊어버리지 않는 자는 이 자리를 즐기지 않는 것으로 알겠다(今日與寡人飮 不絶冠纓者不歡)"라

고 말하였다. 이에 신하들이 모두 갓끈을 끊어버리고 여흥을 다한 뒤 연회를 마쳤다

3년 뒤 장왕이 진(晉)나라와 싸울 때였다. 장왕이 위급할 때마다 한 장군이 목숨을 내던지고 달려와 장왕을 구하곤 했다. 장왕은 그를 불러 특별히 잘 대우해준 것도 아닌데 어찌하여 그토록 목숨을 아끼지 않았냐고 물었다. 그러자 그는 3년 전 연회 때 술에 취하여 무례를 저질렀으나 왕이 범인을 색출하지 않고 관대하게 용서해준 은혜를 갚은 것이라고 하였다.

여기서 절영지회(絶纓之會)라는 고사성어가 유래했다. 갓끈을 끊고 즐기는 연회라는 뜻으로 남의 잘못을 관대하게 용서해주거나 어려운 일에서 구해주면 반드시 보답이 따름을 비유한다.

사람이라면 누구나 실수하기 마련이다. 실수를 무조건 질책하고 징계하기보다는 감싸주고 격려함으로써 만회할 기회를 줄 수는 없는 것인가. 오너의 변덕과 불신이 임직원의 사소한 실수를 처단하는 덫과 같은 것이 되어서는 안 된다.

경영자들은 일벌백계보다 절영지회의 아량을 베풀어야 한다. 그것이 사람을 존중하는 경영의 기본이다. 아량을 베풀 때 진정한 충심을 얻을 수 있다. 임직원을 수단으로 보지 않고 존중한다면 절영지회의 기업경영이 가능할 것이다.

감원은 능사가 아니다

問

경기가 조금 나빠졌다 하면
으레 구조조정이란 말이 뉴스를 뒤덮습니다.
마치 인력을 감축하는 것이 최선의 해결책인 것처럼 비쳐지고 있습니다.

答

직원은 달면 삼키고 쓰면 뱉는 소모품이 아닙니다.
쓰임새를 알면 버릴 카드가 없습니다.
감원을 능사로 생각하는 경영방식은 반드시 개선되어야 합니다.

직원은 소모품인가

'한국 경제에 구조조정 태풍' '경기 침체 갈수록 수렁' '외환위기 악몽 재현되나' '인력 감축 등 비상경영 확산' 등 섬뜩한 기사가 쏟아지면 가슴이 아프다. 경제기자 출신인 나는 항상 이런 기사 제목이 언제나 사라질까 하는 생각에 안타까움을 금치 못한다. 뭔가 추상적으로 과장된 표현을 끌어들여 뉴스의 가치를 높이려는 의도도 다분히 깔려 있기 때문이다. 또 의도하지는 않았더라도 마치 경기가 나빠지면 당연히 인력을 감축해야 하는 것처럼 분위기를 몰아가는 것도 문제가 아닐 수 없다.

경기 침체에 따른 고용 감소가 일어나는 것은 팩트일 수도 있다. 문제는 팩트를 가지고 위기감을 증폭시키는 것이다. 이런 유형의 기사일수록 정확한 팩트를 전달하려고 노력해야 한다. 구체적으로 어떤 회사가 어떤 조치를 취하는지에 대한 내용이 정확하게 전달되도록 하면 된다.

경기가 위축된다고 해서 사람을 먼저 줄이려는 경영은 단기적으론 효과가 있을지 모른다. 하지만 장기적으로는 결코 성공할 수 없는 경영방식이다. 사람을 수단으로 생각하는 과거의 낡은 사고에서 비롯된 것으로 생산의 세 요소를 토지, 자본, 노동이라고 단순하게 외우는 사람들이 선택하는 방식이다.

무엇을 바탕으로 해야 사업이 장기적으로 성공할 수 있을까? 바로 사람이다. 사람이 토지와 자본을 가지고 사업을 성공시키는 것이다. 말로만 인재를 중시한다고 할 것인가? 호황 때만 인재를 찾고 불황 때는 나 몰라라 하는 것은 인재를 중시하는 것이 아니다. 어려울수록 의리를 지키는 경영이 필요하다. 불황일수록 똘똘 뭉쳐 위기를 극복하려는 자세가 있어야 한다. 사람 존중을 바탕으로 한 일관된 경영을 해야 한다.

채찍을 맞아가며 묵묵히 밭을 가는 소도 지쳐서 제대로 쟁기를 끌지 못할 때가 있기 마련이다. 경영자들은 이 경우 소를 바꿔서라도 밭을 갈아야 한다는 강박관념에 사로잡혀 있다. 그래서 일을 그르치곤 한다. 일이 제대로 되고 있지 않다고 판단되면 여유를 잃고 조바심을 낸다. 목표가 잘못 설정됐는지, 불가항력적인 돌발 변수가 생겼는지, 일하는 직원이 피치 못할 사정이 생겼는지를 꼼꼼히 따져보지 않는다. 왜 이 따위로 일하느냐고 윽박지른다. 물론 일을 하다보면 누구든 마음에 안들 때가 있다. 하지만 앞뒤를 살피지 않고 몰아세우는 것은 문제가 있다.

소가 지쳐서 힘들어하면 소에게 휴식을 취하게 하고 여물을 줘서 원기를 북돋워주려는 것이 농부의 마음일 것이다. 오늘 밭갈이에 차질이 있더라도 소가 아프지 않기를 바라는 마음일 것이다. 그런데 사업하는 사람은 지친 소를 우시장에 내다팔고 다른 소를 구입해 그날 마음먹은 밭갈이를 끝내야만 성공하는 것일까? 계산적으로 어떤 것이 유리한지 모르겠지만 '경영'이라는 단어를 생각한다면 농심을 본받아야 하지 않을까 생각된다.

매출이 떨어지고 사업이 부진하면 같이 일하던 사람부터 정리하려고 하는 생각을 버려야 한다. 그 길이 가장 편하고 쉬운 방법이라 하더라도 택하는 데는 신중해야 한다. 사람을 수단으로 여겨서는 안 된다. 사람을 소처럼 부리다 내다팔면 그만이라는 생각을 해서는 안 된다. 직원은 소모품이 아니다.

감원을 하기 전에 같이 더 일할 수 있는 방법을 찾으려 노력해야 한다. 나눔의 정신을 가지고 위기를 극복하면 더 큰 기회를 얻을 수 있다. 직원들을 언제든지 바꿀 수 있는 소처럼 대하면서 '주인의식'을 가지라고 말할 수 있을까? 소도 농부의 마음을 안다. 하물며 직원들이 경영자의 생각을 모를 리가 있겠는가.

쓰임새를 알면 버릴 카드가 없다

옛날 어느 나라 왕이 한 대신을 불러 코끼리를 끌어오게 했다. 왕은 그 코끼리를 맹인들에게 가져다주고 무엇인지 물어보라고 했다. 그러자 맹인들은 코끼리인 줄 모르고 각자 만진 부위에 따라 다르게 대답했다. 코끼리의 이를 만진 사람은 무라고 대답하고 귀를 만져본 사람은 키라고 대답하고 머리를 만진 사람은 돌이라고 대답했다.

왕은 이에 대해 "맹인들은 코끼리와 몸뚱이를 제대로 말하지는 않았지만 그렇다고 말하지 않은 것도 아니다. 그들이 말한 것이 코끼리는 아니지만, 그들이 말한 것을 떠나서 또 달리 코끼리가 있는 것도 아니다"라고 말했다. 여기서 말하는 코끼리는 불성(佛性)을 비유한 것이다. 어리석은 모든 중생은 맹인처럼 불성을 부분적으로 이해하고 있다는 점을 지적한 일화다.

『열반경(涅槃經)』에 나오는 군맹무상(群盲撫象)이란 말의 유래다. '맹인 코끼리 만지기'는 흔히 사물을 총체적으로 파악하지 못하고 모든 사물을 자기 주관과 좁은 소견으로 그릇되게 판단한다는 뜻으로 쓰이고 있다.

하지만 군맹무상에서 간과해서는 안 되는 중요한 사실이 있다. 모든 중생에게는 다 불성이 있다는 것이다. 맹인 한 사람 한 사람은 어리석고 일부분밖에 알지 못하지만 그것을 한데 모으면 코끼리가 된다는 진리다. 한 사람의 판단에 의존할 경우 어리석음을 그대로 유지하게 되지만 여러 사람의 판단을 모으면 어리석음을 극복할 수 있다.

아무 짝에도 쓸모없는 물건이나 사람을 무용지물(無用之物)이라 일컫는다. 쓸모없음을 표현하는 또 다른 표현으로 하로동선(夏爐冬扇)이란 말이 있다. '여름의 난로, 겨울의 부채'라는 뜻이다. 상식적으로 생각하면 무더운 여름날에 뜨거운 화로가 왜 필요하고 살을 에는 추운 겨울날에 시원한 부채가 무슨 소용 있겠는가.

하지만 무더운 여름날이라도 젖은 옷을 말리는 데 화로를 사용할 수 있고 겨울날 꺼져가는 불씨를 살리는 데 부채를 부칠 수 있는 것이다. 물건은 사용하기에 따라 쓰임새가 달라질 뿐이다. 세상에 무용지물이란 본래부터 없다. 사람이 쓰임새를 몰라 쓸모 있는 물건도 제대로 쓰지 못하면서 하는 말이다.

시대가 바뀌고 있다. 산업시대에서 지식시대로, 지식시대에서 문화시대로 넘어간다. 개발독재시대에서 시장자유시대로, 시장자유시대에서 경제민주시대로 넘어간다. 관리시대에서 정보시대로, 정보시대에서 창조시대로 넘어간다. 개발독재시대의 산업화 마인드로는 문화감성시대의 창조성을 이끌어낼 수 없다.

『생각의 탄생』을 쓴 로버트 루트번스타인은 "전문화 추세가 가속화되면서 지식은 파편화되고 있다. 오늘날 사람들은 너무나 많은 정보를 받아들이고 있지만 정작 그것들의 기원이나 의미가 무엇인지, 어떻게 사용할 것인지 등에 대해서는 거의 파악하지 못한다. 전문적인 지식의 양은 늘어나는 데 비해 학문 간의 교류는 오히려 줄어들고 있어 종합적 이해력은 퇴보 일로에 있다. 현대사회는 지식의 풍요 속에서 오히려 암흑기를 맞고 있다"라고 주장했다.

항상 눈에 보이고 손에 잡히는 것이 전부는 아니라는 사실을 염두에 두어야 한다. 한쪽 말만 듣고 판단하다가는 일을 그르치고 말 것이다. 한 사람의 똑똑함보다 열 사람의 어리석음을 잘 조합한 것이 더 유용하다는 사실을 깨달아야 한다. 또 직원 개개인의 특성을 잘 파악해서 쓰임새를 찾아야 한다.

공헌도 경쟁력이 되는 시대

—— 問 ——

청년 실업도 문제이지만 노장년 실업도 심각한 상태인데
해결책이 없을까요? 기업에서는 경륜과 인맥에서 우러나오는
노장년층의 능력도 필요할 것으로 생각됩니다.

—— 答 ——

나눔경영은 의리를 실천하는 방편입니다.
잡셰어링으로 경쟁력을 키울 수 있습니다.
베이비부머의 노마지지를 활용해야 합니다.

노마지지 살리는 '잡셰어링'

베이비부머들의 대량 퇴직이 본격화하고 있다. 베이비부머들은
우리 사회의 생산과 소비의 중심이다. 하지만 노후에 대한 경제적
기반을 제대로 갖추지 못한 채 퇴직을 맞는 경우가 많다. 이들은 생
계를 위해서 재취업에 나설 수밖에 없는 형편이다. 실제로 노장년층
의 취업자는 해마다 늘어나고 있다. 고용노동부에 따르면 55세 이
상 취업자는 2007년 422만 명에서 2011년 11월 현재 495만 명으로
9.3퍼센트 늘었다. 재취업의 경우도 단순노무직이 대부분을 차지하

고 있다.

앞으로 베이비부머의 1차 퇴직이 가속화되면 이들의 재취업 수요는 급증할 것이다. 하지만 이에 대한 사회적 합의는 아직 이루어지지 않은 상황이다. 청년 실업에 이어 베이비부머의 노장년 실업은 우리 사회에 큰 부담이 될 수밖에 없다.

일자리 창출은 우리 모두가 다 같이 해결해야 할 과제다. 은퇴자들의 전문성과 경험을 살리는 새로운 고용 환경을 조성할 필요가 있다. 임금피크제와 전문위원제와 같은 탄력적인 고용 형태를 통해 지속 근무가 가능하도록 하는 조치가 바람직하다. 또한 인력난을 겪고 있는 중소기업에 필요한 전문 인력을 적재적소에 추천할 수 있는 시스템도 필요하다.

일을 시작하는 초기에는 모든 것이 아쉽다. 자금력이나 경험이나 부족하지 않은 게 없다. 무엇보다 아쉬운 것은 사람이다. 경험이 풍부한 인재가 절실하다. 알아서 일을 척척 해내는 인재들이 있다면 얼마나 좋겠는가. 좋은 인재를 영입하려고 해도 여건이 마련되지 않으면 어려운 일이다. 누구나 겪는 고초다. 이런 기업들에게는 경험이 풍부하고 전문성을 갖춘 은퇴자가 필요할 것이다.

『한비자』의 「세림(說林) 상편」에는 노마지지(老馬之智)라는 말이 나온다. 보잘것없어 보이는 늙은 말도 그 지혜를 잘 이용하면 가치가 있다는 뜻이다. 춘추시대 오패의 한 사람이었던 제(齊)나라 환공 때의 일이다. 환공은 어느 해 봄날 명재상 관중과 대부(大夫) 습붕(隰朋)을 거느리고 고죽국(孤竹國) 정벌에 나섰다. 전쟁이 의외로 길어지는 바람에 그해 겨울에야 끝이 났다. 혹한 속에 지름길을 찾아 귀국하다가 길을 잃고 말았다. 전군(全軍)이 진퇴양난에 빠져 추위와 불안에 떨게 되었다. 관중은 이때 늙은 말 한 마리를 풀어놓았다. 늙은 말은 본능적으로 길을 찾아냈다. 그 뒤를 따라 행군한 지 얼마 안 되어 큰길이 나타났다.

다시 산길을 행군하다가 이번엔 식수가 떨어져 갈증에 시달리게 되었다. 습붕이 개미집을 찾도록 했다. 개미는 여름엔 산 북쪽에 집을 짓지만 겨울엔 산 남쪽 양지 바른 곳에 집을 짓고 산다. 습붕은 개미의 습성을 감안할 때 개미집이 있으면 그 땅속 일곱 자쯤 되는 곳에 물이 있는 법이라고 말했다. 군사들이 산을 뒤져 개미집을 찾은 다음 그곳을 파 내려가자 과연 샘물이 솟아났다.

세상에 존재하는 생명에는 다 존재의 이유가 있다. 신은 아무런 이유 없이 하찮은 미물을 세상에 내놓을 정도로 한가하지 않다. 개인이 존재하는 이유를 찾아내야 한다. 그들의 장점을 발굴하여 최대한 발휘하게 해야 한다.

관중과 습붕에게는 누구나 하찮게 여기는 늙은 말과 개미를 활용하는 총명함과 지혜로움이 있었기에 환공의 군대가 무사히 돌아올 수 있었다.

은퇴자들의 노마지지는 우리 사회의 귀중한 자산이다. 이를 재활용하지 않고 퇴장시키는 것은 사회적으로도 큰 손실이 아닐 수 없다. 은퇴한 전문직 경력자들을 활용하는 방안에 대한 사회적 시스템이 마련될 수 있기를 기대해본다.

276

의리를 지키는 사업가

흔히 '의리'라고 하면 한 번 맺은 관계를 변함없이 잘 유지하는 것이라고 생각한다. 인간관계가 지나치게 이해관계로 얽혀 있는 현대사회에서 신의를 저버리는 일이 비일비재하게 일어난다. 배신이 밥 먹듯이 일어나다 보니 신의를 지키는 것이 의리의 대명사가 되고 있는 것이다.

의리는 본래 사람으로서 마땅히 지켜야 할 도리를 말한다. 사람과의 관계에서 지켜야 할 신의도 물론 의리다. 살다보면 이익의 유혹을 많이 받게 된다. 그러다 보면 사람으로서 지녀야 할 도리를 저버리는 경우가 많다. 마음속으로는 잘해줘야지 하면서도 차일피일 미루다가 그냥 넘어간다. 또 이런 일은 하지 말아야지 하면서도 어쩔 수 없이 이익을 쫓아가는 행동을 할 때가 많다.

사람으로 해야 할 도리를 다하고 산다는 것은 쉬운 일이 아니다. 그래서 의리를 지키는 삶을 위해서는 부단한 수양이 필요한 것이다. 『논어』「헌문(憲問)편」에는 견리사의(見利思義)를 강조하고 있다. '눈앞에 이익을 보거든 먼저 그것을 취함이 의리에 합당한지를 생각하라'는 말이다. 의리에 부합되지 않으면 아무리 이익이 크더라도 취하면 안 된다는 것이다.

견리사의는 지도층에 있는 사람들부터 솔선수범해야 할 덕목이다. 오륜(五倫)에서 군신유의(君臣有義)를 내세운 것도 바로 지도층의 의리를 강조한 것이다.

군신의 관계는 곧 국가와 사회를 다스리기 위한 목적 아래 결합된

관계다. 군주와 신하의 인연은 서로의 의지가 있어야 맺어진다. 군주는 신하를 등용할 의사가 있어야 하고 신하 쪽에서도 그 군주와 일을 같이 할 전망이 서야 나아간다. 군신 관계는 따라서 서로 조건이 충족되지 않으면 맺어질 수 없다. 한 번 맺었던 인연이라도 조건이 변하면 깨어질 수 있는 관계다.

관직을 맡은 사람은 자기 임무를 완수할 길이 없으면 사임한다. 군주에게 간언하는 것을 책임으로 맡은 사람은 그가 간언하는 것이 받아들여지지 않으면 군주를 떠난다. 군주만이 등용한 신하가 마음에 안들 때 내칠 수 있는 것이 아니다. 신하 역시 군주를 거부하고 포기할 수 있다. 기업을 이끄는 사업가와 기업에서 일할 임직원의 관계도 다를 바가 없다.

군주와 신하 사이에 요구되는 인륜인 의리는 서로에게 요구되는 덕목이다. 하지만 군주의 의리가 신하의 의리보다 더 강조되고 있다. 맹자는 "임금이 신하를 자신의 손발처럼 소중하게 여기면 신하도 임금을 자신의 심장이나 위장처럼 소중하게 여길 것이다. 군주가 신하를 개나 말처럼 하찮게 여기면 신하는 군주를 자신과 관계없는 남처럼 여길 것이다. 군주가 신하를 흙덩어리나 지푸라기처럼 천하게 여긴다면 신하는 군주를 원수로 여길 것이다"라고 말했다.

의리를 지키면서 살기가 쉽지 않은 세상이다. 그동안 물질에 매달려 이익을 위해서 의리를 헌신짝처럼 버렸기 때문에 세상이 이처럼 혼탁해진 것이다. 의리를 버리고 탐욕에 눈이 멀다보니 자본주의의 심각한 병폐와 양극화가 임계점에 다다르고 있다. 정치든 사업이든 의리를 지키면서 하자는 것이 인본주의다.

지도층에 있는 사람들이 먼저 인본주의로 나아가 의리를 실천해야 한다. 의리도 모르는 사람이 판을 쳐서는 안 된다.

리더의 의리가 직원의 의리보다 먼저여야 한다. 리더에게 올바름이 없다면 그를 도울 명분이 없다. 리더가 먼저 의리를 보여줘야 의리가 숭상되는 사회가 된다. 그래야 사람이 각자 자기의 도리를 지키면서 사는 세상이 될 것이다.

결실을 나누는 333분배법칙

問

기업이 성장하면서 이익이 늘어나면
분배에 대한 임직원의 관심이 또한 커지게 됩니다.
분배 문제는 매우 민감한 사안인 것 같습니다.

答

결실 공유는 성공에 대한 보상입니다.
내 몫이 부족하다는 불신이 성장을 서해합니다.
돈을 벌면 합리적으로 나누어야 합니다.

합리적 결실 공유가 절실하다

기업 경영은 단순한 장사와 다르다. 개인이 돈을 벌기 위한 수단으로 하는 장사와, 가치를 창출해서 사회에 기여하려는 기업의 경영은 근본적으로 차이가 있다. 장사꾼과 기업가도 달라야 한다. 장사꾼은 장사를 해서 번 돈을 자신이 갖는다. 하지만 기업가는 사업을 해서 번 돈을 독식하려고 해서는 안 된다. 결실을 공유하여 성공에 보답해야 한다.

결실에 대한 공유가 합리적이지 못할 때 기업에서는 노사분규가 일어날 수밖에 없다. 기업의 결실 공유가 제대로 안 되면 사회적으로도 큰 문제가 발생할 수 있다. 빈익빈 부익부 현상의 가속화로 극단적인 경제적 양극화를 초래할 경우 시민 폭동까지 일어나게 된다.

사실 큰 기업을 성공시킨 경영자들도 이러한 리스크에 대해서는 어느 정도 생각하고 있는 게 사실이다. 물론 그들이 얼마만큼 만족할 만한 결실 공유를 실천했는지는 다른 문제다.

벤처기업이나 중소기업일 때는 창업을 주도한 경영자들이 대개 결실 공유에 대해 선량한 생각을 갖고 있다. 하지만 기업이 급성장하면서 직원들이 늘어나고 기업이 벌어들이는 결실이 커지면서 합리적인 분배는 뒷전으로 밀려나는 경우가 많다.

그래서 기업 결실에 대한 분배의 원칙을 분명히 세우는 작업이 필요하다. 기업에서의 분배가 제대로 이루어질 때 사회적으로도 양극화를 완화시키고 갈등을 줄여나갈 수 있다.

3대3대3의 분배

이데일리를 경영하면서 분배에 대한 원칙을 천명하고 실천하려고 노력했다. 경영을 맡아 여건이 어려운 가운데서도 적자를 내지 않고 흑자행진을 할 수 있었던 것은 투명한 분배원칙이 큰 몫을 하지 않았나 생각된다. 다 같이 열심히 해서 연말에 이익을 내면 일정한 몫을 나눠가질 수 있다는 생각이 각자 어려움을 극복하는 데 보탬이 되었을 것이다.

샐러리맨 생활을 하다 보면 억울하게 느껴질 때가 많다. 무엇보다 억울한 것은 열심히 일한 대가가 제대로 공유되지 않을 때일 것이다. 회사는 어려울 때 직원의 희생을 강요지만, 사업이 잘된다고 해서 과거의 희생을 소급해 보상해주지 않는다는 생각이 들면 회사에 대한 신뢰가 약해질 수밖에 없다.

성과가 났을 때 회사의 대주주에게는 큰 이익이 돌아가지만, 직원들 스스로 소모품에 불과하다는 생각이 들게 하는 것은 바람직하지 않다. 하지만 많은 경영주들이 이를 간과하고 있다. 직원들이 부가가치를 많이 창출하고 덜 가져가야만 그만큼 이득이 많아진다는 계산만 하고 있는 것이다. 그들은 주로 이렇게 말한다.

"지금은 회사 형편이 어려우니 허리띠를 졸라매고 일합시다. 나중에 회사 형편이 펴지면 보상이 뒤따를 것입니다. 자자, 힘을 냅시다."

그러나 회사의 형편이 언제 나아지는 것인지는 알 수 없다. 대주주 입장에서는 생각하기에 따라 회사는 항상 어렵고 갈 길은 멀다. 경상이익이 10이 생기면 100을 원하게 되고 100을 달성하면 1,000을 추구하는 것이다. 직원들에게 돌아가야 할 몫이 축적되고 회사는 날로 커져가고 있지만 정작 직원들은 생활고에 허덕인다. 참다못해 퇴사를 했는데 그제야 직원들의 연봉이 조금 올라가고 복지도 개선되는 것이다. 열심히 일해서 회사를 키우다가 퇴직한 사람에 대한 소급 보상은 없다.

이러한 일들을 목격한 직원들은 나중에 보상해준다는 얘기를 쉽게 믿지 않는다. 신뢰를 바탕으로 회사가 지속 성장을 하기 위해서는 성과에 대한 보상이 제때 이뤄져야 한다. 직원이 단순히 수단이 아니라 회사의 공동 주인이라는 인식을 갖게 해야 한다. 회사 발전에 따른 과실을 합리적으로 공유할 시스템이 필요하다.

이데일리를 경영할 때 333분배원칙을 제시했다. 매년 이익이 발생하면 임직원 몫으로 3, 주주의 몫으로 3, 기업의 몫으로 3, 그리고 나머지 1은 사회에 기부하는 형태로 성과를 공유한다는 원칙이다. 기업이 이익을 창출하고 그 이익으로 직원들이 적절한 부를 형성하는 것은 바람직하다고 생각한다. 이익을 잘 내는 기업의 직원이 이익을 제대로 못 내는 기업의 직원보다 보상을 더 받는 것은 경쟁원리에 합당한 것이다. 물론 이익을 창출하는 과정에서 하청업체나 거래업체들에게 제대로 비용을 지불하고 고객과 지역사회에 대한 배려 등을 실천한다는 것을 전제로 하는 얘기다.

많은 샐러리맨의 꿈이 창업을 해서 오너가 되는 것이라 할지라도 누구나 다 오너가 될 수는 없다. 하지만 직원이 주인이 되고 성과보상에서도 주인대접을 받을 수 있다면 자신이 오너가 되지 못한 것이 못내 아쉽지만은 않을 것이다. 성과보상이 제대로 이뤄질 때 지속 성장이 가능하다는 것을 명심해야 한다.

일하면서 행복해야 한다

問

대부분의 샐러리맨들은 직장에서 스트레스를 많이 받는데
일을 하면서 행복을 느낄 수 있는 기업을 만들 수는 없을까요?

答

출근이 설레는 회사를 만들어야 합니다.
직원이 행복해야 고객이 행복할 수 있습니다.
일을 즐기다 보니 돈이 따라오는 구조를 만들어야 합니다.

빨리 출근하고 싶은 회사

월요일 출근의 발걸음이 무겁다 못해 도살장에 끌려가는 소와 같은 심정이라면 어떨까? '회사를 위해 내가 이렇게 헌신한 결과 회사는 잘나가는데 내 모양은 이게 뭔가. 회사를 위해서는 이 일이 도움이 되지만 사회적으로는 무의미한 일인지도 모르겠다.' 이러한 회의감이 싹트는 순간 일에 대한 재미는 사라지고 말 것이다. 그저 월급을 받기 위해 직장으로 향할 뿐이고 용기가 부족해 쉽게 그만두지 못하는 자신의 신세를 한탄하게 될 것이다.

우리는 누구나 일을 한다. '왜 일을 하는가?'라고 물으면 어떤 답이 나올까. 주변의 많은 사람이 어쩔 수 없이 일한다고 대답할 것이다. 생활의 수단인 돈을 벌기 위해 일을 한다는 것이다. 그래서 일에 대한 대가를 돈으로 측량하려고 한다. 돈을 많이 벌거나 보수를 많이 받는 일이 당연히 중요하다고 인식하기 쉽다.

그렇다면 일을 하면서 행복하냐는 물음에 선뜻 그렇다고 대답하는 사람이 얼마나 될까? 일이 단순히 돈을 벌기 위한 수단인가? 일을 통해 창출되는 가치는 무시해도 되는 것인가? 또 가치 있는 일을 하면서 느끼는 만족감은 무엇인가?

아리스토텔레스는 어떠한 일의 궁극적인 목표나 목적을 가리켜 텔로스(telos)라고 했다. 텔로스를 구체적 행동으로 옮기는 데 필요한 능력은 실천적 지혜에서 나온다. 실천적 지혜는 일상의 사회활동에서 사람들을 어떻게 대할지 분별할 때 필요한 기술이기도 하다. 일이 가지고 있는 근본적인 목적에 충실하기 위해서는 실천적 지혜가 필요하다. 또 실천적 지혜를 통해 일의 텔로스에 도달했을 경우 만족감을 느끼게 된다. 이것이 행복이다.

의사는 병원을 차려서 돈을 버는 사람이 아니라 환자를 진료하는 사람이다. 따라서 의사가 하는 일의 텔로스는 환자의 병을 고치는 것이다. 그가 환자의 병을 고치기 위해서는 실천적 지혜를 발휘하고 덕을 실천해야 한다. 그리하여 환자의 병을 고쳤을 때 그는 행복해진다.

여기서 매우 중요한 사실을 간과해서는 안 된다. 사람은 가치 있는 일을 하고 재량적 판단이 가능할 때 행복을 느낄 수 있다는 것이다. 일을 하면서 재량권이 없다거나 가치가 없을 경우 만족감을 느낄 수 없다.

그리스신화에 나오는 코린토스의 왕 시지푸스는 못된 짓을 많이 해 커다란 바위를 산꼭대기로 밀어올리는 형벌을 받았다. 그러나 바위가 산꼭대기에 이르면 다시 아래로 굴러떨어져 시지푸스는 영원히 이러한 고역을 되풀이해야 했다. 시지푸스에겐 바위를 밀고 올라가는 것이 형벌이지 가치 있는 일이 아니다.

직원들이 일을 하면서 행복감을 느끼려면 일에 대한 가치를 스스로 인식해야 한다. 아울러 반드시 일을 행하는 과정에서의 재량권을 부여 받아야만 한다. 재량권이 있으면 실천적 지혜가 생기고 이를 바탕으로 판단을 내리면 일이 제대로 진행된다.

경영자들이 결과만을 강조해 일을 할 때 규율(채찍)과 인센티브(당근)로 직원을 몰아붙이면 직원들은 일에서 만족감을 느끼지 못한다. 직원들이 실천적 지혜를 발휘할 수 있는 재량을 말살하는 것이기 때문이다. 직원들이 일을 하면서 행복을 느끼도록 하는 것이 경영의 기본이 되어야 한다. 직원들이 일하는 재미를 느낀다면 월요일 출근이 설레게 될 것이다.

행복을 창조하고 전파하는 회사

기업이 달라져야 한다. 기업문화가 바뀌어야 한다. 경영자의 리더십도 변화해야 한다. 웃음이 넘치는 즐거운 직장을 만들어야 한다. 직원, 고객, 경영자 모두가 행복한 회사를 만들어야 한다. 직원 개개인이 자신의 가치를 발휘할 수 있는 회사를 만들어야 한다. 이런 고민을 하던 중에 자포스(zappos)라는 회사를 알게 된 것은 큰 기쁨이었다. 자포스는 신발과 의류 등을 판매하는 온라인 쇼핑몰이다. 하지만 단순히 물건을 파는 회사가 아니다. 서비스를 팔고 행복을 창조하여 전파하는 회사다.

이시즈카 시노부가 쓴 『아마존은 왜 최고가에 자포스를 인수했나』를 접하고 벅찬 감동을 받았다. 이데일리를 경영하면서 해야겠다고 마음먹었던 일들이 자포스에서는 이미 실현되고 있었다. 자포스는 어떻게 하면 고객과 직원 모두가 행복할 수 있을지를 연구하고 행복을 만들고 전하는 것을 가장 큰 목표로 삼고 있다. 매일 아침 눈을 뜨면 회사 갈 생각에 가슴이 설레는 회사를 자포스는 어떻게 만들어나갔을까.

첫째, 자포스는 결실을 공유하는 운명공동체다. 미국에서는 기업의 이윤추구가 극에 달해 많은 문제점이 발생했다. 특히 몇몇 고위층이나 주주들만 달콤한 부를 누리고 나머지 대부분의 직원들은 빠듯한 살림을 한다. 기업에서 수익이 나면 구성원 모두에게 그 결실이 돌아가도록 해야 한다. 회사라는 공동체를 위해 모두가 힘을 합해 열심히 일하고, 그 수익 역시 소수만 누릴 것이 아니라 모두 함께 나누어야 한다는 것이다. 자포스는 대부분의 기업들이 외면하고 있는 이 간단한 상식을 실천하는 회사다. 기업은 운명공동체라는 의식이 강하다. 불황이 닥쳐 경영환경이 나빠지면 경영자부터 말단 직원까지 한마음으로 단결하여 월급을 삭감하고 보너스를 반납하고 더 열심히 일한다.

둘째, 고객행복을 목표로 일한다. 어떤 고객이 자포스의 컨택센터(콜센터)에 전화를 걸어 상품을 주문했는데 재고가 없다면 어떻게 할까? 사포스의 직원은 경쟁 사이트를 검색해서라도 고객이 원하는 물건을 살 수 있도록 도와준다. 고객만족을 최우선으로 생각하는 자포스 직원들은 진심으로 고객과 대화하고 싶어한다. 고객과의 대화에서 몇 시간을 소요하든 상관없이 고객의 만족을 이끌어낼 때까지 대화를 한다. 자포스는 고객에게 최고의 감동을 선사하기 위해서 꼭 해야 하는 당연한 일이라 여기며 열정적으로 서비스를 제공한다.

컨택센터 직원에게는 하루 몇 사람을 응대하느냐가 중요한 것이 아니라 하루 몇 사람을 행복하게 했느냐가 중요하다. 컨택센터 직원을 고객에 대한 행복 전도사로 키우고 있다. 이를 위해 상담 직원을 아웃소싱하거나 계약직으로 채용하지 않고 모두 정규직으로 고용하고 있다. 형식적이고 획일적인 방식으로 응대하는 콜센터 관행을 타파하기 위해 대본 사용을 금지하고 하루 상담 건수를 제한하고 있다.

셋째, 사람을 존중하는 기업문화를 공유한다. 인간을 존중하는 기업문화로 성공한 대표적인 기업을 꼽는다면 단연 자포스다. 자포스는 직원이 성장해야 회사가 성장한다는 경영철학을 갖고 있다. 자포스는 고객들에게 행복을 제공하려면 고객과의 최접점에 있는 직원들이 행복해야만 가능하다고 믿고 이를 실천하고 있다.

직원이 회사의 브랜드라고 생각하고 직원의 목소리에 철저히 귀기울이는 회사다. 직원들이 일하는 목표는 자아실현에 두고 있다. 따라서 직원 개개인의 개성을 존중한다. 창의적으로 고객에게 행복을 제공하고 그것을 직원들이 공유하는 문화를 가지고 있다.

직원, 고객, 회사가 다 함께 행복하려면 직원이 가장 먼저 행복해야 한다. 직원이 자아실현을 하도록 도와주는 회사는 불황도 신뢰의 힘으로 극복할 수 있다. 큰 회사보다 특별한 회사를 만들어 행복을 추구하는 자포스 같은 기업이 인본주의 기업의 전형이라고 할 수 있다.

탐욕을 줄이면 세상이 보인다

──問──

빈부격차가 확대되면서 양극화에 대한
원인을 대기업의 탐욕에서 찾고 있는 것 같습니다.
기업가정신을 탐욕이라고 매도하는 것은 아닐까요?

──答──

기업가정신은 존중되어야 마땅합니다.
하지만 지나친 탐욕이 지속 성장의 장애물이 되기도 합니다.
탐욕을 버리고 사람이 중심이 되는 기업을 만들어나가야 합니다.

탐욕이 분노를 폭발시키다

자본주의는 분명히 위기에 처했다. 지난 2011년부터 본격적으로 불거진 미국과 유럽의 재정 위기와 국가신용등급 강등, 세계경제 심장부인 뉴욕에서 시작된 반(反)자본주의 시위의 확산, 역대 최대치를 기록한 선진국(OECD) 내 소득격차와 실업률 등은 세계경제 위기를 알리는 경고음이 아닐 수 없다. 2012년 1월 세계경제포럼(다보스포럼)은 이러한 세계경제 위기를 '자본주의의 위기'라고 진단했다. 영국 〈파이낸셜타임스〉도 '자본주의가 위기에 처했다'며 재창조 수준의 변혁이 필요하다고 주장했다.

자본주의 위기의 원인은 무엇인가. 그리고 이에 대한 해법은 무엇인가. 이러한 물음에 관심이 쏠리고 있는 것은 다행스러운 일이다. 자본주의 위기에 대한 진단과 해법을 찾으려는 노력은 이제 시작이며 앞으로 지속적으로 이루어질 것이다. 우리 인류는 이에 대해 현명한 해답을 찾아야 한다. 그리고 새로운 번영과 도약을 이룩해야 한다.

자본주의의 위기는 탐욕에서 비롯됐다. 주주 중심의 자본주의체제는 자본에 대한 환상과 맹신을 심어주었다. 그래서 돈이 최고이고 전부라는 생각을 갖게 했다. 이러한 생각이 사회적으로 고착화 되면서 돈에 대한 집착을 불러일으켰다. 그러다 보니 돈은 다다익선이라는 탐욕이 자리를 잡았다. 탐욕은 돈을 버는 데는 물론 돈을 쓰는 데도 세력을 뻗쳤다.

자본가가 자유롭게 마음대로 활동하도록 하는 신자유주의가 탐욕을 무한대로 끌어올리는 지렛대 역할을 했다. 자본의 탐욕을 증폭시키는 것은 결국 우리가 모두 자본주의를 인정하고 받아들이고 있기 때문이다.

자본이 모든 것을 독식하는 자본주의를 숭배하고 자본가의 이익 극대화를 찬양하고 있는 것이다. 자본주의가 부작용도 많지만 그래도 인간이 고안해낸 최고의 걸작품이라고 생각하고 있다. 부작용은 개선하면 되고 자본주의는 계속 진화 발전할 것이기 때문에 문제가 없다는 것이다.

이 와중에 사회는 전체적으로 심각한 불균형의 늪에 빠졌다. 양극화는 좌절을 낳고 좌절은 분노로 폭발하곤 했다. 자본주의의 위기는 탐욕에서 시작해 분노로 전개되고 있다는 얘기다. 〈파이낸셜타임스〉의 칼럼니스트 존 플렌더는 자본주의의 위기가 '불평등'에서 비롯된 좌절감에 뿌리를 두고 있다고 분석했다. 플렌더는 "탐욕스러운 은행가, 과도하게 보상을 받는 경영진, 미미한 성장, 높은 실업률 등이 자본주의에 분노한 선진국 대중들을 길거리로 쏟아져 나오게 한 이유"라고 설명했다.

인간은 빈손으로 왔다가 빈손으로 간다. 공수래공수거(空手來空手去)인 것이다. 따라서 이 세상에서 자유롭게 경제활동을 하되 탐욕은 자제되어야 한다.

이를 위해서는 돈에 대한 기본적인 가치관을 다시 정립할 필요가 있다. 어느 누구도 이 세상에 돈을 갖고 태어난 적이 없다. 그리고 돈을 갖고 저세상으로 갈 수도 없는 것이다.

상속에 대한 사회적 합의도 다시 짜야 한다. 과거의 자본가들이 한 것처럼 자신이 축적한 부의 일부를 자선사업 등을 통해 재분배함으로써 부자들에 대한 사회적 불만을 달래는 방식은 한계가 있다. 자본주의의 치명적인 결함인 부의 양극화를 해소할 근본적인 해법을 찾아야 한다. 앙헬 구리아 경제협력개발기구(OECD) 사무총장은 자본주의의 위기와 관련해서 "불균형을 해소하고 사회적 분노를 없애고 공정함을 갖춘 새로운 개념의 성장 모델을 만들어야 한다"고 강조했다.

장원의 농노처럼 살 수는 없다

중세의 봉건사회가 타파되면서 인간의 존엄성이 증대됐다. 중세의 농노가 해방되고 정치적 참정권도 부여됐다. 시차를 두고 정치적 민주화가 쟁취되면서 자유와 인권은 크게 신장됐다. 하지만 산업화와 자본주의는 새로운 형태의 신분구조를 만들어냈다. 그리고 돈에 의한 신분의 양극화와 고착화가 두드러졌다. 다시 인간의 존엄성을 찾기 위한 패러다임 변화가 필요한 시점이다.

중세의 봉건사회와 현대의 자본사회를 비교해보자. 중세의 봉건주의 장원은 현대의 자본주의 기업과 유사한 형태를 띤다. 중세 장원을 소유한 영주와 현대 기업의 오너는 닮은 점이 많다. 중세의 농노와 현대의 직원은 얼마나 차이가 있을까? 많은 부분에서 유사점을 발견할 수 있다.

중세의 농노들은 영주의 땅에서 농사를 지으며 살아갔다. 농노 신분은 스스로 일을 해야만 의식주를 해결할 수 있었다. 농사지은 땅에서 나온 일정 농작물을 영주에게 무상으로 바쳐야 했다.

직원은 현대 자본사회에서 기업에 고용된 근로자를 말한다. 직원은 기업에서 일하며 살아간다. 직원은 스스로 일을 해야만 의식주를 해결할 수 있는 임금을 받는다. 노동을 통해 부가가치를 창출해 기업의 주주에게 바쳐야 한다. 기업은 주주자본주의의 세포다. 부는 주로 주주가 주식을 통해 축적한다. 기업의 경영지배권은 주주에게 주어진다.

인간의 존엄성을 되찾기 위해서는 자본주의 기업을 냉정하게 성찰해봐야 한다.

우리가 앞으로 추구해야 할 기업은 사람이 기업이다. 돈은 기업을 키우기 위한 수단에 불과하다. 사람이 가치 있는 일을 자율적으로 하는 조직이다. 일을 하면서 만족과 보람을 찾기 때문에 인센티브로 동기부여를 유도하지 않아도 된다. 직원들 간의 신뢰가 우선이다. 서로의 역량과 장점을 발휘하도록 유도한다. 회의를 통해 문제점을 발견하고 개선점을 찾는다. 방관자가 아니라 주체적 참여자라는 인식으로 자발성이 강하다. 틈틈이 세상 살아가는 이야기를 주고받고 유머와 위트로 웃음을 나눈다. 일방적인 업무지시가 사라지고 각자 맡은 일을 창의적으로 수행한다. 상사는 부하의 멘토 역할을 해준다. 회사에 출근하는 것이 즐겁고 유쾌하다.

중세시대 봉건 영주를 비롯해 식자층들이 농노를 해방하는 데 얼마나 적극적이었을까? 왕권이나 귀족의 신분세습을 타파하자고 했을 때 얼마나 많은 왕이나 귀족이 앞장섰을까? 그들이 자신들의 기득권을 놓지 않기 위해 많은 희생을 강요했지만 역사는 인간의 존엄성이 증대되는 쪽으로 흘러왔다.

앞으로도 그럴 것이라 확신한다. 우리가 믿고 너무도 당연하게 받아들이는 자본주의 기업 형태가 반드시 정답은 아닐 것이다. 새로운 형태의 기업이 필요하다는 말이다.

5강 | 공유(共有)

자리이타 정신을 기억하라

問

열심히 노력해서 기업을 키우고 그 기업을 자식에게
상속시키려는 생각이 기업가정신을 강하게 하는 원동력이 되지 않을까요?

答

집착을 버리면 새로운 세상을 만납니다.
나눔경영을 실천할 때 기업은 영원할 것입니다.
자리이타의 정신을 가져야 합니다.

집착을 버린다면

우리는 살아가면서 무언가를 차곡차곡 채우려고 한다. 채우는 것
이 든든하고 편안한 삶을 위한 것이라고 생각하고 있다. 그래서 집
착이 생긴다. 돈에 대한 집착, 평판에 대한 집착, 미래에 대한 집착이
몸과 마음을 휘감는 것이다.

돈이 모든 것을 지배하는 자본주의시대에 살다보니 특히 돈에 대
한 집착이 강하다. 돈을 많이 가지면 가질수록 그만큼 마음이 편안
해지고 가치가 있고 미래가 있다고 생각한다. 그래서 돈을 좀 모으

면 더 많이 모으려고 하고 모은 돈을 자신만을 위해서 쓰려고 한다. 간혹 자선사업도 벌이지만, 이는 자신의 평판을 염두에 두고 있는 경우가 많다.

심지어 집착은 생을 초월해서 일어난다. 자신이 모은 부를 가급적 덜 훼손한 상태로 고스란히 자식에게 물려주려고 한다. 어떻게 하면 세금을 덜 낼까 궁리한다. 자식에게 한 푼이라도 더 상속하기 위해 감옥에 가는 것도 마다하지 않는다.

사람은 누구나 살아가면서 고통을 받는다. 우선 태어나서 늙고 병들고 죽는 생로병사의 네 가지 고통이 있다. 이와 더불어 사랑하는 사람과 함께 있지 못하고 헤어져야 하는 고통인 애별리고(愛別離苦)가 있다. 다시는 만나고 싶지 않을 만큼 미워하는 사람을 만나 함께 있어야 하는 원증회고(怨憎會古)의 고통도 있다. 너무나 갖고 싶지만 갖지 못하는 고통인 구부득고(求不得苦)와 몸의 감각기관이 욕심을 부려 만들어내는 고통인 오온성고(五蘊盛苦)가 있다. 불가에서는 이 여덟 가지 고통을 팔고(八苦)라고 한다. 여기서 오온이란 눈, 귀, 코, 입, 몸의 다섯 가지를 말한다. 이익이 되는 것만 보고 듣고 맡고 먹고 취하려고 하는 욕심을 지칭한다.

욕심이 고통을 낳고 욕심이 악행을 불러온다. 사실 우리 인생은 꿈과 환상 같고 물거품과 그림자 같다. 또 이슬 같고 번갯불 같다. 덧없는 인생에 욕심을 부리면 부릴수록 고통은 늘어만 간다. 인생은 빈손으로 왔다가 빈손으로 간다. 재물은 이 세상을 살기 위한 수단에 불과하다. 많이 가졌다고 반드시 행복한 것도 아니다. 없으면 불편하지만 반드시 불행한 것도 아니다.

소유에 집착하는 것은 마음을 괴롭히는 번뇌임에 틀림없다. 계속 채우려고만 하면 답답해질 수밖에 없다. 세상의 이치는 비워야 채워지는 것이다. 다시 말해 버려야 얻을 수 있다. 집착을 버려야 평정을 얻을 수 있다. 버리는 것도 연습이 필요하다. 물건을 버리는 것은 그것에 담겨 있는 번뇌를 버리는 것이다. 마치 묵은 때를 벗기는 쾌감을 느낄 수 있을 것이다. 하나 둘씩 버리는 습관을 기를 필요가 있다. 그러면 집착도 떨어져나갈 것이다.

우리가 늘 접하고 있는 자본주의 기업의 폐해는 직원들의 인간성을 피폐하게 만든다는 것이다. 오너의 입장에서는 어떻게 키워온 회사인데 하는 생각이 절절할 것이다. 사업이 어려울 때 월급 줄 자금을 마련하기 위해 이리 뛰고 저리 뛰었고, 숱한 밤을 지새우며 고민했던 일들을 어떻게 잊을 수가 있겠는가. '내가 월급을 이만큼 주는데 일은 제대로 하고 있는가.' '구매를 맡겨놓았는데 납품업자와 짜고 해먹지는 않는가.' '법인카드를 줬는데 사적으로 쓰고 돌아다니지는 않나.' 의심할 게 한두 가지가 아니다.

직원들의 입장에서 보면 어쨌거나 오너는 일방적으로 지시하고 말을 자주 바꾸고 사소한 것에도 간섭하는 이해할 수 없는 존재다. 이러한 행태에 대해 순응하며 살려고 하니 스트레스가 이만저만이 아니다. 일이 재미없어지고 일하는 보람이 사라지고 월급을 받기 위해 마지못해 하루하루 출근하는 신세로 전락한다. 직원들의 권익을 보호하기 위해 노동법이다 뭐다 보완책을 두고 있지만 얼마나 실효성이 있는지 따져볼 문제다.

누누이 강조하지만 기업은 주주와 임직원이 다 같이 주인이 되어야 한다. 일방적인 상의하달 구조에서 벗어나야 한다. 같이 머리를 맞대고 문제를 해결하고 직원이 소외감을 느끼지 않게 해야 한다. 오너가 직원을 의심하거나 인격을 모독해서는 안 된다. 건설적으로 토론하고 각자 역할을 충실히 하면 되는 것이다.

불교의 핵심 사상 중에 자리이타(自利利他)라는 말이 있다. 남을 먼저 이롭게 하면 그 이로움이 결국은 나에게 득이 된다는 뜻이다. 집착을 버리면 새로운 세상이 열릴 것이다. 나눔의 세상이다. 공생의 세상이다. 사람이 돈으로 보이지 않고 진정한 인격체로 보이는 세상이다. 먼저 신뢰를 쌓으면 후에 성공하게 되는 세상이다. 선의후리(先義後利)라는 고사성어가 있다. 먼저 의(義)를 따르고 나서 이익을 생각한다는 뜻이다. 집착을 버리고 나눔을 실천하는 사람이 진정한 리더다.

상속보다 영속성

마이크로 소프트의 창업자 빌 게이츠는 "제가 사회로부터 얻은 재산을 다시금 사회로 돌려주어야 한다는 생각이 기부를 하는 이유입니다"라고 말했다. 큰돈을 벌어 사회에 환원하는 것은 훌륭한 기업가의 영혼이자 로망일 것이다. 돈을 악착같이 벌려고 하고 회사 돈을 개인적으로 빼돌리거나 상속시키려고 하는 것은 기업가가 지녀야 할 근본적인 덕을 저버리는 행위다.

왜 일을 해야 하는지에 대한 가치관을 분명히 정립해야 한다. 돈을 벌려고 버둥거리다 운 좋게 돈을 벌게 되면 돈을 어떻게 써야 하는지에 대한 개념도 없다. 그렇게 행동해서는 곤란하다. 사회는 기업가정신을 북돋는 동시에 기업가가 지녀야 할 윤리의식도 강조해야 한다.

자신이 번 돈을 맘대로 쓰게 해야 돈을 벌려고 하는 사업 마인드가 높아지지 않겠느냐고 항변하는 사람들도 있다. 사업은 단순히 돈을 버는 행위가 아니다. 사업은 더 좋은 사회를 위해 새로운 가치를 창출하는 행위다. 그 과정에서 얻은 재산은 빌 게이츠의 말대로 사회로부터 나온 것이기 때문에 다시 사회에 돌려줘야 한다.

사람은 무엇을 위해 사는 것인가. 이 근본적인 물음에 대해 아리스토텔레스는 행복이라고 답했다. 아리스토텔레스는 최고선은 행복이고 행복은 그 자체가 목적이라고 했다. 행복은 완전하며 자족적이고 동시에 궁극적인 목적이라는 것이다. 아리스토텔레스는 행복을 위해서는 덕을 실천해야 한다고 했다.

덕은 아는 것으로 충분하지 않다. 덕을 얻기 위해서는 자신을 선하게 만들어줄 어떤 방법을 찾으려고 애쓰지 않으면 안 된다. 행복한 생활은 덕에서 비롯되는 경우가 많다. 덕을 실천하는 사람, 덕을 생활 속에 베푸는 사람, 그런 사람에게 행복이 따른다. 행복하고 싶거든 덕 있는 생활을 해야 한다.

기업을 일으키는 기업가정신은 아리스토텔레스가 말하는 덕이다. 기업의 목적에 부합하도록 기업을 키우는 것은 존중할 만한 것이다. 하지만 기업을 통해 본인의 재물을 과도하게 탐하는 것은 다른 문제다. 또한 재물을 움켜쥐고 있다가 자식에게 상속하고 기업을 세습하기 위해 불법과 편법을 저지르는 것은 탐욕이다.

불가에서는 탐욕을 십악(十惡)의 하나로 보고 있다. 십악은 몸과 입과 마음으로 짓는 열 가지 죄악을 말한다. 우선 몸으로 하는 악행에는 살생(殺生), 투도(偸盜:도둑질), 사음(邪淫:성범죄) 세 가지가 있다. 입으로는 망어(妄語:거짓말), 기어(綺語:사기), 악구(惡口:욕설), 양설(兩舌:이간질) 네 가지가 있다. 또 마음으로는 탐욕(貪欲), 진에(嗔恚:화냄), 사견(邪見:비뚤어진 생각) 세 가지 악행이 있다.

아리스토텔레스는 삶을 완성하는 즐거움은 다른 사람을 사랑해야 얻을 수 있다고 말했다. 다른 사람의 행복이 자기 행복의 조건이라는 것이다.

자아실현을 위해 최선을 다한 대가가 돈으로 주어진다면 그 돈으로 더불어 잘사는 방법을 찾아야 한다.

존중받는 기업, 존경받는 기업인이 해답일 것이다. 상속을 위해 모든 것을 버리려고 하지 말고 기업의 영속성을 위해 상속에 대한 집착을 버리는 것이 현명한 선택일 것이다. 나눔경영을 실천할 때 기업은 영원히 성장해가는 생명력 있는 기업이 될 것이다.

"당신의 인생 목적은 무엇입니까?"

　왜 직장생활을 할까? 이 책을 쓰면서도 쓰고 나서도 고민하는 질문이다. 생각나는 대로 답을 찾아 따라가 보자. 돈을 벌고 성공을 하기 위해 직장생활을 한다. 왜 돈을 벌고 성공하기를 바라는가? 만족감을 느끼기 위해서다. 만족감을 느낀다는 것은 뭘까?

　바로 행복이다.

　결국 직장은 행복하기 위해서 다니는 곳이다. 그런데 직장생활을 하면서 행복을 느끼는 사람은 얼마나 될까? 많은 사람들이 직장생활을 하면서 불행하다고 하소연한다.

　행복한 직장생활을 위해서는 세 가지 관점에서 접근해볼 필요가 있다. 기업을 바라보는 가치관, 기업을 이끌어가는 리더십, 기업을 지탱하는 시스템이 제대로 갖춰져야 한다. 기업을 경영하는 사람들은 직원에 대해 단순히 돈 버는 수단이라는 생각을 버리고 직원이 기업의 주인이라는 가치관을 가져야 한다. 부하직원을 괴롭히고 짜증나게 만드는 상사가 아니라 공감하고 소통하며 부하들의 잠재능력을 이끌어내 키워주는 리더가 되어야 한다. 상의하달의 수직적 조직체계를 바꾸어 집단지성을 도출하는 수평적 조직과 수익을 창출하여 함께 나누는 틀을 만들어야 한다.

그래서 리더십이 중요하다

직장인들이 행복하려면 무엇보다도 리더의 솔선수범이 중요하다. 어떤 리더를 만나느냐에 따라 조직의 운명이 달라진다. 어진 임금이나 빼어난 지도자를 명군(名君)이라고 하고, 사리에 어둡고 어리석은 임금이나 지도자를 암군(暗君)이라고 한다. 명군의 조직은 행복하고 성장하지만 암군의 조직은 불행하고 쇠락한다.

거세개탁(擧世皆濁). 온 세상이 탁해 모든 사람이 바르지 않다는 말이다.

탁한 세상을 정화시키는 방법은 무엇인가? 상탁하부정(上濁下不淨), 윗물이 맑아야 아랫물이 맑아지는 법이다. 윗사람이 바르지 못하면 아랫사람도 행실이 바르지 못하게 된다. 우리 사회는 지금 위정자와 지식인, 경영자들이 윤리와 도덕에 둔감한 모습을 보이고 있다. 그러다 보니 사회 전체가 불신의 늪에 빠져들고 있다. 개인 및 집단이기주의가 팽배하고 이념 및 세대 간의 갈등이 위험수위를 넘나들고 있다.

무신불립(無信不立), 믿음이 없으면 일어설 수 없다. 공자는 군대와 식량을 포기하더라도 백성의 믿음을 얻어야 한다고 강조했다. 위정자는 정치를 바로 세우고 기업가는 경영을 바로 세우고 언론은 정도를 바로 세우고 학자는 학문을 바로 세우는 본연의 일에 충실하여 먼저 신뢰를 회복해야 한다.

미래형 명군은 어떤 모습일까? 구성원을 행복하게 하는 리더일 것이다. 승자로서 독식을 하려는 생각을 버리고 나눔을 실천하는 지도자가 되어야 한다. 경영자도 직원이 행복해야 기업이 지속성장을 할 수 있다는 안목을 가져야 한다. 직원이 행복하려면 가치와 비전과 결실을 공유하는 시스템을 구축해야 한다. 기업에 최고행복책임자(CHO, Chief Happiness Officer)나 전문코치를 두는 것도 고려해 볼 만하다.

나는 경제기자로 일하고 이데일리를 경영한 경험을 바탕으로 〈행복한기업연구소〉를 만들었다. 앞으로 기업과 기업인에 대한 올바른 가치 형성을 돕는 한편 리더십에 관한 조사와 연구를 통해 새로운 모델을 제시하고자 한다. 모범적인 사례를 발굴하고 그들의 지식과 노하우를 확산시키는 데 기여할 계획이다.

마지막으로 이번 책이 탄생하는 데 멋진 영감을 떠올리게 해준 아들 신형, 딸 민형, 그리고 늘 곁에서 격려와 조언을 해준 아내 김계자에게 사랑한다는 말을 전한다.

승자의 안목

초판 1쇄 발행 | 2019년 2월 15일
초판 2쇄 발행 | 2022년 10월 20일

지은이 | 김봉국
펴낸곳 | 주식회사 시그니처
출판등록 | 제2016-000180호
주소 | 서울시 마포구 큰우물로 75 1308호(도화동, 성지빌딩)
전화 | (02)701-1700
팩스 | (02)701-9080
전자우편 | signature2016@naver.com
ISBN 979-11-89183-04-2(03320)

값 16,000원